Martin F. Herndlhofer

Irgendwann ein

Ernstfall?

Satirische Sichtweisen über die

Zeichen der Zeit und ihre Vorläufer

www.tredition.de

© 2019 Martin F. Herndlhofer

Verlag & Druck: tredition GmbH, Halenreie 40-44, 22359 Hamburg

ISBN
Paperback: 978-3-7497-7503-3
e-Book: 978-3-7497-9023-4

Für Monika

Ich danke Michael Becker und Oliver Gehlert für ihre freundlichen Ratschläge.

Humor ist in hoffnungsarmen Zeiten eine Überlebens-
strategie. Wir brauchen immer wieder einen Anlass, um
über den ganzen Irrsinn lachen zu können.

Inhaltsverzeichnis

Wie das alles entstanden ist – ein Vorwort

Was bringt jemanden dazu, Gefühle, Einsichten, Erfahrungen, Probleme und Widersprüche, Nichtaufgelöstes, oft auch nicht Lösbares, in Sprache zu fassen und zu Papier zu bringen? Und dabei zu versuchen, dies mit anderen als den gängigen Worten zu tun, weil er den Verdacht hat, diese gängigen sind mittlerweile richtig fertig gemacht worden – aus gefertigt, gar zu Ende gesprochen.

Vielleicht ein Dilemma, das sich aus der zwanzigjährigen Arbeit in einer Friedensbewegung ergibt.

Ich bin gelernter Mönch, Marxist und Masochist. Mönch war ich zehn Jahre lang – das prägt; Marxist bin ich: das prägt erst recht, sowohl das Denken als auch die Praxis; Masochist – muss man sein, wenn man viele Jahre lang in der Friedens- und Menschenrechtsarbeit eingespannt ist und sich immer wieder fragt: Was soll das Ganze eigentlich, was kannst du überhaupt erreichen?

Manchmal hatte ich da den Eindruck, dass es ein Kampf gegen Windmühlen ist wie die Tragikomödie eines Don Quijote.

Wahrscheinlich war es der Zorn, der mich schließlich dazu gebracht hat, sprachlich und im Verständnisduktus Widerstand anzumelden, einen anderen Zugang zu finden – ein immer wiederkehrender Perspektivwechsel also.

Meine satirischen Inszenierungen waren ein einziger Rachefeldzug an den Verhältnissen. Aber auch eine Art, nicht nur mit dem Zorn, sondern vor allem mit der immer wieder aufkommenden Trauer umzugehen. Wobei ich mich nicht selten an jener Kippe stehend wiederfand, an der die Empathie sich aufzulösen beginnt und keine Zärtlichkeit mehr übrig bleibt angesichts des zu beobachtenden Irrsinns. Und das kann tödlich sein.

Ein Element dieses Zorns war und ist die bekannte Tatsache, dass in politischen, vor allem friedenspolitischen Fragen, der Propagandareigen durch die üblichen Verdächtigen einen Grad der Verdummung, Täuschung und Irreführung erreicht hat, gegen die man irgendwie zurückschlagen muss. Dass also ein Zwang zur anderen Aufklärung dann entstand, wenn die Unterscheidung zwischen dem, was wahr und was falsch, richtig und unrichtig ist, nahezu völlig obsolet geworden ist: Dadurch lässt sich auf dem zugerichteten Meinungsmarkt jeder Mist verkaufen, eben verkaufen, denn wir sind ja im kapitalistischen Geschäftsfeld der Meinungsmache und der -gewinnung – mit Gewinnerwartungen, vor allem von Aufmerksamkeit.

Entnommen sind all die Texte den vielfältigen Fragen meiner Arbeit in der Friedensbewegung und den Programmen meiner literarisch-politischen Satire, die ich nicht zuletzt genau daraus entwickelt habe.

Warum Satire? In der Kurzbeschreibung meiner Programme steht: „Vor allem deshalb, weil es befreiend ist, auf diszipliniert-anarchische Weise mit der Forderung umzugehen: ‚Eine andere Welt ist möglich‘“.

Dies ist eine Art Chronik der politischen und kulturellen Umbrüche der letzten zwanzig Jahre. Allerdings „mit anderen Worten“, gegen den Strich gebürstet, gegen viele Zumutungen „anstinkend“.

Es ist nichts weiter als ein zorniges „JA – ABER“ und verlangt ein Ignoranzverbot, wenn es um gerechte Bedingungen und damit ein gelingendes Leben gehen soll.

Eschborn, im Dezember 2019   Martin F. Herndlhofer

A. Mensch sein –
eine sinnvolle Beschäftigung?

„Der Mensch kommt unter allen Tieren dem Affen am nächsten." G. C. Lichtenberg

Die Entstehung der Menschheit und ihre Entwicklung aus dem Affendasein hin zur Krone der Wertschöpfung und später dann über die Legalisierung aller Details bis hinein in die verkorkste Gegenwart – was ist seitdem passiert? Was ist aus ihr geworden? Und wie soll es weiter gehen?

Und dann der Mensch selbst – ist der noch ernst zu nehmen?

Gut! Kommt drauf an, sagen manche, in welcher Gestalt er auftritt. Der Spruch zum Beispiel: *„Du bist wohl vom Affen gebissen"* meint: Warum hast du dich mit deinen Vorfahren angelegt. Der Affe ist ja ein Klettertier, der vor allem auf unserem Stammbaum haust.

Nietzsche sah den Zusammenhang etwas drastischer. In „Also sprach Zarathustra" schreibt er: *„Man heißt dich meinen Affen, du schäumender Narr; aber ich heiße dich mein Grunze-Schwein".* Darwin hin oder her – unsere Herkunft in der Evolution ist scheint's doch nicht so ganz klar.

Heinrich Heine setzt da noch eins drauf: *„Es ist nichts Entsetzlicheres und Grauenhafteres als der Mensch, in ihm grunzt und brüllt und meckert und zischt die Natur aller andern Tiere, er ist so unflätig wie ein Schwein, so brutal wie ein Ochse, so lächerlich wie ein Affe, so zornig wie ein Löwe, so giftig wie eine Schlange, er ist ein Kompositum der ganzen Animalität." (Der Doktor Faust, Kap. 8)*

Manche gelehrten Zeitgenossen behaupten hingegen, der Mensch sei ein vernunftbegabtes Wesen. Kann schon sein, aber da gibt es gewisse Probleme. Denn: Das menschliche Gehirn ist zwar eine tolle Sache: Es arbeitet bereits vor der Geburt, funktioniert im Wachen und im Schlafen bis hin zum Tode. Es hört nur dann auf zu arbeiten, wenn man gebeten wird, in einer Versammlung aufzustehen und ein paar Worte zu sagen. Oder als Blogger, wenn du dich ziemlich vernunftfrei outen darfst.

Der Philosoph Ludwig Wittgenstein sagte: *"Die Welt ist alles was der Fall ist"*. Ist der Mensch also auch so ein „Fall"? Die Theologen sind da sofort wieder da und sagen prompt: Natürlich, er ist ja ein Sündenfall. (Die brauchen das offenbar, es ist eine Art Grundansatz). Andere wiederum, die Philosophen, sagen: Quatsch, er ist ein Reinfall. Bei der Justiz ist er ein Kriminalfall, vor dem Schreibtisch des Jobcenters ein Kniefall im Angesicht der Staatsmacht, oder einfach ein Vorgang, in der Wirtschaft, je nachdem, Kostenfall oder Abfall, oder einfach nur Verbraucher, und in der Evolution reiner Zufall. Oder gar ein Durchfall – eine Art Mittel gegen die Verstopfung des Kosmos?

Ist der Mensch nun irgendein Fall oder auf keinen Fall oder bloß eine Nummer? Manchmal eine Lachnummer, klar.

Unter all den Nummern hat die Evolution so ihre Typen hervorgebracht. Die einen sind die Mafia von gestern und nennen sich heute Oberschicht, manche auch "Elite" oder so ähnlich. Andere werden entweder „Der kleine Mann auf der Straße", „Der Bürger draußen im Lande" oder einfach „Volk" genannt". In den strategischen Zentralen werden sie als „nützliche Idioten" geführt.

Wer bin ich also wirklich? Vielleich bin ich einer, der ständig den unterschiedlichen Mächten zur Verfügung stehen soll. Bloß mir selbst immer seltener. „Ich verfüge über mich" ist zwar die Grundphilosophie – nein, keine Philosophie, reine Behauptung – derjenigen, die sich Liberale nennen und meinen, das hätte irgendwas mit Aufgeklärtheit und persönlicher Freiheit zu tun. Aber das ist Täuschung,

Fremd- und Selbsttäuschung. Spätestens als Ich–AG ist das zu spüren oder bei dem, der die Karriereleiter von Hartz I. bis IV. hinter sich hat.

Der Mensch hat also nicht nur Probleme – er ist selbst ein Problem. Und manche Probleme, so Ludwig Wittgenstein, sollte man nicht lösen, man sollte vielmehr von ihnen geheilt werden. Und hätte die Natur eine Stimme, dann würde sie genau das über den Menschen sagen angesichts dessen, was er in der Natur zu Land, zu Wasser und in der Luft anrichtet.

1. Bleib, wie du warst

Im Umgang miteinander kennen wir im Deutschen eine merkwürdige Redeweise: Ich begegne z.B. einer Person, die ich schon sehr lange nicht gesehen habe, und sage erstaunt: „Du bist ganz der Alte". Ich meine dabei nicht, dass er alt geworden, sondern dass er jung geblieben ist.

Vom Strom der Zeit
warst du getrieben, wirst du getragen,
und mündest im Meer der Zeit.
Dort verdunstet, was Strom war,
löst sich in Luft auf,
verliert seinen Ort,
schlägt keine Wellen mehr,
treibt durch den Äther,
und du fällst irgendwann
als Tropfen zurück auf die Erde.

Wie deine Vorfahren.
Das dauert.
Und dennoch: Es kann passieren,
dass dir irgendwann – platsch!!
dein eigener Großvater auf den Kopf fällt.

Refrain:
Ach, du bist ganz der Alte!
Hast Dich gar nicht geändert,
überhaupt nicht verändert,
bist alt geworden, der Alte geblieben,
der Du warst, als Du jung warst,
bist geworden, was du gewesen.

Baumringe sind Chronisten,
sie erzählen von Zeiten, von Fristen.
Der Schnitt am gefällten Stamm

ist wie ein Phonogramm,
eine Schelllackplatte vom Leben,
abgetastet und hörbar dann eben
spielt sie das Lied von der Zeit,
ihren Brüchen, ihrer Stetigkeit.

Refrain:
Ach, du bist ganz der Alte!
Hast Dich gar nicht geändert,
überhaupt nicht verändert,
bist alt geworden, der Alte geblieben,
der Du warst, als Du jung warst,
bist geworden, was du gewesen.

Die Nadel ertastet die Jahre,
immer wieder ein Jahr noch zurück
erzählt sie, und spielt dir das Lied
vom Leben, vom Tod,
und vom Unterschied
zwischen Zeiten der Dürre und Hitze,
der Üppigkeit, Kargheit,
und die Nadelspitze
endet am Anfang, am Ausgang.

Refrain: *Ach, du bist ganz der Alte!*
Hast Dich gar nicht geändert,
überhaupt nicht verändert,
bist alt geworden, der Alte geblieben,
der Du warst, als Du jung warst,
bist geworden, was du gewesen.

2. Gutmensch und Gutleben – der Bürger ist extrem besorgt

„Es gibt wenige böse Menschen, und doch geschieht so viel Unheil in der Welt; der größte Teil dieses Unheils kommt auf Rechnung der vielen, vielen guten Menschen, die nichts weiter als gute Menschen sind."
Johann Nestroy

Alle wollen gut leben. Natürlich. Nicht unbedingt in Reichtum, aber doch im Wohlstand. Jeder und jede hat so den eigenen Traum vom „Gutleben". Sorgenfrei gehört da auch dazu. Und wir versuchen, es uns entsprechend einzurichten. Bequem – und möglichst ungestört.

Nun gibt es da die Wirklichkeit, die stört und es gibt darin Leute, die stören.

Im Unterschied zu dem kleinen gallischen Dorf damals bei Asterix und Obelix, deren Einwohner unter der ständigen Angst lebten, dass ihnen der Himmel auf den Kopf fällt, besteht heute die große Sorge, dass uns das Klima auf den Kopf oder auf die Zehen fällt: Entweder komplett ausgetrocknet oder rastlos überschwemmt oder beides. Und das ist die Wirklichkeit, die stört.

Die Leute wiederum, die wirklich stören, das sind diejenigen, denen es andauernd so, wie es nun mal ist, nicht gut genug ist. Diese friedens- oder öko- oder sonst wie bewegten Gutmenschen – meistens politisch links, religiös oder gar noch beides – meinen, wir sollten nicht mehr so gut leben, wie wir leben, sondern wir sollten ganz anders gut leben. Und zwar deshalb, damit der große Rest der Welt auch die Chance zum Gutleben bekommt.

Was soll das? Wir können doch nicht die Welt retten.

Refrain: Wir wollen es nicht mehr hören!
Wir wollen nur positiv denken.
Wir wollen es gar nicht wissen.

Drum solltest du nicht mehr stören,
dich endgültig mit deinem Bedenken,
dem Gutmenschentum, dem verqueren
aus unserm Gutleben verpissen.

Ich finde – die sind ausgesprochen lästig. Und viele – angefangen von BILD bis zu AKK oder dem Marktintellektuellen Merz – meinen das auch. Früher hätte man gesagt: Geht doch rüber, wenn's euch hier nicht passt. Heute müsste man sich fragen: Wo sollen sie bloß hingehen? Ich meine, im Abschieben hat man hierzulande ja genügend Erfahrung. Man bräuchte nur auf das Knowhow von Herrn Seehofer zurückgreifen. Und auf die benachbarten Erfahrungen des Herrn Orban, der das Problem mit dem Abschieben gleich gar nicht aufkommen lässt.

Aber hier leben diese Gutmenschen nun mal bereits im Land, noch dazu meist mit einem deutschen Pass.

Also: Wo wäre heute das Drüben, wohin man sie verfrachten könnte? Und wie macht man so was normalerweise? Weg damit – über die Wupper? Das ist nicht anständig. Da wären dann schon so etwas wie Menschenrechte im Weg. Obwohl, na gut, es ändert sich ja Vieles.

Sie verkaufen? Das würde die Konjunktur beleben. Aber, wie viel kriegt man davon, …und wer nimmt sie, selbst bei Konjunkturflaute?

Lassen wir das. Vielleicht sollte man sie doch besser öffentlich einfach ignorieren. Diesbezüglich gibt es in unserer freien Medienlandschaft bereits vieles an Erfahrung und auch an entwickelten subtilen Werkzeugen. Und unsere Pressefreiheit gäbe das auch her. Allein wie es manche Talkmaster und -masterinnen zum Beispiel schaffen, kritische Gäste zwar einzuladen, manchmal halt, sie aber dann gekonnt nicht zum kritischen, nun endlich interessanten Punkt kommen zu lassen, und die dabei den Anschein beibehalten, sie moderierten gerade eine wirklich kontroverse, kritische Auseinandersetzung. Da steckt viel an Erfahrung dahinter.

Mit den Friedensfreunden früher – da kam man ja noch zurecht. Aber die Klimafreunde heute – die sind ja nun wirklich nervig. Kann man – so sagt der Bürger, wenn er vor sich hin klagt – nicht alles einfach sein lassen, so, wie es ist? Kann man denn nicht endlich einmal in Ruhe leben? Es ist ja schließlich lang genug her – oder ziemlich weit weg – das Ganze. Immer diese alten Sprüche von Irakkrieg, Billiglohnländern, globaler Verantwortung, Klimakrise oder gar Auschwitz und der ganze moralische Scheiß.

Refrain: Wir wollen es nicht mehr hören!
Wir wollen nur positiv denken.
Drum solltest du nicht mehr stören,
dich endgültig mit deinem Bedenken,
dem Gutmenschentum, dem verqueren
aus unserm Gutleben verpissen.

Kann man nicht endlich einmal eine einfachere Rechenart einschalten und Fünfe gerade sein lassen? Wenigstens einmal damit anfangen, als Alternative für Deutschland? Und morgen dann die ganze Welt?

3. Unzeitgemäße Ostergedanken

Zeit ist – was?
Geld! Na klar.
Und, in meinem Alter,
wie viel bin ich dann wert?
Eine eingepreiste Teilzeit?
Aber nein,
so ist das nicht gemeint
wird gesagt.

Zeit ist Leben!
Sicher.
Geld ist nicht Leben.
Wer dem Handel
mit Geld
verfällt,
der liebt zwar
die Menge
und die Masse,
dessen Kurs
steigt,
denn aus den Erlösen
erhebt sich Erlösung.

Doch er verfällt
mit der Zeit.
Das ist seine persönliche
Inflation,
sein Zerfall,
ist Abwertung,
Entwertung,
weggezaubert,

sinn-salabim,
sinnfreier Sinn.

Wer das Geld hat,
der schreibt
die Geschichte.
Am Ende der eigenen
ist der Abgang
dann schwer.
Umsonst ist nur der Tod,
und selbst der kostet
fast ein Vermögen.

Wer kein Geld hat,
dem geht's
auch nicht besser.
Er wird
nach dem Ableben
billig entsorgt
und kaum erinnert.
Er – erst recht sie –
baute vielleicht einst
„das siebentorige Theben",
wie Brecht richtig fragte.

Doch keine Fußnote
oder Anmerkung
in den Geschichtsbüchern.
Einzigartiges,
nun aufgehobenes,
enteignetes Leben,
privatisierter,

namenloser Tod.
Nicht Vorsorge,
nicht Nachsorge,
keine memoria mortis,
ein Nichts.

Und dann plötzlich
das große,
gar anmaßende

Versprechen
dieses jungen
Wanderpredigers,
damals,
in Palästina, Galiläa,
versteckt in der Frage:

AUFGEHOBEN – WO?
und: WOHIN?

4. Das saturierte Spaßvogeltum

„Das Handy am Ohr, die Finanz im G'nack und die Firma im Oasch." Fritz Muliar über erfolgreiche Manager

Es gibt Typen, die ihren Weg gemacht haben: nach oben, nach draußen, nach unten, nach vorn oder nach hinten, auch seitwärts in die Büsche.

Es gibt auch welche, die hängen am Fenster herum, gucken raus und behaupten deshalb, sie hätten Weitblick. Und wenn sie vom Fenster weg sind, merken sie nicht, dass der Weitblick eigentlich nie da war, denn was sie gesehen hatten, war nur ihr Vorgarten, begrenzt durch den persönlichen Zaun. Aber sie sind der Meinung, sie wären der Zaunkönig.

Und dann gibt es Charaktere, die sind so faul, in ihrer Funktion bereits so verrottet, dass sie auf dem Misthaufen gar nicht auffallen würden. Die sind schon von vornherein kompostierbar. Sie haben die Voraussetzung dafür – haben den Wurm drin, in sich.

Der aufrechte Gang, diese Phase der Evolution, ist hier partiell (oder total) missglückt.

Es ist das saturierte Spaßvogeltum, die Voliere der Im-Käfig-Gehaltenen, mit Substanzwünschen, die passend sind: Eben Käfiggehalt, die Liebe zur intellektuellen Gefangenschaft, in voller Freiheit und Freiheitlichkeit natürlich. Und dabei muss eins in jedem Fall sein: Es muss gewinnträchtig, aber ansonsten folgenlos bleiben.

Und Legionen von Mitdemzeigefingerwarnern und Antibelehrungsschreiern „verkünden" belehrend, dass da keine Zumutung politischer, existentieller und sonstiger sinnträchtiger Art zu sein habe. Das sei veraltet, lästig, gar links, intellektuell zumutig, belanglastig und – na ja: einfach störend.

Wobei sich in den geistigen Vorgärtchen dann in der Regel die Vorstellung breitgemacht hat, „politisch" sei ein Text, eine Performance, eine Sache vorrangig dann, wenn ein Politiker dabei vorkommt oder wenigstens eine irgendwie geartete politische Institution.

Man kann sehen, dass Schule, mehr oder weniger privatisiertes Fernsehen und ein Teil der social media ihre Ausdünnungsaufgabe trefflich erfüllt haben: Sie haben das Denken kollektiv privatisiert. („kollektiv privatisieren" – das muss man erst einmal schaffen), und sie haben es erfolgreich platt gemacht.

Wir erleben sogar einen Schritt darüber hinaus: Der Diskurs, der überhaupt einen Unterschied behaupten bzw. suchen will zwischen Substanz und Leere, Gehalt und Luftblase – die Philosophen würden sagen, zwischen Sein und Nichts – oder gar zwischen Fake und ganz einfach dem, was stimmt – so zu sprechen und das überhaupt zu beanspruchen sei eine Sache von gestern, sei megaout. Eigentlich sei so etwas wie „Wahrheit" Jacke wie Hose oder, wie es ein Kabarettist einmal auf den Punkt gebracht hat: „Ist die ganze Scheiße nicht auch Götterspeise?"

Beliebigkeit perfekt!

Die Zeiten sind bescheiden geworden. Es reicht heutzutage einfach, gut aufgestellt zu sein, um zu_überleben. Happy drauf und dran sein, good vibrations, echt gut abfahren, voll fit sein, die eigene Power spüren. Na so what.

5. Erwartungen dieser Zeit oder: Die ultimative Leitkultur

Kapitalismus hat den Drang ins Totalitäre: Alles und jedes zu seinen Diensten und das jederzeit. Dieser Totalitarismus verschlingt und verbraucht dich tendenziell voll und ganz. Er verwertet dich an seiner Oberfläche durch Unterhaltung, die dich zugleich übersehen und vergessen lässt, wie sehr du praktisch selbst zum Objekt der Verwertung, also zur Ware geworden bist.

Und von dir wird erwartet, dich dazu korrekt und passend, also angepasst zu verhalten.

Für manche ist Kapitalismus, also diese anscheinend alternativlose, zum Teil geradezu irrwitzige Art zu leben, zur Religion geworden, zum verehrungswürdigen Tabu. Für sie wird das folgende Lied vielleicht auch ihre religiösen Gefühle verletzen. Doch das tut mir jetzt aber gar nicht leid.

Was also sind die Imperative heute, bei dieser gigantischen Inszenierung? Wonach sollen wir uns richten? Wir Produzenten und Konsumenten und die Überflüssigen, die weder produzieren dürfen noch konsumieren können, weil's nicht reicht? Was wird von uns verlangt, was sollen wir tun und wie sollen wir's bringen? Wem sollen wir's recht machen, was also ist die ultimative, von manchen Gehirnen immer wieder hervorgezauberte Leitkultur?

Von uns wird erwartet,
dass sich unsere Leistung
wieder lohnt – für sie.

Wird erwartet,
dass wir u n s e r Wort:
SOLIDARITÄT
als ganz und gar und total,
und als Laut mega-out,

als Unwort
auf der Müllhalde der Geschichte
abladen und verrotten lassen.

Sie erwarten, dass wir vergessen,
dass wir sind, wer wir sind,
zusammen sind und gehören.

Es wird erwartet, dass jeder für sich,
allein, gegen jeden, gegen alle
Akteur des Marktes ist,
nicht seiner Hoffnungen
und nicht seines Schicksals.

Von uns wird erwartet,
dass wir das Gefühl,
um jeden Preis
Winners, nicht Losers zu sein,
im Stammhirn verankern,
dem Stammheim des In-Seins,
durch Markt und Bein.

Von uns wird erwartet,
den Tanz ums goldene Kalb
fest mitzutanzen,
den Kriminal-Tango,
den goldenen Kalbtraum zu träumen.
Dass wir denken, meinen und fühlen sollen:
Dax-isch, dow jones-isch,
nasdaq-isch und nikke-isch,

Sie erwarten von uns
die freie und bereitwillige Verehrung
des Größenwahns von Konzernherren,
des Zwangs zu Fusionen,

zur privatisierten Verwertung
der Mittel des Lebens der Vielen,
geboren aus dem Zwang
zum weltweiten Überleben
der Aktionäre –
des Zwangs zur Weltherrschaft!

Sie verlangen,
dass wir ihre Geilheit aufs Monopol
als Schicksal, Gestaltung,
Fortschritt und Wohlstand verstehen.

Sie erwarten von uns
den reinen und kindlichen Glauben daran:
Der Irrwitz sich jagender Profiteure,
die Schlacht an den Börsen und Märkten,
dies alles habe nichts,
aber auch gar nichts
mit den Schlachten zu tun, die sie rüsten
mit den Kräften der Reaktion
eine Reaktion auf die Krisen.

Doch nicht einmal das
kannst du mehr hören:
Es sei ja schließlich
zur Verteidigung „des Vaterlands" hier
oder „der Menschenrechte" dort,
so offensichtlich und offenkundig
sind es schon lang nicht mehr wir
und die Völker dort,
die's zu verteidigen gilt.

Von uns wird erwartet,
das globale Spiel zu spielen,
welches bestrafen wird alle,

die sich erdreisten,
das Bett nicht zu teilen
und die Schenkeln nicht zu spreizen
für den, der im Namen der Freiheit
sich einzudringen gestattet,
weil er's gut mit ihnen meint.
Weil er's gut mit sich meint.

Im Bordell der freien Liebe zum Profit
sitzen die Völker im Schaufenster
der selbst nicht verschuldeten Schulden
und lassen ihre Regierungen zeigen,
was sie haben,
zu bieten haben
an Vorzügen, Reizen, Potenzen.

Verurteilt zu den Obszönitäten der Märkte
durch das Karussell der Ratings,
zur Bereitschaft, Hand anzulegen
im Lotterbett des Abzockens,
die Freier und Schuldner
zu befriedigen,
und wenn die Schuld groß genug,
es ihnen gar umsonst zu besorgen,
immer in der Hoffnung,
ein kleiner Rest von Glück, von Leben,
von Wohl-Stand bliebe übrig.

Und selbst
und zuallererst
in der Krise
ergeht noch die Forderung,
dass in Verblendung Aufklärung sei,
im Bankrott Verheißung.

Und wir sollen die Grenze erkennen,
die ultimative,
wo die Zeit sich erfüllt,
die Geschichte ein für allemal endet,
das Reich der notwendigen Freiheiten
ewig zu währen verspricht,
das Reich unseres Herrn,
das selbst in der Götterdämmerung
noch Heil verspricht,
im Namen Gottes:
des Dollar, des Euro und des Yen.
Amén. Amen.

6. Nur positiv Denken oder: Der Markt der Gemütlichkeit

„Ich habe angefangen, ein bisschen vergnügt zu sein, da man mir sagte, das sei gut für die Gesundheit." Voltaire

Manchmal denk ich an den Bären im „Dschungelbuch", wenn er tanzt und locker singt: „I like Gemütlichkeit, immer nur Gemütlichkeit…"

Gemütspflege

Es muss ja nicht unbedingt gemütlich zugehen, aber das Bedürfnis ist verständlich, nicht auch noch den Rest des Tages die globalen Zumutungen und den Irrsinn im Kopf und vor Augen zu haben, und nach Feierabend endlich sagen zu können: Es reicht heute. Und das mit gutem Gewissen.

Alle, die sich zu Friedensaktivitäten aufgefordert fühlen, machen die Erfahrung, dass sie andere Leute nerven. Vor allem dann, wenn sie diese auffordern, mitzumachen.

Wenn das Zuhause, die Welt der eigenen Sichtweisen provoziert wird, kann die Gemütlichkeit sich leicht ins Gegenteil drehen. Wenn ihn das stört, den Gemütlichen, dann wird's bei ihm ungemütlich.

Um die Seelenlage des Gemütlichen nicht allzu sehr zu strapazieren, hat man das Positiv-Denken erfunden.

Der Vorteil bei positiv denken ist, dass es auf der einen Seite dem Gemütlichen die Ungemütlichkeiten vom Hals schafft, weil nur fürs Gemüt Erträgliches zugelassen wird. Das hat zur Folge, dass der Gemütliche gleichzeitig voll im Trend liegt und sich als Glied des dynamischen, fortschrittlichen Teils der Menschheit sehen kann, als Teilnehmer auf dem Markt des Gemütshaften. Und wenn sich für ihn alles in der Welt der Verwertung abspielt, dann wird auch die

Gemütlichkeit zur Produktivkraft. Und er gehört weiter dazu.

Ich gestehe

Positiv denken – diese herrliche Erfindung der Postmoderne: Vieles weg denken, indem man gleich gar nicht denkt. Exorzismus alles Störenden, Affirmation auf Teufel komm raus.

Und jetzt kommt das Outing: Ich gestehe nämlich, ich habe einen ganz furchtbaren Fehler. Einen fundamentalen Defekt sozusagen, so eine Ungnade der frühen Geburt. Und ich schäme mich gar nicht dafür. Es ist nämlich so: Ich denke nicht positiv.

Erschreckt Sie das nicht? Bei allem denk ich mir was dabei. Überall ein Problem, immer irgendwelche Einwände. Ich denke nicht positiv – ich bedenke dauernd. Und befinde mich ständig in der Gefahr, als Bedenkenträger entlarvt zu werden. Manchmal träume ich zwar nachts, endlich mal bedenkenlos so dahin leben zu können. Aber das ist dann morgens wieder ganz ernüchtert vorbei.

Immer denke ich mir was dabei

Zum Beispiel: Wenn diese Bundes-verband-arbeitgeber-vorstandschefs, wenn die sagen: Wir brauchen mehr Gewinne, viel mehr, dann..., ja, was dann? Dann folgt meist ein Zitat aus ihren Standardtextbausteinen, der Art wie: „...nur dann können wir neue Arbeitsplätze..." und so weiter, und sie benutzen dann meist sogar das Wort „schaffen".

Wenn ich so was höre, dann nehme ich das nicht hin. Immer denke ich mir was dabei. Zum Beispiel denke ich mir: Die meinen eigentlich ganz was Anderes, wenn sie das dauernd so sagen.

Es sagen überhaupt viele was dazu. Der Lindner zum Beispiel, wenn der sagt, dass der Markt sagt, dass Leistung sich wieder lohnen soll, und dass selbstverständlich mehr Gewinne mehr Gewinne schaffen, und dass die dann ... erneut mehr Gewinne schaffen, und dann allerdings endlich ... na ja, wenn der dann irgendwann das Wort „Arbeitsplätze" in den Mund nimmt – dann denke ich dem das nicht einfach nach, also hinterher, so wie er das sagt. Ich denke mir vielmehr: Lindner redet von Arbeitsplätzen – wie früher der Westerwelle und der Möllemann und der Bangemann. Und ich denke: Was soll der sich schon dabei denken? Oder ist das gar eine Drohung? Oder denkt er dabei nur an die Aktionäre?

Das Nicht-positiv-Denken

So ist das mit dem Nicht-positiv-Denken.

Vielleicht ist das genetisch bedingt. Gibt es eigentlich ein Gen, das dafür zuständig ist, ein dauerkritisches Gen sozusagen? Oder fehlt mir vielleicht ein anderes? Das Positiv-Denke-Gen? Lässt sich das durch Genmanipulation beheben? Damit man positiv denkt, wenn man denkt. Oder braucht man das dann gar nicht?

Denkt man überhaupt richtig, wenn man positiv denkt? Oder ganz einfach nur anders, cooler vielleicht? Bestimmte Sachen, Probleme, kommen dann einfach nicht mehr vor, die gibt's dann nicht mehr. Ich weiß es nicht.

Die Welt muss aber viel schöner sein.

Freunde haben mir das schon vorgehalten. Haben sich bemüht – haben mir Kurse, ja richtige Trainings angetragen: Einführung in die Positiv-Denke. Nach Amerika geschickt. Dort ist das Positiv-Denken zuhause.

Warum spreche ich eigentlich von Amerika – das sind doch die USA. Als wäre die USA ganz Amerika. Oder der Rest des Kontinents bedeutungslos. Oder gehört er denen bereits?

Sehen Sie – da ist es schon wieder – dieses Kritisieren. Nicht Fünfe gerade sein und Amerika den Amerikanern lassen, wo die es doch schon längst haben – militärisch im Fadenkreuz und freihandelsmäßig sowieso. Bis auf die geplante Mauer, wo dann ganz Amerika neu, in zwei Teile geteilt wird, wie früher Deutschland – oder besser: Berlin.

Aber immerhin sind sie weit herumgekommen, die Amerikaner – jetzt, positiv gedacht. Sind bis nach Berlin gekommen – das hat uns damals sehr geholfen. Sind auch nach Hanoi, Belgrad, Bagdad, oder zum Mond gekommen. Das hat uns weniger geholfen. Oder haben auch so manches entwickelt, sozusagen fürs Weltkulturerbe: Mac Donalds, Microsoft, eine respektable Analphabetenrate. Oder Beförderungsmittel, um die Flexibilität voran zu bringen: Saturn-Rakete, Tarnkappenbomber, elektrischer Stuhl. Und, wie immer – Deutschland eifert ihnen nach.

Das kommt vielleicht davon, dass jeder kleine Amerikaner lächelt, wenn er auf die Welt kommt. Er (und natürlich auch sie) kriegt sofort zwei Sachen in die Wiege gelegt: Einen amerikanischen Pass und den genetischen Code zum Dauerlächeln, die Programmierung aufs Gutdraufsein: Cheese.

Das Immer-gut-drauf-sein trifft sich gut

Hat das Dauergrinsenmüssen in den USA, der Zwang zum ausstrahlend Positiv-Denken und Immer-gut-draufsein, gar etwas damit zu tun, dass man in diesem Land ewig in Schusswaffen verliebt ist? Hängt das zusammen, schafft die umfassende Waffenhortung etwa gar so was wie eine Grundfröhlichkeit?

Kinder sind da etwas lockerer, die lächeln einfach nur. Doch später, wenn die Leute dort erwachsen sind, lächeln sie nicht mehr sondern sie grinsen. Und zwar dauernd, vor allem, wenn eine Kamera in der Nähe ist. Das ist fast wie ein nationales Zwangsverhalten. Wenn das vergessen wird, muss die Pharmaindustrie einspringen - Happy pills usw. Oder Viagra, für die unerträgliche Leichtigkeit des ….

Kennen sie Bill Gates, den Microsoft-Wilhelm? Jetzt ist er im gesetzten Alter, da braucht er das nicht mehr so sehr, ist mehr in charity unterwegs, aber früher – es gab kaum ein Bild, auf dem er nicht grinste. Sie, manchmal dachte ich mir, der ist voll geklont. Vielleicht ist der bereits als Siliziumchip auf die Welt gekommen. Mit einer Dauer-Gutdraufsein-Schaltautomatik. Oder hat er sich gar seine Milliarden vor allem ergrinst?

Die Aliens sind bereits unter uns

Vielleicht besteht gar ein Großteil der US-Bürger, auch Amerikaner genannt, aus Aliens – und Hollywood hat recht: Sie sind schon unter uns. Und Arnold Schwarzenegger war ein als Steirischer Jodler getarnter, doppelt geklonter Holly-wood-Alien.

Sehen Sie sich den US-Wahlkampf an oder Präsidenten-shows im TV. Gut, beim gegenwärtigen Präsidenten hat das eher etwas Immobilienhaftes. Ansonsten schwappt es über nach Europa, überflutet uns wie eine Gut-drauf-Woge, wir werden dazu animiert und daraufhin programmiert: grin-sende Comedymacher, flachsinn-exkrementierende Sinnstif-ter, überbordende Lachsäcke.

Früher hat man sich gefreut und gelacht. Heute muss man gut drauf sein und grinsen – dauernd, unentwegt, erbar-mungslos positiv grinsen. Wie kann man da noch freund-lich-entspannt dreinschauen? Das geben ja die Gesichts-muskeln gar nicht mehr her.

7. Privatisierung – wir sind gut aufgestellt

Wo stehen wir? Manche sagen: Wir stehen nicht, wir liegen nur so herum oder einfach danieder. Ist natürlich Quatsch.

Verschlankung

Evolutionsmäßig haben wir den Gipfel der Errungenschaften erreicht: Rationalisierung, Entbürokratisierung, auch Verschlankung – mit Ausnahme der heranwachsenden Generation, die sich von Cola und Fast Food ernährt und denen man das bedauerlicherweise auch ansieht.

Verschlankung – auch auf dem Markt der Sinngebung. So manche Predigt auf den Kanzeln, oder – im Paralleluniversum – in der Unterhaltung, in vielen Fernsehkanälen, das ist alles sehr schlank, ziemlich mager, kaum ein Gramm an geistigem Übergewicht.

Entbürokratisierung ist d a s Mittel gegen die Krise. Es gibt ja viel zu viele Hemmnisse im Land, zu viele Vorschriften etc. Allein die zehn Gebote – gleich zehn – der Bereich ist völlig überfrachtet. Alles aus Zeiten lang vor der sozialen Marktwirtschaft. Da muss man verschlanken – zwei übriglassen, das würde vollauf reichen.

Zum Beispiel Erstes Gebot: „Du sollst an einen Markt glauben". Seine unsichtbare, aber allmächtige Hand regelt alles. Hier passt das Lied: „Wer nur den lieben Gott lässt walten, den wird er wunderbar erhalten". Also zwar Monotheismus, aber die Göttlichkeit erscheint in verschiedenen Gestalten: Arbeitsmarkt, Stahlmarkt, Agrarmarkt, Kaffeemarkt, Waffenmarkt, Drogenmarkt, die göttliche Vieleinigkeit.

Das geht allerdings wieder einmal nicht ohne einen Führer. Denn wie im alten Griechenland Göttervater Zeus den Laden dirigierte, so macht das heute – wer? Natürlich – der Finanzmarkt.

Privatisierung

Das zweite Gebot lautet: „In der Privatisierung liegt das Heil, die Erlösung". Es geht ja schließlich um Erlöse.

Privatisierung hat eine doppelte Seite: Einerseits eröffnen sich für private Investoren wie Versicherungskonzerne etc. zusätzliche Profitfelder, und auf der anderen Seite stehen die Lebensrisiken nicht mehr in der Verantwortung der gesamten Gesellschaft. Sie werden vielmehr private, also persönliche. Und so werden sie auch zum persönlichen Risiko. Und jeder hat Chance, endlich auch mal private Insolvenz erwirtschaften oder, mangels finanzieller Mittel für eine ausreichende Gesundheitsversorgung, die Gnade einer verkürzten Lebenserwartung erleben zu dürfen.

Das Problem ist ja nicht, dass es Privates gibt, sondern dass und wie es Privatisierung gibt. Das ist wie bei arm und reich: Nicht dass es Reiche gibt ist ein Problem, sondern dass es Bereicherung gibt – fortdauernd und systematisch. Und wo es sie gibt, da gibt es Verarmung – fortdauernd und systematisch. Und das geschieht nun wirklich nicht so einfach oder gar unabhängig nebeneinander. Privatisierung ist eine unter vielen Formen der Bereicherung und letztlich das Geheimwort für Enteignung.

Enteignung

Nun war ja Enteignung nicht immer nur etwas Böses: Die Kommunisten haben enteignet: Großgrundbesitzer, Kleingrundbesitzer, Besitzer ohne Grund. Auch Hausbesitzer. Das war böse Enteignung. Heute hingegen sieht das anders aus: All die Dienste der Daseinsvorsorge, über Generationen von der Bevölkerung erarbeitet, werden zu Geschäftsfeldern und an private Investoren verscherbelt. Das ist gute Enteignung. Und dann war da auch noch ein ganzes Land, das enteignet werden konnte, nämlich die DDR. Was für ein Coup. Was da über die Treuhand abgewickelt wurde –

ich glaube, da sind viele Investoren in Ländern weltweit geradezu neidisch geworden.

Zu Beginn der Entwicklung in Deutschland stand einmal: „Die Rente ist sicher". Schließlich hat man die Alterssicherung immer mehr privaten Investoren ausgeliefert. Auch das war gute Enteignung.

Heute geht das Versprechen weiter: „Die Menschenrechte sind sicher" heißt es. Wir können warten, bis auch sie privatisiert und den freien Märkten übergeben werden. Dann wären endlich auch die Menschenrechte richtig frei und man könnte damit Handel treiben. Hedge-Fonds zum Beispiel könnten das.

Die Enteignung, so sagt es das Realkabarett, muss global geregelt werden. Alle Dienstleistungen – weltweit – in privater Hand. Dienst-leistungen deshalb, weil sich das dann in Zukunft ohnehin nicht mehr jeder leisten kann. Wir haben uns schon zu viel geleistet. Wasser, Energie, Bildung, Gesundheit – bisher alles staatlich reguliert, weil angeblich notwendig für ein Leben in Würde – das kann so nicht weitergehen. Die Würde des Menschen ist nicht mehr bezahlbar!

Wir sind nur Gast auf Erden

Irgendwann ist die Erde nur mehr in privaten Händen. Dann leben wir wohl in der besten aller möglichen Welten. Das ist hierzulande nicht nur seit je her die Grundbotschaft der Liberalen, dafür hat bereits intensiv der sozialdemokratische Agenda 2010-Kanzler gesorgt: hat kräftig reformiert, damit die große Kohabitation vorbereitet und seine Partei fast nicht unterscheidbar hingemerkelt. Bis zu dem krampfhaften Event der gegenwärtigen Groko.

Aber dann, liebe Leserinnen und Leser, dann heißt es abhauen. Ich weiß noch nicht womit und wohin, aber den

Besserbedienten, also den selbsternannten Eliten, wird sicher was einfallen. Im Abschieben haben sie ja Erfahrung.

Wenn wir da länger blieben, wo wir dann sind, also auf fremdem Boden, wäre das Landbesetzung – illegal. Auf der Erde bleiben – Hausfriedensbruch.

Denn ich gehe davon aus, dass auch Sie dann zu jenen gehören, denen nichts mehr gehört. Dann bekäme das Lied „Wir sind nur Gast auf Erden" eine neue Bedeutung.

Die Preisfrage

Für den Fall hätte ich eine Lösung, und die liegt, wie alles im Kapitalismus, in der Eigentumsordnung: Jeder von uns sorgt einfach dafür, dass er nicht mehr sich selber gehört, sondern jemand anderem. Ich meine: Verkaufen tun wir uns ohnehin schon die ganze Zeit, warum nicht endgültig. Es ist nur alles eine Frage des Preises.

Wir gehören dann jemand Fremdem. Entfremdung als Rettung. Genial. Denn: Als Eigentum von dem darf ich nicht außer erdens gebracht werden, es sei denn, der will das. Aber wozu sollte er mich, sein Eigentum, auf den Mond schießen, wenn er mich hier einpreisen und gewinnbringend vermarkten kann?

Die gute, alte Rechtssicherheit aus der Sklavenhalterordnung – sie ist doch noch was wert.

Und das Beste kommt noch: Wir brauchen das dann vielleicht gar nicht mehr selbst zu tun, sozusagen als letzten Willensakt und vielleicht gar mit bürokratischen Hürden. Es gibt sicher bald einen dieser berühmten Algorithmen, der das mathematisch exakt in die Wege leitet, ohne dass wir davon wissen.

Oder ist das bereits passiert?

8. Der homo Lifestyle

Und jetzt, so hub der Eventmanager an, sage ich euch einmal, wer ich bin:

Ich bin der homo life-style. Ich bin IN. Was IN ist bestimme ich und mache ich. Wer nicht für mich ist, ist weg vom Fenster.

Ich bin der Fortschritt. Ich trage keine Kleider, ich trage stets fashion, besuche mehr als nur Discos, bewege mich in mehr als einem Auto, rauche, was mehr ist als Zigarette, und wenn sich meine Nasenflügel blähen, dann sicher nicht vom Schnupftabak..

Das Wahre, Schöne, Gute heißt Design. Design oder Nicht-Design – das ist hier die Frage in Hamlets postmodernem Sein.

Ich bin aufgewachsen markt-, erfolgs- und zukunftsorientiert, als Kind gefüttert nicht mit Brei, sondern mit Optionen. Optionen auf Kurse: Aktienkurse, Anlegerkurse, Betriebsführungskurse, Spekulationskurse, Wechselkurse, Wirtschaftskurse. Kursmanagement ist mein Leben.

Postmodern, umtriebig, zielstrebig aufwärts und stets nach vorne!

I am the market maker, belehrte er weiter. Take it from the needy, give it to the greedy. Needy – das ist der, der's braucht. Greedy, das ist der, der sich's krallt.

Ich stehe an der Spitze des Software-Handlings und weiß, was die Welt in ihrem Innersten zusammenhält. Ich kenne die Kursentwicklung meines Bauchs und die Bilanz meiner Erotik. Mein Tag beginnt mit einer DAX-Erektion und endet mit einem Erguss – cash flow.

Erfolg und Geld machen mich unwiederbringlich sexy. Geld ist das Allerheiligste und Affengeilste. Geld macht dich Gott am nächsten.

Religion ist vorbei, Erlösung abgesagt, Sinn ist Unsinn.

Wenn denn mal Bedarf ist, dann ein Sahnehäubchen Esoterik: Psyche wabert über die Ebene des höheren Seins, hebt sich empor aus den materiellen Niederungen des erträglichen Einkommens oder einträglichen Auskommens, du machst im Schnellkurs irgendwas Mystisches (man gönnt sich ja sonst nichts), unterhältst dich mit Geistexistenzen und kehrst zurück zu den Kursen.

Oder ein wenig Buddhismus – aber auf höchstem Niveau: Keine Gedanken haben und sich ausdrücken, die völlige Leere, die sich mitteilt, high sein, dabei sein, frei sein.

Meine Welt ist biblisch, digital und dual. Biblisch: meine Rede ist: Ja, ja! nein nein!! Digital: Mein Denken ist: ja – nein, eins-null, null-eins; Dual: Es gibt nur zwei Arten: Winners und Losers – ein Drittes gibt es nicht.

Über Geld redet man nicht – Geld hat man. Über Arbeit redet man nicht, arbeiten lässt man, je nach Kapitalstock. Über Arbeitslosigkeit redet man schon gar nicht, so was macht man.

Wohl ein bisschen depressiv, he?? Hier ist Krieg, Mann. So was wie du gehört längst ausgemustert. Die Wirtschaft reagiert empfindlich auf Depressionen. Das Wort mag sie überhaupt nicht.

Ich bin der homo life style. Fun ist dran, mich fit halten Pflicht, Outfit-Pflege top, das Leben die Summe aller Events.

Bin ich oben, spiele ich Golf und fahre Mercedes; möchte ich nach oben, fahre ich Golf und spiele mit Mercedes; ist mein Bedarf bodenständig, fahre ich Honda, spiele mit dem Schlüssel und werfe meine Triebwerke an, wenn Mercedes kommt.

Ich bin der homo life style – und wer sind Sie?

B. Global gesehen – morgen die ganze Welt

Die Globalisierung - sie muss immer herhalten, wenn jemand eine neue Schweinerei ankündigt. Das Wort ist zu einer Universalbegründung für Regierungspolitik geworden, meistens zusammen mit dem Begriff Sachzwang. Wir werden damit erschlagen und getäuscht.

Wem gehört die Welt nun eigentlich?

Der Journalist Wolfram Weidner hat einmal gesagt: „Die Geschichte wiederholt sich nicht, aber die Leichtfertigkeit, mit der sie gemacht wird."

Man müsste fast Moralist werden. Ja, das gibt es. Einer, der für die Menschen nicht des Einzelgeschäfts, sondern des gemeinsamen Geschäfts, der oikonomia, der Ökonomie also, steht. Vom griechischen Oikos, das Haus, dem gemeinsamen, globalen Haus. Und dieser Oikonom hält das Haus instand, gegen die Anarchie der Einzeltäter, der Zocker. Er steht für die Ordnung der res publica, der gemeinsamen öffentlichen Sache, der Republik, der globalen.

Eine frühe Ahnung von dem, was Globalisierung sein kann, gab das Habsburgerreich zu Beginn der Neuzeit. Nach den Eroberungen und der Unterwerfung Amerikas, Afrikas und anderer Erdteile rund um den Erdball unter einer Krone hieß es darüber, dies sei ein „Reich, in dem die Sonne nicht untergeht".

Heute läuft das erst so richtig global. Business rund um die Uhr. Nichts wird versäumt von dem, was an den Märkten läuft. Irgendjemand ist ständig dran. In meinem Wohnort Eschborn bedient die Frankfurter Börse ihr weltweites Netz, nie steht das Geschäft still, ständig ist jemand „auf dem Laufenden".

Das gehört zur Oberfläche, sozusagen zum Vordergrund dessen, was wir mit Globalisierung beschreiben: Immer schneller, umfassender, weltweite Zusammenhänge in Sekundenbruchteilen herstellend, fast könnte man sagen: universeller.

Was geschieht wirklich, wie ist das zu verstehen, was ist der Kern dieser Prozedur?

Der französische Philosoph Pierre Bourdieu sagte: *„All das, was man unter dem Begriff der «Globalisierung» fasst, ist keineswegs das Ergebnis zwangsläufiger ökonomischer Entwicklungen, sondern einer ausgeklügelten und bewusst ins Werk gesetzten, sich ihrer verheerenden Folgen allerdings kaum bewussten Politik. Diese Politik, die sich schamlos eines Vokabulars der Freiheit, des Liberalismus, der Liberalisierung, der Deregulierung bedient, ist in Wirklichkeit eine Politik der Entpolitisierung und zielt paradoxerweise darauf ab, die Kräfte der Ökonomie von all ihren Fesseln zu befreien, ihnen dadurch einen fatalen Einfluss einzuräumen und die Regierungen ebenso wie die Bürger den derart von ihren Fesseln «befreiten» Gesetzen der Ökonomie zu unterwerfen."*

1. Das globale Dorf

Der Kosmos dehnt sich rasend aus. Außerhalb gibt es nichts, weil es eben kein Außerhalb gibt.

Aber ganz, ganz draußen, am Rande, aber noch innerhalb von ganz draußen, da liegt ein Dorf. Und da sind wir zuhause. Es ist das globale Dorf – global village. In manchen Köpfen immer noch wie das Dorf, durch das hin und wieder eine Sau getrieben werden muss, in den anderen global mit aufgeblähter Selbstüberschätzung.

Und da leben wir halt. Und sind als Amerikaner immer gut drauf, als Deutsche immer gut aufgestellt und als Chinesen sind wir, recht diskret, morgen vielleicht schon die ganze Welt.

Und wir haben inzwischen voll den Fortschritt übernommen. Losgelassen in die Freiheit des totalen Marktes, traben – nein: galoppieren wir immer der Zukunft entgegen. Zumindest sagt das die FDP, auch die CDU und sonstige dem Glauben an den Fortschritt Verpflichtete. Auch die AfD sagt das, aber dort hätten wir die Zukunft schon längst hinter uns.

Außerhalb dieses Reigens merken die Leute schon länger, dass der Kapitalismus sich ständig selbst an die Wand fährt – crash as crash can!!! Die Liberalen selbst meinen dazu, wir brauchen noch viel mehr Kapitalismus, damit er sich nicht dauernd an die Wand fährt. Und die AFD denkt – nein, sie denkt nicht, sie meint nur – der gleichen Einfachheit halber – wir bräuchten nur weniger Flüchtlinge und Fremde, eben alle, die so ganz anders funktionieren, dann würde er ganz automatisch nicht dauernd an die Wand fahren. Manche in dieser Partei meinen, besser wäre es, er sollte mehr noch an die Wand fahren, denn dann käme die AFD als Krisenlöserin erst richtig an den Platz, der ihr gebührt. Eine sehr eigene, von früher leidlich bekannte Form von

„Machtergreifung". Und die Gebühren würde dann das Volk und so weiter, aber das kennen wir ja.

Man nennt das umvolken. Die einfache Sicht vom einfachen Leben – allerdings mit wiedererstarkter nationaler Bedeutung. Und das wär immerhin schon mal was. Was es wäre, weiß wiederum kein Schwein. Aber die Erinnerung weiß davon. Und wie!

Aber wer besitzt schon so was.

Am Samstagabend hören wir das Wort zum Sonntag und sehen die Lottoergebnisse. Jeden Abend während der Woche, irgendwo zwischen Sport und Wetter, hören und sehen wir das Wort zum Börsentag mit den Wett- und Spielergebnissen auf den Devisen- und Aktienmärkten. Das war früher anders. Vor wenigen Jahrzehnten noch kam gleich nach dem Sport das Wetter, nichts dazwischen.

Ich habe den Eindruck, dass zwar der aktuelle Stand der Devisen- und Aktienmärkte die Bevölkerung im Land überhaupt nicht interessiert. Es hat sich wohl als regelmäßige Meldung in die Nachrichten geschlichen, als die neoliberale Spielart des Kapitalismus die Regie übernommen hat mit allen Konsequenzen, die wir erleben. Und es nimmt nun diesen hervorgehobenen Platz ein. Für die meisten Menschen ist das erst dann von Bedeutung, wenn nach einer Bankenkrise die Bevölkerung den Preis für die Pleiten und ihre Bedrohung zu übernehmen hat. Mehr Wert für die Menschen hat es nicht. Aber dieser Wert wird gern beibehalten.

Wobei zwischen den Spielergebnissen auf den Märkten, auf den Fußballplätzen und dem Wetter weder sprachlich noch sachlich ein großer Unterschied auszumachen scheint. Es sind wohl die gleichen Quellen, sind das gemeinsame Feld und vergleichbare Spielweisen, hier ist vielleicht sogar der gleiche Algorithmus versteckt.

Inzwischen habe ich den Eindruck, wir sind ein Volk von Aktionären und Börsenspekulanten – oder sollen es jedenfalls sein: kursbesessen und dividendengeil. Kurz: Wir sind richtige Leistungsträger geworden. Geld zu haben gehört zu den beliebtesten arbeitssparenden Maßnahmen. Ich frage mich: wer arbeitet hier noch? Ich meine – so richtig?

Gut, das tun noch viele, doch die sieht man nicht, die hört man schwer und die bezahlt man schlecht.

2. Im Verwirrspiel der Globalisierung

Es gehört ja langsam zur Allgemeinbildung: Wir haben das Reich des Guten und das Reich der Börsen. Nein, Verzeihung – des Bösen. Weil – das Reich der Börsen gehört ja zum Reich des Guten.

Das Reich des Bösen ist böse, weil es seine Börsen, die mit dem Geld, für jene aus dem Reich des Guten, also die guten Reichen, verschlossen hält. Und zwischen den beiden Reichen gibt es eine Art Zusammenprall, einen Clash of strategic interests.

Ist der Unterschied jetzt klar? Allein in Venezuela erleben wir es, was passieren kann, wenn ein Land mit riesigen Erdölvorkommen sich dem Reich des Guten verweigert. Und wenn es dann für die Bevölkerung eine Menge an Wohlstand erwirtschaftet, interessiert das die internationale freie Presse eher wenig. Das erlebten wir am Beispiel Kuba und bei anderen Ländern, die sich der freien Wirtschaft nicht unterworfen hatten. Wenn dann allerdings die eigene Regierung, wie in Venezuela, blöd agiert, dann ist die international finanzierte Empörung gar groß.

Weltkriege,

Globalisierung,

ständige Neuaufteilung der Erde,

der Märkte.

Kämpfe, Spekulationen,

freundliche Übernahme,

Übernahmeschlachten,

Investmentfonds.

Raubzüge machen und Beute.

Diese zerteilen,

ausnehmen, verwerten,

und dann weiterziehen.
Innovative Geschäftsideen,
Erfolge vorhersagen.
Kurse verfolgen,
durchhalten,
Gewinne winken lassen,
Lohnnebenkosten senken.
Victory! Siege versprechen.
In der Schlacht an den Märkten
Abfall – und Abfindung:
Sie hier verlieren ihr Leben,
die dort bekommen
einen Orden,
sie verliert die Arbeit
und die Gesundheit,
er bekommt
eine Abfindung
mit Bonus.
Jede feindliche Übernahme
hat ihre Gefallenen,
doch es sind niemals
die Feldherren.
Auch jede
feindliche Übernahme
hat ihre Gewinner,
und es sind immer
die Herren
der Wert-Abschöpfung.

3. Ein kosmischer Event oder: Die Chronik eines fast gelungenen Weltuntergangs

Die Löcher

Ihnen ist sicher bekannt, dass die Erde zwei Löcher hat. Das heißt eigentlich die Atmosphäre. Ozonlöcher. Eins im Norden und eins im Süden. Das im Süden ist weiter weg. Das nördliche war zurzeit, als die Geschichte spielte, noch nicht so groß.

Das vorausgeschickt, kommen wir zur Sache: Es gab neue geheime Pentagonpapiere. Sie enthielten die Chronik eines fast gelungenen Weltuntergangs. Das ist zwar schon einige Jahre her. Trotzdem hat nicht einmal die Presse seitdem davon Wind bekommen.

Uns ist durch einen befreundeten Whistleblower eine Zusammenfassung zugespielt worden. Für Sie, liebe LeserInnen, haben wir den Text übersetzt und noch einmal gekürzt.

Also. Die Chronik eines fast gelungenen Weltuntergangs.

Am 23. September 2001, also am Herbstanfang und zugleich Tag zwölf der neuen Zeitrechnung, wo im ganzen Kosmos nichts mehr so war wie vorher, weil in den USA, auch Amerika genannt, zwei Türme nicht mehr so waren wie vorher, da sie nicht mehr da waren, und das Pentagon zum Tetragon geworden war, weil ihm eine Ecke fehlte, erschien plötzlich und völlig unerwartet im nördlichen Ozonloch ein riesiges Gesicht. War urplötzlich da und guckte runter. Nicht etwa auf Grönland oder Neufundland oder Neufünfland oder die Kamtschatka – nein: auf die USA, auch Amerika genannt.

Solche geheimnisvollen, kosmischen Events geschehen eigentlich nur in den USA, also in Amerika. Denn dort werden sie auch am sorgfältigsten dokumentiert: In der Dokumentationsstelle rund um LA und Santa Barbara – in Hollywood.

Das kosmische Gesicht

Es war ein ausgesprochen männliches Gesicht.

Sofort beschlich die Sicherheitsexperten des Präsidenten eine böse Ahnung: „Das bedeutet höchste Gefahr!" Es ist ja Aufgabe dieser Experten, jeder möglichen Sicherheitsahnung nachzugehen, derlei Gefahren zu lokalisieren und den Präsidenten zu beraten, wie diese zu beschießen seien.

Das Gesicht lächelte nicht eben freundlich, sah aber auch nicht grimmig drein, sondern schaute einfach nur. Es beobachtete. Und zwar, so die Sicherheitsexperten, ausschließlich Amerika.

Präsident Bush – damals oberster Feldherr – reagierte sofort: „Alarm!!! Höchste Sicherheitsstufe, die taktische Luftflotte ist sofort in Bewegung zu setzen".

Alsbald geschah dieses und die Bomber flogen gen Himmel schräg nach oben in Richtung Gesicht.

Währenddessen gab es ein Rätselraten: Es begab sich nämlich zu der Zeit, als noch viele, recht verschiedene bedrohliche Gesichter – manche sind heute bereits verschieden – am Leben waren.

Wessen Gesicht ist das? wurde gefragt. Ist es Saddam Hussein, oder Gaddafi, vielleicht doch Milosevic – aber das geht nicht, der sitzt ja – vielleicht Fidel Castro aus dem nächstliegenden Reich des Bösen. Oder gar Kim Il Sung aus Nord Korea, aber das ging nicht, denn der war zu diesem Zeitpunkt gerade vorübergehend entböst worden.

Andere meinten, Lenin sei wieder auferstanden oder die Russen hätten seinen einbalsamierten Leichnam in einem Akt der Provokation....

Während die Luftflotte sich dem riesigen Gesicht näherte, begannen sich die Lippen ganz langsam zu öffnen. Und plötzlich ertönte eine gewaltige Stimme von oben, ein geradezu biblischer Event. Laute wurden vernehmbar, mit einem himmlischem Vibrato, die fast eine gewisse Ähnlichkeit mit dem sprachlichen Code der in Süddeutschland eingeborenen bayrischen Ethnie hatte, von der Art wie: „mia san mia, guat sama, stramm sama, do sama, u sama" – und just in diesem Augenblick, mit dem Laut „u sama", begann die Luftwaffe zu feuern.

Das Gesicht, das zuletzt infernalisch gegrinst hatte, verschwand urplötzlich – und übrig blieb das Loch. Der Präsident befahl schließlich: „Gefahr abgewehrt. Beschuss beenden!" und so geschah es auch.

Der Jubel

Und es herrschte zunächst eine gespenstische Stille. Schließlich machte sich dann auf allen Fernsehkanälen überlaute Aufregung und Freude breit: „Hurra, die Welt ist gerettet", und auf den amerikanischen Kanälen noch zusätzlich: „Halleluja" und im Bible Belt noch ein Halleluja dazu.

Eine riesige Parade auf dem Times Square fand statt, auch ein großer Zapfenstreich in Berlin. Rudolf Scharping, damals der für Tagesbefehle zuständige Minister, gab einen solchen an die Soldaten: „Heute müssen die Zapfen besonders stramm gestrichen werden".

Der grüne Koalitionspartner organisierte spontan in den Deutschen Wäldern eine Zapfensammlung für diesen Zweck – der Fraktionsvorsitzende dazu: „Dies ist die erste, bedeutende Annäherung der grün-alternativen Bündnispartei an den Verteidigungsauftrag der Bundeswehr". Während die CSU höhnisch in Richtung GRÜNE stichelte: „oo-zapft is", rügte Renate Künast: „Das Verbraucherverhalten der Basis in Sachen Sicherheitszapfen lässt zu wünschen übrig".

Außenminister Fischer, Joschka genannt, rief verzweifelt: „Ich weise auf die dringende Notwendigkeit des Zapfenstreichens im Rahmen einer neuen, deutschen Sicherheitspolitik hin".

Der Abgeordnete Ströbele warnte: „Wer Zapfen streicht, der verzapft auch andere Streiche und zapft Telefone an" und die Christen bei den Grünen forderten zusammen mit den Militärpfarrern: „Man sollte nur harzige Zapfen nehmen – die riechen mehr nach Weihrauch."

Das Loch

Kurz – während die USA den Sieg über das Böse auf der Straße und in der Börse feierte, die Bundeswehr Zapfen strich und die Grünen zapfensammelnd auf Positionssuche waren, zwischen fundamental, real und fatal, da verfinsterte sich der Himmel erneut, und in eben diesem nördlichen Loch erschien – ja was war das eigentlich? Ein Gesicht? Nein. Es war eher wie zwei große, aufgeblasene Backen, die sich rechts und links vorwölbten, wie wir es vom damaligen hessischen Landesvater kennen, dem Roland Koch. Aber da waren keine Augen, war keine Nase in der Mitte, keine richtigen Lippen, oder doch, eher zugespitzt, doch von oben bis unten erstreckte sich bei dem Ganzen ein riesiger Spalt, wie der gigantische St. Andreas-Graben in Kalifornien, jeden Augenblick bereit zu einer Verschiebung und tektonischen Erschütterung.

Und jetzt meldeten sich in den USA, auch Amerika genannt, sämtliche Prediger, Verkündiger des Seelenheils und der metaphysischen Wellness: "Dies ist keine Gefährdung unserer Sicherheit, dies ist wirklich eine Offenbarung. Sie wird uns sagen, wie wir das Reich des U Sama zu bekämpfen und ein für allemal zu vernichten haben".

Und alles sank in die Knie, erhob das Haupt gen Himmel, betete und sang, und siehe da, die ringförmige, zugespitzte

Mitte der himmlischen Erscheinung tat sich auf und es entfleuchte ein ungeheurer Wind, um nicht zu sagen Sturm, der über Gottes eigenes Land hinwegfegte. Und während die Prediger in den USA (und in Bayern) dies bereits als eindeutige Anzeichen für ein Pfingstereignis zu sehen begannen, folgte dem ein gigantischer Strom an braungefärbter Substanz, die auf die Erde hernieder klatschte, riesige Haufen bildete und sich allen, die erwartungsvoll dastanden und - knieten, wie ein naturfarbener Schleier um die Köpfe und als kosmischer Duftstoff in die Nasenlöcher fügte und die Schleimhäute in Erregung brachte.

Die Vermarktung

Und das Reich des Guten begann sofort, zu reagieren: Twenty-first Century Fox erwarb die Filmrechte, CNN die Übertragungsrechte, Microsoft die Vernetzungsrechte, Marlboro die Werberechte und das Pentagon die Rechtsprechung. Die Marines zogen in den Kreuzzug gegen U Sama, die Bundeswehr folgte, nachdem Kanzler Schröder dem US-Präsidenten begreiflich machen konnte: „Bedingungslose Solidarität hat nichts mit Kommunismus zu tun, wir Sozialdemokraten haben das schon immer so gemacht".

Die Parteilosen bei den Grünen meinten: „Wir müssen nun endlich austreten". Die Gegenfrage: „Aufs Klo"? „Nein, aus der NATO".

Und Jürgen Trittin diplomatisch: „Offenbarung hin und her – wer entsorgt den Scheiß?".

Die USA rüsteten jedoch nicht nur gegen U Sama, sondern auch – zwecks Verbesserung der Außenhandelsbilanz – zu einer massiven Exportoffensive von geoffenbartem himmlischen Stoff. Der Pressesprecher des Präsidenten erklärte: „Dies ist das Ende der Geschichte, und damit ist god's own country durch eine höhere Macht endgültig in seiner eschatologischen, endzeitlichen Funktion bestätigt".

Die BILD-Zeitung lehnte allerdings eine Extrabeilage mit der geoffenbarten Substanz ab: „Sie enthält für uns nichts Neues".

... und da wachte ich auf, schweißgebadet und mit Herzrasen, stellte fest, dass ich in einer anderen unwirklichen Welt bin, wo Westerwelle doch nicht Bundeskanzler ist, aber beinahe, sondern – jetzt anders unwirklich – eine Pastorentochter mit einer Art Ewigkeitsgarantie auf diesem Posten, und ich ging aufs Klo und entäußerte mich dort ohne Hintergedanken.

4. Das Raumschiff oder: Von der List der Geschichte

Der homo sapiens – wozu taugt er noch, wenn wir die Prediger des neoliberalen Absoluten fragen? Ist er mehr als ein Restposten in der globalen kapitalistischen Kontenführung? Zählbar und in Wert gesetzt allein als Faktor des Marktes? Außerhalb nicht zu bewerten, nicht zu schätzen, nicht wertzuschätzen – also wertlos?

Fragen wir den kosmischen Steuereintreiber, ob wir wenigstens als Abschreibungsposten noch eine Größe darstellen, für eine verbilligte Abwicklung des historischen Summenspiels, der homo sapiens sozusagen als Restposten in der kosmischen Gesamtrechnung?

Irgendwie sind wir wie in einem Raumschiff und bräuchten dringend einen Landgang. Damit wir wieder Boden unter die Füße kriegen und nicht taumelnd umher schweben, auf der Suche nach den kosmischen Koordinaten, immer schwerer bestimmbar im Zuge der allgemeinen MacDonaldisierung der Welt. Sie wurde eingeleitet durch Onkel Donald Duck, die Ente, und den Onkel Dagobert, fortgesetzt durch den „Krieger" Donald Rumsfeld bis zum jetzigen Oberdonald, dem Donald Fake mit der Mauer, dessen Welt aus einer einzigen Immobilienblase besteht.

Sie sind alle von Uncle Sam.

Man hat mich als Kind immer vor fremden Onkels gewarnt – aber so fremd sind die uns nicht mehr.

Was spielt sich hier eigentlich ab? Und wo stehen – oder schweben wir? Gestalten sich uns die Ereignisse zur Tragödie, zur Komödie oder gar zur Farce? Nehmen die Dinge, nimmt die Geschichte ihren eigenen Weg, ohne uns – menschenlos? Sind wir bereits verbraucht oder doch noch fähig zu handeln? Bedienen wir uns der List, die es hinter den Ereignissen dieser Zeit zu entdecken gilt? Angesichts des vielen Schrotts, der uns als das letzte Glück aufgedrängt wird. Um endlich für unser Leben Qualität einzufordern, nicht das immer Mehr, sondern das Besser? Vorbei an den Besen der Zauberlehrlinge, den Globalisierungsbesen der neoliberalen Praktikanten, die nichts mehr in den Griff kriegen, weil ihr Zugriff selbst das Problem ist?

Oder müssen wir – wie manche meinen – nur abwarten, bis es kommt? Wie die beiden Figuren in Becketts "Warten auf Godot"? Warten, bis er kommt, das alte Motiv vom Messias.

Es ist ja heutzutage schon verboten, Träume zu haben, die sich nicht in Gewinnerwartungen ausdrücken lassen. Manche haben nur mehr Albträume, die sich in Kursstürzen ausdrücken, sosehr sind die damit beschäftigt, Leistungsträger zu sein – in der Krise.

Man muss es heutzutage schon riskieren, von sowas wie Hoffnung zu reden.

Wem sind wir also jetzt näher: der Hoffnung oder dem Scheitern? Erleben wir einen gesellschaftlichen Tod? Und gibt es ein Leben danach? Oder „bloß" einen Umbruch, hin gar zu einer neuen Seite der Geschichte, die noch nicht aufgeschlagen ist, erst gesetzt werden muss, wie früher, ein Satz mit Bleilettern, neu zusammengefügt? Es ist offen, ob wir ihr eine Gestalt, ein Design geben können oder ob am Ende ein Torso, gar etwas Chaotisches daraus wird.

5. Von der Zeit, die maßlos wurde und von der Uhr, die traurig war

Die ist die Geschichte von der kleinen Uhr, die von einer real existierenden, sich sozialistisch nennenden Welt, in der sie richtig zu ticken meinte, aber offensichtlich ins stottern geriet, in die andere real existierende Welt geschleudert wurde, die als Ganzes nicht richtig tickt, weil dort alles und jedes zur Ware wird und die Zeit permanent entwertet wird, obwohl sie scheinbar an Wert gewinnt.

Die kleine Uhr ging immer nach. Und zwar deshalb, weil die Zeit schneller lief, als die Uhr erlaubt. Oder die Uhr langsamer lief, als die Zeit es gestattete.

Der große Uhrmacher hat die Uhr konstant eingerichtet, aber die Zeit hatte sich selbständig gemacht.

Und weil die Uhr immer nachging, wurde sie traurig. Sie dachte, sie wäre krank, da sie aus dem Takt gekommen war, und ging zum Arzt. Er maß ihren Puls, hörte sie mit dem Stethoskop ab, untersuchte sie gründlich, konnte aber nichts Auffälliges feststellen.

Da war die Uhr beruhigt, denn offensichtlich war es nicht ihr Problem, sondern das der Zeit. Nicht die Uhr, auch nicht die Unruh in ihr, wo man ihren Gang ja an einer Feder regulieren kann, sondern die Zeit war aus dem Tritt gekommen.

Aber eigentlich konnte das nicht sein, denn das Maß aller Zeit ist ja die Uhr, bzw. liegt in ihr. Oder ist gar das Maß aller Zeit die Zeit, und die Uhr hat sich danach zu richten? Was ist, wenn der Maßstab versagt, die Maßstäbe außer Kontrolle geraten, weil das, was gemessen werden soll, sich selbständig gemacht hat, maßlos geworden ist, seinen eigenen Takt gefunden hat?

Zeit im Akkord, wegen der Kürze der Zeit konnte dieses und jenes nicht mehr gemacht werden. Zeit muss gedehnt werden, um mehr darin unterzubringen, die Uhr konnte aber nicht gedehnt werden. Wenn die Zeit selbst den Quarzuhren davonlief, vielleicht wären wieder Quarzsanduhren das richtige, mit mehr Sand gefüllt, das Zeitmaß überlistend, damit Zeit und Maß wieder ins Lot kommen und die Zeit aufhört, maßlos zu sein?

Wie ist es, wenn die Zeit stillsteht? Im Alten Testament wird von einer merkwürdigen Situation erzählt: Das Tal von Ajjalon war der Ort, an dem Josua, als er die Amoriter verfolgte, betete, dass die Sonne und der Mond still stehen sollten (Jos 10,12).

Und tatsächlich – die Sonne stand so lange still, bis die Schlacht geschlagen war, erst nach dem Sieg ging sie unter. Ursymbol für alle Schlachten: Nach gewonnenem Krieg geht die Sonne nicht auf, sondern unter. Vielleicht sind Kriege auch so etwas wie Rosstäuschertricks mit der Zeit?

Umgekehrt wäre die Geschichte im Alten Testament sogar verständlicher: Die Sonne scheint erst gar nicht, damit die Schlacht nicht geschlagen werden kann. Denn schließlich handelte es sich bei der Schlacht von Josua um einen Eroberungsfeldzug.

Die Sonne ginge erst dann wieder auf, wenn Friede herrscht. Die Zeit gäbe der Schlacht keine Chance.

Da aber Zeit immer Raumzeit ist, und ich in einen Raum an einen bestimmten Ort gesetzt bin immer zu einer bestimmten Zeit, solange ich lebe – wenn dann also die Zeit davonläuft, unterschiedlich läuft, bei dir anders als bei mir, kann es dann nicht sein, wenn wir zur gleichen Zeit am gleichen Ort sein wollen, um uns zu sehen, dass wir uns dennoch nicht begegnen können, weil unsere Uhren gleich, aber unsere Zeiten unterschiedlich sind, gleicher Ort, verschiedene Zeit, und dass wir uns deshalb verfehlen? Und wir dann vielleicht gar über das verfehlte Gegenüber sagen müssten: „Der tickt nicht richtig"?

Das war also nun die Geschichte von der Zeit, die maßlos wurde und von der Uhr, die traurig war.

Was machen wir aber jetzt? Brauchen wir vielleicht doch – um sozusagen kommunikativ zu überleben – dieses elektronische Gerät mit der Hin- und Her-Wischfunktion, um unsere Zeiten zu synchronisieren? Das wird dann aber zu einem Ersatz, und lässt uns mit der illusorischen Vorstellung zurück, das wäre bereits Begegnung. Wobei sich die Begegnung verdinglicht und das Smartphone nicht nur zum Kultobjekt, sondern zum Fetisch wird, der uns in seine Dienste nimmt und abhängig macht, zugleich aber die Vorstellung nährt, damit wäre ein Stück mehr an Freiheit erreicht. Doch es ist wohl eine illusorische Freiheit, weil sie das Feld der Notwendigkeit grösser, fast absurder werden lässt.

6. Zeit plus

Zeit plus Zeit ist mehr Zeit.

Zeit plus Brot ist Brotzeit.

Zeit mal Zeit ist Malzeit.

Diese Zeilen habe ich bei dem Kabarettisten Gerhard Polt gefunden – das hat mich animiert, weiter zu schreiben:

Zeit plus Nachruf ist Auszeit.

Zeit plus Fukushima ist Halbwertzeit.

Zeit plus volle Blase ist höchste Zeit.

Zeit plus Stuttgart 21 ist Albtraumzeit – verschwistert mit der BER-Zeit.

Zeit plus Doppelbett ist Spielwiesenzeit.

Zeit plus midlife-crisis ist Halbzeit.

Zeit plus Bildzeitung ist Fehlzeit.

Zeit plus Reisestress ist Urlaubszeit.

Zeit plus Lohnarbeit ist Unzeit.

Zeit plus Gitter ist Knastzeit.

Zeit ohne Gitter ist Freizeit.

Zeit plus Kundus ist Freiheit-am-Hindukusch-Zeit.

Zeit plus Merkel ist Aussitzzeit.

Zeit plus Zeit ist Nachspielzeit (da warte ich jetzt, bis das ankommt).

Zeit plus Zahnarzt ist Wartezeit oder

Zeit plus Schwangerschaft ist Wartezeit oder

Zeit plus Bundesbahn ist Wartezeit.

Zeit plus Raubzüge ist Kolonialzeit oder

Zeit plus Raubzüge ist Hedge-Fonds-Zeit.

Zeit plus Sex ist: von Zeit zu Zeit,
oder Auszeit.

Zeit plus Smartphone ist Wischzeit.

Zeit plus Intercity ist Zeitverzug.

Zeit plus Flugzeug ist Hochzeit.

Zeit plus Gregor Gysi ist Zeitgenosse.

Zeit plus Einkaufstress ist Vorweihnachtszeit.

Zeit plus Bier plus Kartoffelchips ist DFB-Pokalzeit.

Zeit plus Geburtstagsfeier plus Familienbande ist Banden-
bildungszeit (eigentlich geht das nicht, aber was soll's).

Zeit plus Weihnachten ist Lebkuchenzeit.

Zeit plus Chance ist zu Lebzeiten.

7. Die Entstehung des Menschen – olympisch betrachtet

Was ist eigentlich los – intergalaktisch gesehen? Die Anziehungskraft der Erde lässt langsam auch nach, und die Akteure des Fortschritts sind auf der Suche nach neuen Kolonien auf dem Mars oder dem Mond.

Am Anfang war..

Wie hat das angefangen? Klar: Am Anfang gab es noch kein All, da war es angeblich nur ganz, ganz, heiß und unendlich klein. Und dann kam der Urknall. Natürlich, so viel Hitze auf einem kleinen Fleck, das hält nicht lange. Es explodierte und explodiert noch immer, und das ganze nennen wir Kosmos.

Kosmos ist griechisch und heißt eigentlich etwas Geordnetes, Schönes – drum auch die Kosmetik. Das Gegenteil ist das Chaos – also der Normalfall.

Und da bewahrheitet sich auch der zweite Hauptsatz der Thermodynamik: Man nehme zum Beispiel einen fest verschlossenen Behälter. Darin sind zwei unterschiedliche Gase (oder halt was anderes) eingeschlossen, zunächst geordnet, also sauber getrennt. Mit der Zeit werden sie sich gleichmäßig durchmischen, d.h. einen Zustand größerer Unordnung einnehmen. Dieser ist also der wahrscheinlichere Zustand. „Wenn", so heißt es, „keine Arbeit verrichtet wird".

Das kenne ich aus meinem Arbeitszimmer. Dort laufen auch alle Veränderungen im Raum gemäß einem physikalischen Hauptsatz – nur: dort laufen sie, wenn Arbeit verrichtet wird.

In der Bibel, in der Schöpfungsgeschichte, heißt dieses Ungeordnete auf Hebräisch „Tohuwabohu" – das ist das Gleiche. Die gängige Übersetzung lautete hier: „Und die

Erde war wüst und leer". Doch der Religionsphilosoph Martin Buber hat diese Stelle der Genesis wunderbar übersetzt mit: „und die Erde war Irrsal und Wirrsal".

Der Urknall

Beim Urknall sind auf einmal drei Sachen entstanden, die zusammengehören: die Materie, also der Stoff, dann die Zeit, und schließlich der Raum in drei Dimensionen. Deshalb leben wir nicht in drei, sondern in vier Dimensionen – Raumzeit.

Das ist wie im Knast – ich weiß nicht, waren Sie schon mal? – also: Da ist ein Raum, eine Zelle, und dann ist auch die Zeit, je nachdem, wie lange du sitzen musst, und das kann dauern. Und da kriegste ein Gefühl dafür, was Raumzeit ist.

Vielleicht ist unsere Existenz im Kosmos auch eine Art Knast, eingesperrt in die Raumzeit, eine kosmische Zelle, da können wir nicht abhauen, obwohl es im Weltall keine Knastmauer gibt.

Atmungsaktiv – solange wir leben. Keiner hat uns gefragt.

Aber – Galaxien, wenn sie in die Jahre kommen, kollabieren, fallen in sich zusammen und übrig bleibt – ein schwarzes Loch.

Was später passierte

Über den Anfang wird auch erzählt, wie der Kosmos den Menschen hervorbrachte. Diese Erzählung hatte im Laufe der Geschichte unterschiedliche Versionen.

Eine heißt so: Am Anfang schuf sich mensch ein Bild vom lieben Gott. Und in diesem Bild wird erzählt, wie der liebe Gott am Anfang die Menschen erschuf. Sozusagen eine Schöpfung auf Gegenseitigkeit.

Und den Kosmos, versteht sich. Oder auch, wie der Kosmos den Menschen hervorbrachte. In einem ersten

Entwurf zunächst mal als Affen. In einem nächsten Versuch, behaupten manche, hätte er den Mann hervorgebracht. Da übte er bloß. Richtig gelungen sei erst die Frau gewesen.

Aber ich glaube, dass diese Ansicht keine Mehrheit kriegt. Nicht einmal unter Rot-Grün, schon gar nicht bei der AfD.

Wie stelle ich mir nun die Entstehung des Menschen vor? Vielleicht doch so, eher klassisch, also überschaubar.

Der Alte vom Berg und seine Heerscharen

Wir befinden uns im Olymp, bei den Himmlischen. Die Griechen hatten den Vater Zeus, der dort beheimatet war, und weitere Götter: Apoll, Aphrodite, Hera und andere, eine total gemischte Gesellschaft, ganz schöne Schlitzohren dabei, jede Menge Lustmolche, der oberste Chef zuallererst.

Selbstverständlich ist dieser Olymp ausgestattet mit allem, was man so braucht, um unter Göttern gut zu leben – wie Gott in Frankreich oder hier eben im Olymp: Sauna, Solarium, Küche, auch einen Rinder-, Hühner- und Schweinestall für Fleisch, natürlich einen olympischen Garten fürs Grüne. Vermutlich wurde auch Wein angebaut und kräftig genossen. Denn in manchen Geschichten der alten Griechen wirken die Götter so was von besoffen.

Auf dem Herd steht das Mittagessen. Im Dampfdrucktopf gart es vor sich hin. Aber der Koch, diese olympische Pflaume, hat ihn vergessen. Und da fliegt der Topf in die Luft. Wumm. Der Urknall. Der Kosmos – ein Betriebsunfall in der olympischen Küche. Also dort, wo das Weltall gebraut wurde. Und vielleicht roch es deshalb ursprünglich auch etwas angebrannt.

Der Mensch – ein kosmisches Urtrauma

Und viel, viel später kommt dann der Mensch. Im Himmel des Olymp herrscht gespannte Erwartung. Ein großes

Ereignis steht bevor. Im Stall liegt die Sau, sie ist trächtig. Und sie trägt den Namen "Kosmos".

Plötzlich ertönt ein lauter Ruf: Es ist soweit! Und alle himmlischen olympischen Heerscharen rennen in den Schweinestall. Und sie wohnen dem feierlichen Augenblick bei, wie die Sau Kosmos, trächtig, um nicht zu sagen niederträchtig wie sie ist, ihren ersten Wurf tut. Sie hat den Menschen geworfen.

Und da lag er nun: Rosarot wie ein Ferkel, quiekend, an der Brust nuckelnd, ständig den Rüssel offen, mit allen Vieren zappelnd – Sie kennen das ja.

Es war ein glücklicher Augenblick. Zunächst einmal. Kosmisch gesehen.

So kann man sich das vorstellen. Und dieses Ereignis hat sich wohl als Urtrauma der Evolution bis heute in den Menschen eingeprägt. Deshalb sagen auch heute noch manche tiefsinnige Philosophen: der Mensch ist ins Leben geworfen, ins Sein sozusagen. Rein geplumpst – flatsch!!! Und Schiller dichtete: Wem der große Wurf gelungen, Beethoven vertonte diese Ode an die Freude und zur Feier der Deutschen Vereinigung im Reichstag in Berlin hat man das auch gesungen.

Aufs engste hat sich dieses Bild klar in der bayerischen Eingeborenensprache niedergelassen. Wenn dort einer sagt: „Es Sei" – so kann das eine zweifache Bedeutung haben: Die eine rein existentiell, in der zweiten heißt das übersetzt „Ihr Säue".

Oder der bayerische Spruch "Der Mensch an sich ist gut, bloß d'Leut san a Sau", ein abgewandelter Nestroy: „Der Mensch is' gut, aber die Leut' san a G'sindel!"

Was war also zu Beginn?

Was ist also der Anfang? War er es oder steht er noch bevor – stehen wir erst am Anfang, und sind noch nicht viel weiter gekommen oder sind wir gerade mittendrin?

Und was soll man davon halten, wenn der Philosoph Hegel behauptet: „*...dass das Denken das Eigenste ist, wodurch der Mensch sich vom Vieh unterscheidet, und dass er das Empfinden mit diesem gemein hat*"?

Denken ist also allen erlaubt – vielen aber bleibt es erspart. Und im Zeitalter der Arbeitsteilung wird vieles delegiert – auch das Denken. Man kann ja nicht alles selbst machen. Manche sagen: „Ich gebe zu denken", aber geben dann doch nichts von sich.

Viele fassen das in dem „seins-philosophischen" Satz zusammen: „Sie denken für mich, ich denke nicht, also bin ich". Da wurde gründlich outgesourced.

Und viele leben ohne den Luxus, etwas zu meinen. Sie sagen ganz einfach und wieder: "Ich meine", und denken dabei, das wär eine Meinung, und denken dabei, das wäre Denken. Sie sagen: "Ich meine", und meinen dann doch nichts – wem fällt das schon auf.

8. Der Kapitalismus macht auf Krise

Das hat er schon immer gemacht, nur uns hat man's verschwiegen. Das ist aber jetzt auch hier angekommen. Und mit dieser Krise umzugehen, hatte damals, vor über zehn Jahren, schon seine drolligen Seiten.

Abschied vom Wirklichkeitsverlust

In den Monaten, als die ganz großen Crashs auf den Finanzmärkten passierten und die Realwirtschaft mit geschädigt wurde, als selbst eingefleischte Wirtschaftsliberale plötzlich mit sorgenvoll gefurchter Stirn von „Kapitalismus" sprachen, und sogar das Wort „Krise" in den Mund nahmen – andere Worte auch – war ich sehr erstaunt. War da etwa Einsicht am Werk? Abschied vom Wirklichkeitsverlust und von Dauerhoffnungspflege als Konjunkturmotor?

Na, jedenfalls dauerte es nicht lange, da gingen diese öffentlichen Wortbekenntnisse zurück und es kam, was zu erwarten war. Es begann zunächst einmal die Suche nach den Schuldigen. Muss man machen, es müssen auch immer konkret benennbare Personen sein, die etwas falsch gemacht haben, und es muss auch falsch gewesen sein im Unterschied zu den anderen, die das gleiche, das aber voll richtig gemacht haben. Und man erfand die berühmten Manager mit den gigantischen Bonuszahlungen, massenhaft, ja riesig waren diese.

Das Spiel

Nur, wie sollte man den Leuten erklären, dass diese Leute nichts falsch, sondern alles richtig gemacht haben, da sie doch das Spiel gut beherrschten?

Und da man es nun wirklich nicht wollte, dass sich auf die Schnelle irgendwelche linken Ideologen über die Bankenpleite ausgiebig äußern konnten – es könnte ja manch Erhellendes, sozusagen Aufgeklärtes dabei rüberkommen –

und da man diese auch nicht dafür verantwortlich machen konnte (obwohl – man hätte, mit gutem Willen, auch das geschafft, Friedrich Merz zum Beispiel – der könnte das), führte man ein paar Spieler vor. Man wollte vermeiden, dass das Spiel selbst in Misskredit kam, denn das wollte man ja weiter betreiben. Was dann auch geschah.

Nun war man also beim Bonus und den sonstigen Spielern. Man sprach von der „Gier" dieser Spekulanten, und, auf der anderen Seite, vom „Sozialneid" vieler Möchtegern-Hochkommer. Gier und Neid, zwei beliebte Vokabeln aus der Amateurpsychologie, wenn man die Dinge vernebeln will. Und da dies hochmoralische Begriffe sind und man es in den Kirchen nicht so sehr mit der Sache und den Zusammenhängen, also dem politischen Gedanken, sondern mehr mit der Moral hat, wenn man öffentlich mahnen will, werden diese Vokabeln auch in den Verkündigungspredigten der Kleriker gerne verwendet. Vor allem Bischöfe tun sich da leicht.

Das Systemproblem im Beichtstuhl

Man versteht auf kunstvolle Art und Weise, strukturelle Verbrechen zu Problemen einzelner Verhaltensweisen einzudampfen. So sagte – nur ein Beispiel – ein deutscher Bischof, zugleich auch Gesamtbischofssprecher hierzulande: „Sind nicht auch wir gern bereit, in Fonds Gelder zu bringen, zu spekulieren, Risiken auf uns zu nehmen oder gar bei der Steuererklärung usw. usw....?" Sehr beliebt ist das, wenn man das systemische Problem der Arbeitslosigkeit zum Problem mangelnder Arbeitsbereitschaft der vielen Einzelnen macht. Ein Systemproblem wird individualisiert und dann zur Agenda des Beichtstuhls bzw. eines persönlichen Sündenfalls gemacht. In der katholischen Kirche hat das Methode.

Sowas beeindruckt natürlich Herren wie Ackermann, Merz und die Genossen vom Seeheimer Kreis, nicht zu vergessen Frau AKK, zutiefst. Zugleich entlastet das spürbar die Hartz IV–Empfänger, die alleinerziehend herumkrebsenden Mütter, die vielen Rentner und überhaupt das ganze Prekariat etc. von ihren stetigen Sorgen, was sie denn mit ihren nichtethischen Geldanlagen anfangen sollen.

Zurück zur Finanzkrise: Damit war zunächst einmal die Frage nach dem Kapitalismus als krisenhaftem System weg vom Tisch.

Nachdem das einige Zeit gut gegangen war, und als man eine sogenannte Erholung der Wirtschaft inständig feststellen wollte, als es um die Bonuszahlungen auf Empörungsebene ruhig geworden war – inzwischen wurde erneut und unverändert unverschämt abgezockt – war es an der Zeit, das lädierte System, also nicht mehr einige Spieler, sondern das Spiel selbst, weiter zu entlasten.

Der Schuld- und der Schuldentransfer

Und es geschah das in Deutschland, was die allseits bekannten Konsensdemokraten bei solchen Sachen immer machen – eine Art Transfer des Problems und eine Schuldverlagerung: von den Eliten zu den Arschlöchern. Und da man schon mal die Schuld verlagert hatte, wollte man auch gleich die Schulden selbst verlagern und drückte sie dem „Steuerzahler" aufs Auge.

Man suchte sich diejenigen aus, die man, nachdem man ihre Arbeitskraft vorher gründlich abgeschöpft oder als überflüssig entsorgt hatte, jetzt als die Schuldigen präsentieren konnte: Hartz IV-Abhängige, sogenannte Ausländer und so weiter. So dachte niemand mehr an die Bankpleiten und deren Verantwortlichen, an die sich schon wieder bereichernden Eliten, an die Krisenpolitik der Regierung, die sich von den Pleitiers strategisch beraten ließ, und an die

Zeche, die „wir alle" bereits zahlten. Aber man erreichte das, was zu erreichen war: Nachdem man Teile des sogenannten Mittelstands an den Rand des Abstiegs gebracht hatte – andere waren schon „unten"– gewann man diese abstiegsgeängstigten Schichten für das Tritte-Verteilen nach unten. So was funktioniert auch mit einem ganzen Land, wie man es erfolgreich an Griechenland exekutiert hatte. Um den Griechen angeblich zu helfen, indem man den deutschen Banken ihre Außenstände inklusive Zuschläge garantierte.

Ob der damalige deutsche Finanzminister und Frau Merkel dafür den internationalen Preis für Wirtschaftszynismus erhalten haben, ist nicht bekannt. Vermutlich sind sie heute noch stolz darauf.

Ein sehr altes Rezept, früher haben das die Herren in Zylinder mit Hilfe brauner Horden gemacht, heute macht man das, etwas feiner, gleich selbst.

Doch Neonazis sind rasant im Kommen: sie und die sonstigen Rechten internationalisieren sich inzwischen, das läuft seit der Finanzkrise vor zehn Jahren hervorragend. Und sie sind für die internationalen, will heißen globalisierten Interessen der Finanz- und Realwirtschaft zwar von Fall zu Fall ein Risiko, sonst aber ein ebenbürtiger Entlastungspartner.

Lange Zeit dachte ich, man hat heute andere Mittel. Irrtum – es sind die alten. Offensichtlich hat sich an den Grundbedingungen, aus denen so was entsteht, nichts Wesentliches geändert. Sie wurden bloß etwas „globaler".

9. Reformen: Alles wird neu

Wie sind wir mit der Evolution – auch Menschwerdung genannt – dort gelandet, wo wir jetzt stehen?

Alles wird neu – steht in der Geheimen Offenbarung des Neuen Testaments. Das ist eine Verheißung. Alles wird reformiert und wird zu Fortschritt – so steht es in der neuen, insgeheimen Offenbarung von heute. Und das hat sich als eine Drohung herausgestellt.

In dem Gedicht über die Zauberlehrlinge sind am Ende die Besen das Problem: „Besen, Besen seid's gewesen". Die Zauberlehrlinge der neuen sozialen Brachwirtschaft, Ideologen allesamt, fuchteln auch mit ihren Besen. Neben ihnen sind andere Besenschwinger am Werk, die mit dem Versöhnungstouch – gesalbte Kirchenmänner und dergleichen. Wenn die beiden in einer konzertierten Aktion zusammen schwingen, dann wirbeln die einen zuerst so viel ideologischen Staub auf, dass du nichts mehr erkennen kannst – allein die Initiative „Neue soziale Marktwirtschaft" beherrscht das perfekt – und die anderen, die mit der fromm unterlegten Masche, kehren in diesem Sichtschutz alles, was nicht gesehen werden soll, aus Versöhnungsgründen unter den Teppich. Strategische Partnerschaft nennt man so was.

Unter diesen Umständen solltest du jetzt ein guter Kapitalist sein, und auch noch ein frommer. Natürlich, denn du hast ja die richtige Überzeugung – und glaubst daran.

Du machst dir die Erde untertan – und alles, was drauf kriecht und läuft. Du schaust, was sie hergibt, und wenn sie verwertet ist, bleibt Leergut übrig. Und selbst aus dem Nichts erschaffst du noch etwas: Eine Spekulationsblase.

Den Rest der Welt als Pfand in der Hand, geh' in den kosmischen Supermarkt und rufe: Ich hätt hier eine Welt, vollständig und endgültig verwertet, jetzt entwertet und leergemacht. Will sie jemand neu füllen oder soll ich sie zum kosmischen Müll werfen? Wenn ja – wohin denn bitte? Braunes Glas, grünes Glas, weißes Glas, Altpapier, gelber Sack, grüne Tonne, Restmüll, Sperrmüll, Sondermüll, Verpackungsmüll, strahlungsarmer oder stark kontaminierter...?

Und wie du dir denken kannst – es antwortet wieder mal kein Schwein.

Obwohl die bestallten Prediger jahrhundertelang gelehrt hatten, der liebe Gott – also diese höchste Instanz, wer immer er oder sie das auch sein mag – wäre höchst vernehmbar, man müsse nur seine Stimme hören können. Aber es war die ganze Zeit wohl zu laut – Verkehrslärm, Verwertungskrach oder „Verstehen Sie Spaß" über Zimmerlautstärke hinaus.

Aber dann ... doch ... kommt vielleicht ein Mann auf dich zu, flott, sportlich, im besten Alter. Du fragst ihn: Bist du der liebe Gott? Nein, sagt er – und da wirst du gar nicht so sehr erstaunt sein – ich bin von der Ratingagentur. Wir machen das jetzt. Die Sache mit Gott hat sich als suboptimal erwiesen. Seine Urteile haben den Märkten geschadet. Und seine Kriterien bezüglich Ranking und Überlebensfähigkeit im Konkurrenzkampf waren nicht systemrelevant.

Hier sehen wir, was nach dem Tod Gottes übrig bleibt: Der Kapitalismus. Entweder in verschleierter, besänftigter Gestalt als soziale Marktwirtschaft mit Konsumgeboten als Opium des Volkes, oder gleich in seiner ganzen, neoliberalbrutalen Nacktheit auf empathiefreien Märkten.

10. Manchmal träume ich davon

Manchmal denke ich, es wäre bereits alles gesagt – das mit der Globalisierung, den Kriegen und dem CO_2, dem Sozialabbau und der Agenda 2010. Es passe alles zusammen – man müsse es nur noch ordnen, dann entstünde ein schlüssiges Bild.

Oder mit der Option für die Schwachgemachten, die politisch/strukturell Ausgegrenzten, gegen arm machendes Treiben, gegen strukturierte Gewalt. So gesehen gehört das Management transnationaler Kapitalgesellschaften zu strukturellen Gewalttätern – ob sie es wollen oder nicht. Was ist das Ausrauben einer Bank im Vergleich zur Gründung einer solchen.

Manchmal träume ich davon, dass mit dem Reden Schluss ist und dass etwas Anderes beginnt: Nicht das Schweigen – davon gibt es zu viel –, nicht die 135. Demo, der 136. Kongress oder die 137. Resolution, sondern das Schreien, oder das endlose Gelächter, oder leise, traurige Lieder der Erinnerung an die andere Zukunft, eher gesummt als gesungen, unterbrochen durch das zornige Stakkato von Trommelschlägen.

Oder ich träume davon dass ich auf einen x-beliebigen obersten deutschen Sozialdemokraten treffe, der ES endlich zu mir rüberbringen will und sagt: „Unser Standpunkt heißt Standort. Und davon bin ich zutiefst überzeugt". Und ich verabreiche ihm eine schallende Ohrfeige. Denn die überflüssigen Worte sind bereits alle gesagt. Und dann denke ich mir, damit hole ich ihn aus seinem Käfig auch nicht raus. Außerdem wäre das ja nur unzureichend gewaltfrei und Watschen sind auch keine Lösung, zumal sie kaum Einsichten hervorbringen, das weiß ich aus der Schule.

Manchmal träume ich davon, aufzuwachen und der Albtraum hat ein Ende.

C. Werte und Leitkultur –
was halt so manche bewegt

Wir brauchen wieder Werte. Möglichst die alten, so das Verlangen so mancher Trickser, also jener mit dem „fordern und fördern": Fleiß, Pünktlichkeit, Sauberkeit, Ordnung, Ehrlichkeit, Hingabe, Eigenverantwortung, sogar Treue, Zurückhaltung bei Lohnforderungen, kein Sozialmissbrauch; und auch ein paar neue sind da wie Flexibilität, Verfügbarkeit zu allem und zu jedem Zweck. Also all die Werte für die Verwertung.

Und über allem: Die Freiheit. Und da wiederum eine modernere, eher ausgezehrte, aber selbst bereits flexibilisierte Version, eine Art selektierte, um nicht zu sagen filetierte Freiheit: die Freiheitlichkeit.

Von den Werten geht eine Art Zauber aus, wie bei jenem Zauberer, der früher das Kaninchen aus dem Zylinder holte. Bloß, wo eigentlich ein Kaninchen erscheinen sollte, kommt jetzt – wie ein Gespenst – die gute alte Leitkultur zum Vorschein. Die alten Werte und die Leitkultur – Pat und Patachon. Früher hießen sie „Das deutsche Wesen". Man hat versucht, dieses „Wesen" 1914 und noch einmal in kurzem Abstand 1939 zu verallgemeinern. Das ist aber kräftig schief gegangen.

Die neueste Form dieser Wesenspflege finden wir in der Europolitik von Frau Merkel und Herrn Schäuble, wo das deutsche Finanzwesen dem restlichen Europa gnadenlos und knallhart seinen politischen Kurs aufs Auge drückte. Bei dieser Art der Wesenspflege wird nicht mehr geschossen, so wie früher, sondern nur mehr gnadenlos gerechnet. Von manchen vielleicht auch abgerechnet.

Und dann geht es bei den Werten weiter mit der Pflicht, mit Lohnverzicht, weniger Anspruchsdenken bis hin zur

Klage über den Werteverfall. Dieser kommt meist von der Seite, die ihr ureigenstes Interesse hinter der Sorge um die Realisierung des Mehr-Werts versteckt. Also Werte als der Kern von Geschäftsmodellen. Werteverfall ist da vor allem Kursverfall an den Börsen.

Moralische, ethische und ästhetische Normen hatten früher bestimmte Scham- und Tabuschwellen, die einen Schutz darstellten, auch für das, was wir die Würde des Menschen nennen. Überall findet heutzutage ein Wettbewerb im Herabsenken dieser Hemmschwellen statt – obszön und aggressiv in aller Öffentlichkeit: Auf dem Arbeitsmarkt und in den Showveranstaltungen des Fernsehens bis hin zu den sogenannten sozialen Medien, in denen die verbalen Schlägertrupps unterwegs sind oder gleich auf den Straßen johlen und grölen; wir wollen gar nicht vom Umgang mit Flüchtenden oder mit Menschen in Kriegsgebieten reden. Für den Bruch von Tabus und Normen gibt es Prämien – im Falle des Arbeitsmarkts nicht so sehr Lohnerhöhungen, eher Kurssteigerungen an den Börsen, Boni für das Management oder frohe Botschaften für die Aktionäre, bei den Medien heißen sie Einschaltquote und damit Werbeeinnahmen.

In welcher Welt leben die denn? Leider in der unseren! Und unsere Köpfe sind bereits derart zugedröhnt, dass wir diese Zumutungen nicht einmal mehr als solche erkennen. Oder: Beim rechten Ohr rein und beim linken raus.

Leben und leben lassen – geht das in einer Welt, in deren Betriebssystem es Gewinner und Verlierer geben muss, also wirklich: muss? Doch diese Art von Wertschöpfung wird auf Dauer dann wertlos, wenn sie zugleich und fast immer des einen Nutzen ist und des anderen Schaden. Die Wertvorstellungen der Gewinner werden für die Verlierer wertlos. Und das erleben wir heute mit Breitenwirkung.

1. Die Würde des Menschen – ein antastbares Dilemma

… sie ist unantastbar

Die Würde des Menschen ist unantastbar – oder unteilbar – so ähnlich jedenfalls. In der Verfassung.

Außerhalb ist das eher strittig. Unteilbar deshalb, weil man sie sozusagen nicht teilen, also ein Stück abschneiden kann.

Und da kommen wir gleich zu einer Ahnenreihe von Abschneideberechtigten wie: Manfred Kanther, Otto Schily, Wolfgang Schäuble, Roland Koch, Horst Seehofer, und die anderen Würde-Schneider oder auch Zerkleinerer der letzten Jahrzehnte. Obwohl die immer sehr großzügig geschnitten haben. Sie waren ja für die Verfassung zuständig.

Umgekehrt ist das jetzt aber ein Problem. Denn der oberste Glaubensartikel, also der ganz andere Verfassungsgrundsatz, kurz: eben die Verfassung der Gegenwart besagt: Freie Kräfte auf dem freien Markt. Es gibt prinzipiell nichts, was der unsichtbaren, aber segnenden Hand des Marktes entzogen werden darf.

Und es ist wohl vor allem gerade diese Verfasstheit unserer Verfassung, die der Verfassungsschutz gegen alles, was seiner Meinung nach links steht, schützen muss. Normalerweise geschieht das ja versteckt und diese Art von Schutz wird nicht monatelang vorher angekündigt, wie es gegenwärtig ganz offen und geradezu vorwarnend hinsichtlich der AfD geschieht. Und damit fast schon so etwas wie einen Mitleidsbonus für diese Partei erzeugt.

Das ist ein richtiger Verfassungskonflikt. Denn: Die Würde des Menschen ist zwar unantastbar, andererseits darf sie dem freien Markt nicht vorenthalten werden. Eigentlich müsste es ja heißen: „Die Würde des Privateigentums des Menschen ist unantastbar".

... sie ist teilbar

Jetzt aber die Würde.

Wenn das so ist, muss sie teilbar sein. Ein Stückchen hier, eins da, darf's etwas mehr sein, dann wieder weniger, mal gar nichts, über die Ladentheke der freien Marktwirtschaft hinweg, je nach Konjunktur. Und je nach Preis-Leistung, speziell auf dem Kapitalmarkt.

So verteilt sich das. Damit sie sich dem freien Markt erschließen kann.

Auf globaler Ebene konnten wir das beim Streit um TTIP, dem Transatlantischen Investitionsabkommen, klar erkennen: Es geht dabei und bei vielen ähnlichen Handelsverträgen, auf den Punkt gebracht, darum, dass Geschäfts- und Gewinninteressen von Konzernen eine höhere Rechtsverbindlichkeit erhalten und damit ein vorrangiges Rechtsgut darstellen im Vergleich zu Menschenrechten.

Hier im Land haben das offensichtlich auch die genannten, in Sachen Würde zurechtschneide-berechtigten Innenminister gewusst, sonst hätten sie nicht daran herum geschnippelt. Und damit einem Teil ihrer Wählerschaft richtige Freude bereitet. Einem anderen Teil wieder gar nicht. Und da diese lästig wurden und in Gestalt von attac gegen diesen Würdehandel angestunken haben, sind sie durch die Riege der Beutelschneider in einem völlig rechtsstaatlichen Prozess von gemeinnützig zu gemeinhin nutzlos herabgestraft worden.

... sie ist kontrollierbar

Und weiter noch: Die Würde muss kontrollierbar sein – muss in ihrer freien Ausübung beobachtet werden können. Siehe Schäuble. Oder halt de Maiziere. Oder gar Seehofer.

Wegen der Gefahr des Terrorismus. Denn jeder Mensch ist ein potentieller Terrorist. Auch zum Beispiel Seehofer. Ja – auch er ist ein Mensch.

Da haben wir die Würde des Menschen zum Beispiel beim Asyl. Die Behörde sagt: Natürlich würdigen wir die Asylgründe des potentiellen Scheinasylanten. Aber andererseits kann er nicht nachweisen, dass er umgebracht wird, wenn er zurückgeht. Er kann nicht hieb- und stichfest belegen, dass er erschlagen oder erstochen wird.

... sie ist untragbar

Doch wenn die deutsche Fluchtabwehrgesetzgebung beschließt, dass sein Herkunftsland ein sicheres sei, dann ist selbiges auch ein solches, selbst wenn er dort dann erschlagen oder erstochen wird. Falsch ist allerdings die Behauptung, wonach dieser Beschluss in einer AfD-nahen Abteilung des Innenministeriums zustande gekommen sei – als Ergebnis eines „Mensch-ärgere-dich-nicht"-Spiels. Das hat sich als ein linker Fake herausgestellt. Tatsächlich war es ein Pokerspiel.

Zurück zum Flüchtling. In seinen Papieren steht dann: Dies ist ein Scheinasylant. Die Würde dieses Menschen ist laut Art. 1 des GG selbstverständlich unantastbar. Da er aber kein Computerfachmann ist und auch keine Investitionen anbieten kann, ist seine Marktwürde kaum gegeben, ergo: Die Würde dieses Menschen ist untragbar.

Oder die Würde eines Neonazis im Vergleich zu der eines kriminellen jugendlichen Ausländers. Der Neonazi z.B. ist im Besitz von deutscher Würde – blutsmäßig. Aber auch ausweismäßig. Insofern hat er den gleichen Status wie Seehofer. Oder Gauland. Also eine gewisse Nähe zu ihnen.

Der kriminelle Ausländer kann das nicht haben, denn erstens besitzt er nicht die deutsche Würde, selbst wenn er einen deutschen Pass hat, denn dann ist er auch weiterhin ein krimineller Ausländer, sowas verliert sich nie; und zweitens kann er Würde ja nicht sozusagen importieren, auch nicht über ein Drittland, denn sie ist kein Importartikel, zumindest nicht für den normalen Ausländer aus Anatolien oder Mosambik oder Syrien.

... und ihr Mehrwert?

Sie ist mehr wert, hat Mehrwert – und hat deshalb ihren Preis. Nur wer die Kosten bezahlen kann, besser, wer eine Summe „entrichten" kann, kommt ins Land – mitsamt der Würde.

Sie sehen: Entscheidend ist das Wort „entrichten". Es kommt von dem Wort rechtens und der Vorsilbe ent-, diese Silbe steht immer dafür, etwas wegzunehmen, wie z.B. im Wort ent-fernen oder ent-sorgen.

Also: Entrichten tut es wegrichten. Das ist der geheimnisvolle Widerspruch beim Import und Export von Würdeartikeln auf zwei Beinen – jetzt rein marktwirtschaftlich gesehen.

Wenn er allerdings Kapital ins Land bringt, gilt der freie Kapitalverkehr und dadurch wird automatisch der freie Kapitalisten- oder Investorenverkehr in Kraft gesetzt. Ganz ohne Sonderverordnung, naturgesetzlich sozusagen. Hier eröffnet sich dann der Unterschied zwischen marktwürdig und merkwürdig bei der Frage nach der Würde.

Nichts ist also umsonst. Auch nicht die Würde. Sie kostet was. Steht unter Finanzierungsvorbehalt.

Ansonsten kann die Würde nicht einwandern oder um Asyl ansuchen, weil das nicht vorgesehen ist – also bleibt sie draußen, die Würde. Ist auch richtig so, denn wenn wir mit den vielen Ausländern auch noch die ganze Würde importieren müssten, wäre das Boot längst voll. Und auf dem Mittelmeer sieht man ja, was passiert, wenn das Boot voll ist. Und hier im Land würde es auch eng, kein Platz mehr, und wir wären fast ein Volk ohne Raum, aber mit all der fremden Würde.

Also: Würde draußen, Ausländer drinnen – ohne diese. Damit es nicht zu eng wird und der Spielraum bleibt.

Ehre und Treue

Und jetzt – wir hatten z.B. in Hessen unter dem vielseitig bewunderten Landesvater Roland Koch viel zu wenig Polizisten, um da aufzupassen – da kamen damals die Neonazis ins Spiel, sie traten auf und drauf und schlugen zu. Der Abbau von Polizei unter Koch war also sozusagen eine Arbeitsbeschaffungsmaßnahme, und das noch kostenneutral, denn die Neonazis verlangten nichts dafür, sie schlugen und traten ehrenamtlich. Außer vielleicht die darin in leitender Position agierenden informellen Mitarbeiter des Verfassungsschutzes. Die erhielten Lohn – oder heißt das Honorar?

Für all die anderen gilt: Ihre Ehre heißt Treue. Treue – das ist, wenn man sich auf jemand verlassen kann. Gegenseitig. Spätestens im Wahlkampf.

Wenn also das gesunde Volksempfinden seine Würde in die eigenen Hände nimmt, dann kann man den Scheinasylanten vor uns nur dadurch schützen, dass man ihn in ein sicheres Drittland abschiebt. Und dann wird auch klarer, wovor sie in den sicheren Drittländern sicher sein sollen.

Hier zeigt sich also, wenn wir in der Geschichte kramen, wie frühzeitig bereits die allerbesten Vorbereitungen dafür geschaffen wurden, um die inzwischen bewährten Schutzmaßnahmen gegen Krisenflüchtlinge durchziehen zu können.

2. Der Titanic-Aktionär

Der Boden unter unseren Füssen – schwankt der nicht gerade spürbar? Wie damals, auf der Titanic? Anfang des letzten Jahrhunderts gab es ja dieses Symbol für technischen Fortschritt und wirtschaftlichen Erfolg und für Sieg im Wettrennen der Konkurrenzen. Sie war unsinkbar. Und sie ist auch nicht gesunken. Denn der Inbegriff von Fortschritt und freien Märkten und – natürlich – Eigenverantwortung kann nicht untergehen.

Im Gegensatz zur Titanic sind die beiden anderen großen Passagierschiffe damals, die „Andrea Doria" und „Achille Lauro", auch ohne Zuhilfenahme eines Eisbergs gesunken. Bloß waren sie nicht Objekte des Fortschrittsmythos und als solche nicht derart ideologisch aufgeladen.

Refrain: *Doch die Titanic,*
Die Andrea Doria   *jetzt nur keine Panik,*
sank mit Glanz und Gloria.   *schwimmt heiter weiter*
Die Achille Lauro   *als unser Begleiter!*
tat es genauso.

Haben Sie übrigens den Film TITANIC gesehen? Er läuft immer mal wieder, auch in unterschiedlichen Fassungen. Manchmal denke ich heutzutage, ich bin in diesem Film.

Ich komme mir vor wie ein Passagier auf diesem Riesenpott.

Wir schreiben das Jahr 2019. Der Kahn ist – im Unterschied zum Film – nicht mehr ganz neu, will in voller, ungebremster Fahrt durch eine gigantische Spekulationsblase fahren, in der sich allerdings die blöde Realität in Form eines noch nicht weggeschmolzenen Verschuldungseisbergs versteckt, hat eine ziemliche Schräglage, bricht schon fast auseinander – ist aber noch immer unsinkbar.

Jeder kämpft gegen jeden. Am Vorderdeck sind schon ´ne Menge abgesoffen: Menschen, Hunde, Katzen und Ratten.

Frauen und Kinder dürfen in die Rettungsboote – es gibt nicht genügend davon.

Keiner weiß, wohin genau fliehen, und so rudert jeder – von unterschiedlichen Rating- und Ranking-Agenten, Katastrophenberatern, manche sogar von Chefökonomen, eindringlich beraten – in eine andere Richtung.

Jetzt dürfen auch die Männer der Oberschicht rein, die sogenannte Mittelschicht kommt später dran: Oberdeck – Oberschicht, Unterdeck – Spätschicht, ganz unten: Zu-spät-Schicht.

Refrain:
Die Andrea Doria sank mit Glanz und Gloria.
Die Achille Lauro tat es genauso.
Doch die Titanic, jetzt nur keine Panik,
schwimmt heiter weiter als unser Begleiter!

Der Kapitän sieht dem Ganzen zu. Er ist ein liberaler Mensch, hat bei den Freiheitlichen gelernt, dass der Mensch ein mündiges Subjekt sei, in seiner freien Entscheidung nicht beeinträchtigt werden dürfe, natürlich eigenverantwortlich, denn fremdverantwortlich wäre nur bedingt angesagt. Und er ist zu der hochdifferenzierten und wohl durchdachten Einsicht gelangt, dass das Leben ein riesiges Feld von Angebot und Nachfrage sei. Und das müsse dann wohl auch für die Plätze in den Rettungsbooten gelten. Im Übrigen ist er erschüttert und beleidigt darüber, dass sein unsinkbares Schiff alle Anstalten macht, zu sinken – gegen jede Vorhersage der Ingenieure, der Anteilseigner und der Ratingagenturen, die den jeweiligen Urteilsstand aus dem Jüngsten Gericht des Fortschritts verkünden.

Ein paar Offiziere und sonstige Gutmenschen brüllen Anordnungen, schreiten ein, helfen, wo's nur geht.

Und mitten aus dem Gewühle und Geschrei, dem Wettbewerb im Kampf ums Überleben mit den bewährten marktüblichen Mitteln, sind Reaktionen zu hören. Eine Stimme ertönt und ruft: Gehen wir ins Unterdeck in die Disko, dort gibt's 'nen geilen Didschei. Eine andere: Wir wollen Spaß – wir bleiben hier und machen eine richtige Love Parade! Let's have fun – die Stimme der Fun-tasten.

Eine fromme Stimme von Opus Dei ist auch dabei. Sie gibt sich erneut als authentische Künderin der aktuellen Meinung des Allerhöchsten und predigt, sie wisse genau (keiner weiß woher), dass dies wieder einmal eine Strafe Gottes sei, und stimmt dann einen Choral an.

Schließlich die Stimme eines Predigers der Besserverdienenden: „Bitte jetzt keine Regulierung, keine Bürokratie, den Marktkräften unbedingt freien Lauf lassen, keine Kommandowirtschaft, Herr Kapitän!"

Refrain:
Die Andrea Doria sank mit Glanz und Gloria.
Die Achille Lauro tat es genauso.
Doch die Titanic, jetzt nur keine Panik,
schwimmt heiter weiter als unser Begleiter!

Naja, dann war die TITANIC endgültig abgesoffen und die Besserbedienten hatten ihren Platz in den Rettungsbooten. Den haben sie ja immer, wenn sie etwas auf Grund setzen, das gehört zu ihren Grundsätzen – selbstverständlich mit Bonus, als Anerkennung für erfolgreiches Überleben im allgemeinen Konkurrenzkampf bei gleichzeitiger Abwälzung der dabei entstandenen Kosten auf die große Menge der Passagiere, kurz „der Rest" genannt.

Das Echo in der freiheitlich-freien Presse – FAZ, Neue Zürcher, Financial Times – folgte unmittelbar: Auf dem Schiff, so las man, war mords was los, sogar 'ne richtige Love Parade fand statt. Ärgerlich ist nur: Hätten nicht dauernd irgendwelche linken Ideologen eingegriffen und reguliert, hätten sich also die Marktkräfte richtig entfalten können, würde das Schiff noch schwimmen. Denn es ist unsinkbar. Prinzipiell.

Refrain:

Denn die Titanic,
jetzt nur keine Panik,
schwimmt heiter weiter
als unser Begleiter….
Drum: bin ich

Titanic-Aktionär,
als share-holder halt' ich share,
selbst wenn die Kurse sinken,
Dividenden weiter winken,
denn sie ist ein Fabrikat
mit Auferstehungsautomat!

Vorsicht also, wir haben es hier mit Dingen zu tun mit geradezu metaphysischer Potenz. Hier wird's schwer religiös, und daran sollte man sich nicht versündigen. Die Märkte könnten sonst beleidigt sein, zurückschlagen und, wenn sie ganz schlecht drauf sind, gar eine Krise vom Zaun brechen. Wie jene Göttinnen in der griechischen Tragödie, die das Verhängnis brachten, oder die Nornen, jene schicksalsbestimmenden Wesen in der nordischen Mythologie.

Hier hat die Krise übrigens ihre solide wirtschaftswissenschaftliche Grundlage.

Wahrlich, ich sage euch: Das Ganze ist eine Vertrauenssache – man weiß nichts Genaues und kann auch nichts machen, deshalb müssen wir ganz fest daran glauben. Und wem? Na ja – vielleicht der Bundeskanzlerin und ihren zweckgebundenen Beratern, oder dem jeweiligen Minister für die Privatwirtschaft, dem Herrn Altmeier, wer weiß wie lang – oder am besten unserem ganz persönlichen Investment- oder Rentenberater.

Denn, ich versichere: Trotz Zeitungen und Geschichten, trotz Film und allen Gerüchten: Die Titanic schwimmt noch immer!!!

(Soll ich jetzt hier noch ein AMEN setzen? Nein, ich lass es lieber).

3. Vom Geld und dem bisschen Leben

Geld oder leben? Das könnte auch heißen – etwas philosophischer: Haben oder Sein?

Worum geht's uns vordringlich? Um Geld? Oder wollen wir ganz einfach selber leben? Und leben lassen.

Nicht bei uns selbst jedoch, sondern dort, wo mit Geld professionell gearbeitet wird, auf den Finanzmärkten, wird mittlerweile in nicht geahntem Umfang darüber entschieden, wie wir leben.

Geld hat verschiedene Aggregatzustände: Fest-Geld, flüssiges Geld, und gasförmig-flüchtiges. So regiert es die Welt, und wer regiert, ist Souverän. Geld regiert die Welt – und so sieht sie auch aus.

Geldbewegungen unterliegen nicht den Gesetzen der Schwerkraft. Sie gehen immer von unten nach oben oder sie geschehen von vornherein nur oben.

Geld ist auch der Ausdruck für etwas, das Walter Benjamin eine Krankheit genannt hat: die „Geisteskrankheit der Sorgen." Damit meint er das durch den Kapitalismus hervorgerufene – oder besser: behauptete – Problem der Knappheit. Deren Überwindung gilt ja als Grundlage der Ökonomie: Weil es knappe Güter gibt, so wird in prächtiger Abstraktheit gelehrt, braucht es wirtschaftliches Handeln, das allen Menschen die Befriedigung ihrer Bedürfnisse ermöglichen soll.

In der Politik, in den Medien und in den VWL-Seminaren begegnen wir heutzutage einem Diskurs der Knappheit, der psychopathische Züge trägt. Man könnte den Eindruck gewinnen, es bestünde nach allen Seiten hin Mangel an Lebensnotwendigem und wir stünden vor einer Krise bei der Erwirtschaftung unserer „Lebens-Mittel". Tatsächlich gibt es sie im Überfluss bis hin zur zynischen Vergeudung. Ausgenommen davon sind jene Menschen, die zwar die Dinge wirklich brauchen, aber nicht zahlungsfähig sind.

Woran Mangel herrscht, das sind die Realisierungsmöglichkeiten von Profit: Das Kapital sucht händeringend, waffenstarrend und meinetwegen auch heuschreckenartig nach neuen, möglichst kurzfristigen, gewinnträchtigen Anlagen – und das ist die Krise unserer Zeit und deshalb auch die Krise heute.

Jemand hat gesagt: Mit Geld kann man einen guten Hund kaufen, aber es wird nicht das Wedeln des Schwanzes erworben. Es gibt allerdings Leute, die Wedeln auch gleich mit, aus voller Überzeugung, und gratis. Sie glauben an das Wedeln. Sie können sich keine andere Welt vorstellen, als eine, wo gewedelt und, wenn nötig, gewinselt wird. Sie sind billig zu haben.

Manche klammern sich geradezu an die Seinsform des Wedelns, panisch, den existentiellen Geldzusammenhang, ihre persönliche Geldform nicht zu verlieren.

Finanzkapitalismus kann man bezeichnen als Kriechgang vor der sinnfreien Mehrung von Kapital durch Selbstverwertung. Sinnfrei deshalb, weil über die reine, banale Vergrößerung der Geldmenge und der damit verbundenen Eigentumstitel hinaus und die sich daraus ergebende Bereicherung einiger weniger – mit Geldwerten und mit Macht – kein weiterer Sinn auszumachen ist. Schon deshalb nicht, weil bei den meisten großen Transaktionen keine realen, sondern rein fiktive Werte – ja was: geschaffen? werden.

Sie glauben zwar daran, die Akteure und Zocker, nennen es gar Wachstum, sogar Fortschritt, aber wenn es in solchen Dingen um Glauben geht, sollten wir eine gründliche Skepsis pflegen. Und so ist jede Krise, jeder Crash auf den Finanzmärkten nichts anderes als eine Offenbarung, wo das, was immer schon verborgen da war, sozusagen zu seiner bis dahin versteckten Wahrheit gekommen ist.

Es herrscht ein im elitärem Gehabe verborgener Kriechgang in diesem Milieu – da ist nichts Aufrechtes mehr in dieser demütigenden Abhängigkeit, nur der Schein sieht dabei aufrecht aus, die stolze Scheinsouveränität nach einer erfolgreich gewinnbringenden Aktion, der Anschein, auf diesem Spielfeld würde wirklich etwas „hergestellt".

Hier würde sogar der Geldschein zu einer sinnlichen Offenbarung. Sofern es ihn überhaupt noch gibt, denn wir haben es hier mit reinen Zahlen zu tun in einem abstrakten, von wirklicher, gegenständlicher Wertschöpfung abgetrennten Raum. Bis hin zur „Erwirtschaftung" von Millionen im Bruchteil von Sekunden online auf einer elektronischen Handelsplattform, wobei der Händler nicht einmal anwesend sein muss – das erledigt wieder einmal irgendein Algorithmus.

4. Der Ekel beim Betreten von Märkten – über Gefühlswelten

Wir haben noch mehr oder weniger Zeit, bis das Weihnachtsmannchristkind mit Schlitten und Rentier wieder einmal kommt und uns beschert – was auch immer. Was schert's mich.

Ich denke, wir sollten uns rechtzeitig gefühlsmäßig innerlich darauf vorbetreiten ... beim Betreten von Baumärkten zum Beispiel... und das bereits zur Frühlingszeit.

„Freue dich, s'Christkind kommt..." singt's bei den neuen Bohrmaschinen, zwischen Schleifscheiben und Kabeltrommeln, pünktlich zum Advent auf dem Markt und in demselben, mit extrem innovativer Technik versehen, gesäumt von hellen Sternchen und blitzendem, geheimnisvollem Irgendetwas.

Und weiter wird meine fürs kommende Fest unzureichend aufgeklärte Stimmung umhegt, „oh du fröhliche" klingt's jetzt bei einer neuen, wesentlich leistungsfähigeren Sorte von Schmirgelpapier, voll die Härte, mit handlicher Handhabe jetzt noch viel bedienlicher zu bedienen,

„Ihr Kinderlein kommet", Werkzeug auch für die Kleinsten, zum Beispiel winzige Hämmerchen für das Sparschwein des zweijährigen Lieblings, dahinter das Regal mit Styropor bzw. das Styropor mit Regal drumherum.

Und nun die letzten Klänge von „Wie grün sind deine Blätter" in der Ecke mit den Unkrautvernichtern, nicht zu verwechseln mit den „Krautwachshilfen", gemeinhin „Blumendünger" genannt, fürs schmale Portemonnaie, aber auch für gehobene Ansprüche. Letztere lassen's höher, länger und breiter und vor allem schneller wachsen, sozusagen das Viagra für die Flora. Was immer so wachsen soll – Hauptsache Wachstum. Es verhindert ja das, was immer wieder dräut – nämlich Nullwachstum, zum Beispiel beim

Rankinggewächs, oder bei Schnittlauch oder den Magnolien, oder gar Minuswachstum, wenn Schädlinge sich an den Wurzeln festkrallen und den Wachstumsprozess wegfressen. Gegen diese wachstumshemmende Gefahr– „zu Bethlehem geboren" – wird das tiefenwirksame, kernspintomografisch getestete Glyphosatikum „wurmfbril" angeboten mit jetzt noch viel haftfähiger Haftungshaftung. In der Gebrauchsanweisung wird das Zeugs überaus gelobt, jedoch wird bei Nichthaftung keine Haftung dafür übernommen, dem Hersteller droht deshalb bei „Nichterfolgen der Wirksamkeit des Wachstumsmittels" durch den Verbraucher keine Haft.

„Stille Nacht" begleitet den Besuch bei den Fensterrollos, auch hier mit geradezu überwältigender neuer Technologie ausgestattet, bei der jede wie auch immer geartete Benutzung durch ein leises Schnappen eingeleitet wird, ein Aufschnappen, das schlussendlich eingeschnappt hörbar beendet werden kann, durch ein Schnappatmungsgeräusch, ein allerletztes Schnäppchen sozusagen.

Fensterrollos mit postmoderner Technologie sind in diesem Jahr der Renner für den Gabentisch, ein Probefenster wird mitgeliefert, um gleich und sofort unter dem Baum nach der Lesung der Weihnachtsgeschichte über Rudolph das Rentier (denn schnell ist er, der Rudi mit der Schnapsnase) und der Bedienungsanleitung eine Vorführung der Funktionsfähigkeit des vom Weihnachtsmann geschenkten Geschenks durchführen zu können. Dazu wird das Lied „Von der Unzulänglichkeit des Lebens" gesungen – wenn gewünscht. Das Probefenster kann nach den Feiertagen im gelben Sack entsorgt werden.

Beim Proberollen der Fensterrollos steht die Familie andächtig und stumm herum, Papa rollt Probe, Opa Hoppenstedt korrigiert und weckt Erinnerungen an seine Rolle in den 40er Jahren und an die Rollos, die damals wesentlich strammer gehangen hatten und mit „Links-zwo-drei-Mechanik" versehen waren, geeignet und notwendig für die Verdunklung, warum und gegen wen ist auch nicht mehr klar. Es war wohl der Feind.

Und beim Ausgang des weihnachtlichen Baumarkts wird ein Erfolgsevent angeboten. Auf einer Erlebnisbühne. Eine sogenannte Event-Eventualität mit Karaoke, und jeder darf singen:

Event im Trend, ein Lichtlein brennt,
erst eins, dann zwei, dann drei dann vier
und wenn das fünfte Eventlein brennt
hast du dein Leben schon verpennt."

Denn dann ist der Advent zu Ende, das Christkind war da, nach den Weihnachtspredigten über Wahrhaftigkeit ist der „Geist der Zeit" endlich wieder zu sich gekommen und Warenhaushaftigkeit ist angesagt. Alles wartet nach den Ausnüchterungsstunden um Neujahr auf den Karneval der Jecken und totalen Tollitäten und übt schon mal das Dauerlustigsein. Alles sehnt sich der Endzeit, sozusagen dem Kairos entgegen, dem eschatologischen, – weil am Aschermittwoch ist ja alles vorbei –, damit dann bald in den Schaufenstern die ersten Osterhasen aus Schokolade erscheinen und es Zeit wird für die Urlaubsbuchung auf Mallorca ……

5. Das Hohelied der Werte – und dann muss gespart werden

Welches Hohelied
wird uns gesungen,
andauernd, wie eine Ge-
hirnwäsche?

Nicht von der Schöpfung,
nein: von der
Wertschöpfung,
der Mehrwertschöpfung,
als dem einzig
legitimen
wertorientierten
Schöpfungsakt.

Werte – so schreit es
aus allen Kanälen
und Organen
der Sichtweisenhersteller,
der Deutungseliten
der Wertegemeinschaft –
wir brauchen sie wieder,
umfassende Werte:
Wertpapiere, Wertanlagen,
Grund- und Bodenwerte,
Kurswert und Zeitwert,
Basiswert, Nennwert,
Mehrwert,
Kaufwert, Verkaufswert,
Gebrauchswert – najaaa -
auf jeden Fall Tauschwert!

Und dann,
wenn schon dabei
gleich auch noch:
Grenzwerte, Strahlenwerte.
Blutwerte. Leberwerte -
das Restrisiko eben.

Und ach, und na ja,
und irgendwie
noch die inneren Werte,
– die guten –
für manche
die guten alten
humanistischen
abendländischen,
für andere
gar die ewigen,
bleibenden,
brauchen wir!

Was für ein Aufwand,
an Ganzbrandopfern
auf dem Altar
des Wahren, Schönen,
Guten.
Was für ein
blendender Traum,
ein Albtraum,
der blendet
und verwirrt
wie bei Gegenlicht.

Innere Werte –
das ist
nach dem Aufwachen
aus der Besoffenheit
der Zeit
die Differenz
zwischen Basispreis
für Menschenmaterial
und dem aktuellem Kurs
für Humankapital
nach der
nach unten offenen
Hartz IV-Skala.

Die inneren
sind nicht zugelassen
an der Börse,
oder stören den Schulalltag,
wenn sie freitags
demonstrativ
die Straße erobern –

so war das nun wirklich
gar nicht gemeint!

Innere Werte
kannst'e verinnerlichen,
aber nicht veräußern,
kannst'e nach handeln,
aber nicht damit handeln.
Stehen nicht im Kurs,
keine Wertschöpfung,
kein Gewinn,
reine Kosten,
Unkosten – Unwerte,
wertlos.

D a muss man sparen,
heißt es
auf den Kanzeln
der Jetztzeit,
die Kosten reduzieren
und streichen!!!

6. Zeit ist Geld: Die Herrschaft über die Zeit – pausenlos

Das Scheinparadox der Gegenwart: Die einen haben keine Zeit, weil sie Geld machen. Die anderen haben nicht das Geld, um sich Zeit zu nehmen.

Leben ist nicht Stillstand, aber nicht jede Bewegung ist Leben, manche Bewegung verdeckt Stillstand, denn es ist ein Auf-der-Stelle-treten.

Im Dekalog der Ideologien des gegenwärtigen Mainstreams gehört es zu den obersten Sünden, Muße oder gar Zeit zu haben.

"Stillstand" ist seit dem 20. Jahrhundert eins der schlimmsten Worte. Kein Unwort des Jahres, eher einer ganzen Epoche. Das Vorwärtsstreben kennt und duldet keinen Halt. Wir könnten ja sonst Zeit zum Nachdenken und zum Leben haben.

Paradoxerweise konnte der real existierende Kapitalismus dem realen Sozialismus Stillstand vorwerfen, obwohl der keine Vokabel öfters benutzte als das Wort "Vorwärts". Wahrscheinlich war s e i n Vorwärts dem der Kapitalisten doch viel zu ähnlich. Aber d i e konnten es eben besser.

Schon der Philosoph Plato hat gesagt: Man kann nicht denken, wenn man es eilig hat.

Übrigens – die wirksamsten Denker im alten Griechenland waren richtige Tagediebe: Protagoras, Diogenes – und vor allem Sokrates. Der trieb sich auf dem Marktplatz in Athen rum. Zuhause war seine Frau namens Xanthippe stinksauer: nichts zu essen, kein Geld, und der Alte treibt's mit den Jungs. Aber nicht er kam dabei schlecht weg, s i e hat den schlechten Ruf. Geschichtsschreibung ist ungerecht. Wenn Plato recht hat und wir kaum noch zum Denken kommen, dann befinden wir uns, wie der Philosoph Paul Virillo sagt, in einer Zeit des rasenden Stillstands.

Neben der rasanten Beschleunigung erleben wir Pausenlosigkeit: Alles, zu jeder Zeit, überall und sofort zu erleben und zu machen – manche wollen es sogar noch früher als sofort, möglichst gleichzeitig. Der „Simultant" ist geboren – von simultan. Er lebt ort- und zeitlos.

Ich weiß nicht, ob das multitasking, das man als eine besondere Eigenschaft manchen zurechnet, auch dazu gehört.

Der weise König Salomon sagte: "Alles hat seine Zeit." König Mammon hielt dagegen: "Alles hat seinen Preis." Der Gott Kapital hat als Betriebssystem: "Zeit hat ihren Preis".

Nein sagen die Theologen, Zeit ist Gnade. Und Helmut Kohl – erinnert ihr euch? er war ja eigentlich Historiker, nicht Theologe – stimmte dem unter Vorbehalt zu: Nur dann, wenn du keine Frühgeburt bist – Kohls Gnade der späten Geburt.

Quatsch, sagt das Kapital. Zeit ist nicht Gnade, Zeit ist Geld. Geld ist geronnene Zeit. Wo kämen wir da hin: Gnade bringt kein Geld. Und Geld ist gnadenlos. Womit sie zweifellos recht haben.

Deshalb sprechen wir zwar von begnadeten Künstlern, aber nicht von begnadeten Bankern. Oder kennen Sie einen Spekulanten, der begnadet ist? Gerissen, ja, denn es wird gnadenlos spekuliert.

Geld ist geronnene Zeit, die Anhäufung von Geld, das Kapital, beherrscht die Zeit und das heißt die Lebenszeit, stellt sie auf den Kopf, drückt ihr seinen Takt auf, bringt das Leben aus seinem je eigenen Rhythmus – ist taktlos. Und weil Zeit Geld ist, ist die Geldvermehrung im rasenden Zeittakt so brutal geworden: Arbeitszeit, Vollzeit, Teilzeit, teile und herrsche.

Gibt es so etwas wie ein Lebenszeitkonto? Gibt es Zinsen, Zinseszinsen? Muss man für die Kontoführung etwas bezahlen? Wenn ja – wem denn? Dem lieben Gott oder seinen selbst ernannten Vertretern im Außendienst? Das sind die Leute, bei denen man sich manchmal fragt, woher sie eigentlich die Vollmacht haben?

In der Börse geschieht die Bevollmächtigung durch Zuruf, einen Knopfdruck über die Elektronik oder selbsttätig gesteuert durch Algorithmen. Zurzeit immer weniger Zuruf, immer mehr Knopfdruck. Faktisch geschieht das Ganze nur mehr auf der sogenannten Datenautobahn. Börsen als Marktpaläste werden immer überflüssiger. Ihre Transaktionen, Spekulationen usw. haben dann eigentlich keinen Ort mehr – und „kein Ort" heißt übersetzt „Utopie".

Kapitalismus gelangt also dort, wo sein Wesen, sein Kern sich befindet, in der Wirtschaft des Geldes, ins Utopische, die Zukunft bestimmende, und wird so – nicht sinnfällig, sondern denn Sinnen entzogen – zur Seele der Welt. Ohne einen konkreten Ort, universal, in allem und jedem.

7. Was brauchen wir?

Die Würde des Menschen in der sogenannten Postmoderne – ist sie noch brauchbar, verbraucht sie sich oder ist sie bereits verbraucht? Ist er in die Enge getrieben, wie mensch nun mal wird, wenn er sich dem „schönen Schein" freiwillig zur Verfügung stellt als zugleich beides: Produzent und Konsument, producer und consumer – kurz: als „Prosumer"?

Es empfiehlt sich, das Folgende recht langsam zu lesen, mit jeweils einer kurzen Pause.

1. Was brauchen wir?

2. Was brauchen wir nicht?

3. Brauchen wir das überhaupt, was wir brauchen?

4. Brauchen wir mehr, als wir brauchen?

5. Was wir verbrauchen – brauchen wir das alles?

6. Brauchen wir mehr, als wir verbrauchen?

7. Was also verbraucht der Verbraucher bei seiner ureigensten Tätigkeit?

8. Brauchen wir alles, was wir wegwerfen, vernichten, entsorgen, ohne es zu verbrauchen?

9. Alles, was wir wegwerfen, vernichten, entsorgen, – wenn wir es wegwerfen, vernichten, entsorgen, weil wir es nicht brauchen – verbrauchen wir es dann?

10. Was wir wegwerfen, vernichten, entsorgen, brauchen wir das deshalb, damit wir immer genügend von dem zur Verfügung haben, was wir wegwerfen, vernichten, entsorgen müssen oder können?

11. Ist Vergeudung ein Unrecht, ein Grundrecht – oder erste Bürgerpflicht?

12. Wenn wir das, was wir nicht brauchen, in Zukunft nicht mehr haben – was bricht dann bei uns aus: Die Not, der Mangel? Und wenn ja: Woran?

13. Wenn wir das, was wir nicht brauchen, in Zukunft nicht mehr herstellen – was bricht dann bei den Banken und den Konzernen aus? Die Not, der Mangel? Und wenn ja: Woran und weshalb?

14. Von „Brauchtum" zum „Ver-Brauchtum" – der Weg von der traditionellen zur marktlogischen Kultur, zum Konsumerismus?

15. Ist verordnete Maßlosigkeit Konjunkturmotor – oder Dekadenz?

16. Wenn der Verbraucher sich selbst verbraucht, während er so vor sich hin lebt, ….. vergeht er dann oder wächst er dabei?

17. „Alles, was verbraucht w i r d" – ein anderes Wort für Arbeitskraft auf dem Arbeitsmarkt?

18. „Alles, was verbraucht i s t" – ein anderes Wort für

       Arbeitslosigkeit?

       das Rentenalter?

       die Pflegestufe?

       die Grabstätte?

8. Treuebonus über den Tod hinaus oder: die verbrauchte Transzendenz

Ich gehe eben zu einem der großen Discounter einkaufen. Die neu eröffnete Entsorgungsecke besteht aus zwei Teilen: Zum einen dem bekannten Apparat, der die leeren Kunststoffflaschen schluckt, zum anderen – direkt daneben – einer Verbraucher-Nachruf-Tafel. Augenblicklich hängt dort ein Papier in A3-Format mit Discounter-Logo, darauf steht:

„Herr N. ist leider von uns gegangen. Er war immer ein vorbildlicher und treuer Verbraucher unserer Angebote. Wir werden ihm stets ein einträgliches Andenken bewahren."

Tags darauf entdecke ich auf dem neuen Werbeprospekt eines anderen Discounters, direkt neben einer neuen Sorte von feuchtem Klopapier, folgenden Nachruf:

„Mit diesem neuen innovativen Produkt – seinem allerletzten Kauf – hat auch unser kürzlich verblichener Verbraucher und Kunde B. seine Lebensaufgabe erfüllt. Er wird weiter unter uns sein"."

Bei der Testamentseröffnung sagt dann der Notar:

„Die Vermögenswerte des Verstorbenen gehen an seine Witwe und die Kinder.

Abgezogen wird ein achtzehnprozentiger Anteil. Dieser ergab sich wegen nicht erfüllter Plansollverpflichtungen des Erblassers als Verbraucher. Er hat sein Lebensgesamtziel als Konsument damit nur knapp verfehlt.

Nach den Regelungen unserer marktkonformen Demokratie muss dieser fehlende Anteil im Todesfall des Verbrauchers an die Märkte rückerstattet werden. Sonst würden die Grundabsatzrechte der Marktwirtschaft verletzt.

Alternativ kann diese Verpflichtung auch von den Erben direkt übernommen werden. Sie müssten dann verbindlich diesen Anteil am Erbe mit sofortiger Wirkung marktgerecht und markteffizient selbst verbrauchen, ohne Wohltätigkeitsrabatt".

Auf seinem Grabstein steht:

„Seine ganze Liebe galt dem Mehrwert. Er war immer den Märkten verpflichtet, war ein ständiger Verbraucher und ein unerbittlicher Sammler von Treuepunkten. Er hat sich damit seinen Platz in seinem Himmel gesichert. Die Erde sei ihm leicht"

Über dem Eingang zum Friedhof steht in vergoldeten Lettern – in Klammern ein Kreuz, der Davidstern und ein Halbmond – neben dem Logo der deutschen Börse:

Bedenk, o Mensch,
deine Geschichte geht zu Ende.
Du stehst, du verstehst.
Du gehst, du vergehst.
Du darbst, du verdirbst.
Du brauchst, du verbrauchst.
Das ist dein alleiniges Ziel.
Nur darin wirst du aufersteh'n.

Die ewigen Märkte –
Garanten deiner Hoffnung,
und diese Hoffnung stirbt zuletzt!

9. Der Zauberer und die Reflexe

Wenn er –
wer auch immer
unter den üblichen Bedenkenlosen –
wieder einmal
den heftigen Wunsch verspürt,
dass sie,
die Vielen,
– Nebelkerzenschwaden vorm Gesicht
und Sand in den Augen –
es nicht denken,
es vergessen wollen sollen,
nicht mehr sehen können müssen,
dass diese Teilnahme ohne Teilhabe,
das ausnahmslose Ausnehmen,
Ausweiden und Entsorgen
erlegter und erledigter
Arbeitskraftträger,
– zynisch -nehmer geheißen –
zugleich im Warenuniversum
eingepreiste Preisträger,
dass das Raubrittertum also
der sich auflösenden Neuzeit,
einfach System hat,
von System ist,
strukturiert, gewollt,
gemacht und ausgefeilt,
dann, ja dann
kramt er

wieder einmal
den Trick raus,
aus der freiheitlichen Kiste,
und macht
die kleptokratischen
und abmahnungsbereiten Clubs
der Eliten
konsequenter und zynischer
Wegverteilung, Abverteilung
und Armverteilung,
gleich gar
zu besorgten Fürsprechern
der andersartelnden
und fremdhautphobischen
Volksmeinung,
und zaubert
hinter der Systemräuberei,
hinter dem Klassenproblem
– schwuppdiwupp –
ein Rassenproblem hervor.
Und es wird ihm prompt
durch die reflexhaft-empörte
reaktionsschnell geBILDete Einfalt
gern auch als solche bestätigt!

10. Ordnung in bar

Geldordnung
ist Ordnung fürs Leben,
und Ordnung muss sein,
wo kämen wir da hin?

Willst'e Geld
oder willst'e leben?
Die ganze Welt,
oder mal eben
mittendrin und daneben
so dahinleben,
alles durchleben,
einfach fortleben,
auch hochleben,
vor allem überleben,
 schließlich ableben,
na ja: eben …. leben!

Wer zu Geld kommt,
kommt zu nichts anderem.

Geld hat immer zu tun
mit verdienen.
Wer nichts anderes verdient
 als Geld,
der verdient auch
nichts anderes.
Wer nichts schafft
und Geld hat,
hat es nicht verdient.
Wer Geld verdient,
das andere schaffen,

hat es nicht verdient.
Über Geld redet man nicht,
Geld hat man,
denn Geld macht man.
Über Arbeit
redet man nicht,
Arbeit lässt man,
denn arbeiten lässt man.
Wer so weit ist,
ist Leistungsträger!

Gehört ihr
zu den Menschen,
deren Vermögen allein
aus ihrem Vermögen
besteht,
die das Wunder vollbracht,
aus Unvermögen
Vermögen zu machen,
zusammenzukriegen,
gar vererbt zu bekommen?
Oder vermögt ihr noch
was anderes?
Pflegt ihr eine Devise,
oder bloß Devisen,
wollt ihr gut sein
oder Guthaben?

Wer Geld hat,
der schreibt die Geschichte,
am Ende der eigenen

ist der Abgang
dann schwer.

Umsonst ist nur der Tod,
und selbst der kostet
fast ein Vermögen.
Wer kein Geld hat
wird nach dem Ableben
billig entsorgt –
kein Gedächtnis,
keine Geschichte.
Wer soll das denn bezahlen?

Keine Fußnote
oder Anmerkung
in den Büchern,
einzigartiges Leben,
unbekannter Soldat
an den Fronten der Zeit,
namenloser Tod.

Nicht-Sorge,
Nicht-Gedenken,
Vernichtung
von Erinnerung.

D. Militär und Krieg – das ureigenste Feld für richtige Männer
(und Frauen, die es noch werden wollen)

Wann ist es Krieg, fragen wir uns, und wann Terrorismus? Peter Ustinow dazu, kurz und knapp: „Terrorismus ist der Krieg der Armen – Krieg ist der Terrorismus der Reichen".

Irgendwo im Kosmos muss es passiert sein. Irgendwann gab es da einen Urknall bei der Menschwerdung des Menschen. Und plötzlich war sie da – die geradezu archaische Liebe des Mannes zum Schießen und Treffen, seine erotische Beziehung zum Ballermann; dieses geheimnisvolle Verhältnis zwischen Prügel und Schießprügel, der Krümmung des Weltalls, des Rückgrats und des Fingers am Abzug. Und dass da – wenn's um die Freiheit und den Standort Deutschland geht – irgendwie immer der Segen des lieben Gottes drauf liegt – oder halt irgendeiner sonstigen höheren Macht. Global gesehen.

Ich würde sagen, das Militär hat in seiner Geschichte mehr Schaden angerichtet als Gutes gestiftet (immer ausgenommen das eigene, natürlich).

Die uns eingeredet haben, wir würden wahlweise durch Türken, Russen oder dem universalen Kommunismus bedroht, haben während des großen Schlachtens und im Kalten Krieg sehr gut daran verdient. Auch dadurch, dass die Menschen von den eigenen, naheliegenden Problemen immer wieder abgelenkt werden konnten.

Militär ist das Problem, nicht die Lösung. Oder auch: Während das Militär vorgibt, ein Problem zu lösen, schafft es zwei neue, meist größere. Kein Wunder also, dass, wenn man Militärs über längere Zeit walten lässt, der Problemberg unermesslich wächst – allerdings können das auch Zivilisten, wie die gegenwärtige Bundesregierung nicht müde wird zu beweisen: Bei dem, was sie tut, vor allem aber bei vielem, was sie konsequent halbherzig oder gleich gar nicht tut.

Und Militär im Land drängt auch den Nachbarn dazu, dass er selber ebenfalls Militär unterhält. Und da sie sich auf dieses Spiel einlassen, nötigen sie sich gegenseitig dazu – ein Zwang auf Gegenseitigkeit. Täte der potentielle Feind das nicht, wäre man wirklich gezwungen, das eigene Militär abzuschaffen, und wer will das schon.

In dieser tragischen Situation fand sich die NATO nach dem Ende der Ost-Welt-Konkurrenz. Es ließ sich aber bald beobachten, dass man neue militärische Sicherheitskonzepte entwickeln konnte, ehe noch von einer neuen Bedrohung die Rede war.

Die kam dann später. Jetzt endlich, sagte man sich wohl, können wir wieder eine Gefahr festlegen, da stellt sich die Frage nach Abrüstung nicht mehr.

1. Der Krieg – rein geschäftlich

Die deutsche Wehrmacht ist damals, im letzten Weltkrieg, viel rumgekommen, out of area, für einen größeren Lebensraum. Es ist ja bei der Globalisierung von Einflussgebieten schon immer so gewesen – zur Sicherung des Standorts Deutschland: Man kommt viel rum. Der Einzelne kommt allerdings auch leicht um, wenn er so viel rumkommt.

Und wie immer bei der Globalisierung gibt es Gewinner und Verlierer. Bloß: Die Globalisierer, in Uniform oder in zivil, denken nicht im Traum daran, ihre nützlichen Idioten an den Erträgen ihrer Eroberungsfeldzüge zu beteiligen. Ist der Globalisierungscoup gelungen, werden diese nach Hause geschickt, ein Großteil der Belegschaft ist überflüssig, wird abgestoßen, freigesetzt. Ist der Coup missglückt – man nennt das „den Krieg verlieren" – wird diese Belegschaft für die Reparaturarbeiten an dem durch die Kriegsgeschäfte zerstörten Land gebraucht. Das heißt dann Wiederaufbau und ist eine besondere Form der Arbeitsbeschaffung.

Gleich nach 1945 hatte das in den Städten gendermäßig einen hochinteressanten Begriff erhalten: Da waren die „Trümmerfrauen". Es wäre unvorstellbar gewesen, wenn man irgendwann auch das Wort „Trümmermänner" geschaffen hätte. So was gäbe das Manns-Bild nicht her. Abgesehen davon: So viele Männer gab's da zu der Zeit nicht mehr im Land

Krieg selbst ist ein Konkurrenzkampf beim Sterben. Die Verbraucher bei diesem Geschäft – und das ist das Originelle – die Verbraucher verbrauchen sich selbst. Wenn die Außendienstleute im Krieg den Konkurrenzkampf ums Sterben gewonnen haben, sind sie nicht gestorben sondern gefallen. Auf dem Feld. Und dazu gar noch „dem Feld der Ehre", damit die Verarschung, die damit verbunden war, nicht so offen zu Tage tritt.

In den Führungsetagen der Kriegsmittelkonzerne kurbelt man das Geschäft an. Kriegsgewinne sind schließlich Konzerngewinne. Und je größer die Kriegsverluste, desto größer die Gewinne. Denn zu den Geschäftsfeldern zählen erstens die Vorbereitung des Krieges, also die Aufrüstung, zweitens die Kriegsführung selbst und schließlich, danach, der Aufbau der zerstörten Lebensräume. Oder, wie es ein Holländischer Eroberer Ostindiens bereits 1614 konstatierte: „Handel kann nicht ohne Krieg geführt werden, noch Krieg ohne Handel".

Und da ist ja noch die drückende Sorge um die Arbeitsplätze. Die ist da ja immer dabei. Früher, in den Jahren vor 1945, hielten sich die Schaffung und der Abbau von Arbeitsplätzen die Waage – ein gelungenes Modell, tätigkeitsimmanent sozusagen: Wenn der Soldat zu seinem Arbeitsplatz, also zum Einsatz an die Front ging, bot das in sich selbst die große Chance, dass es jeweils der letzte Arbeitstag sein konnte – sich wegrationalisieren als Auftrag. Entlassung war nicht nötig – fallen reichte

Im Frieden kosten die Leute immer mehr als im Krieg. Die ausländischen, freiwillig zum Arbeitsdienst Gezwungenen im Krieg waren viel billiger als später die ausländischen und die inländischen ohne Krieg.

Die zum Arbeitsdienst Gepressten aus dem letzten Weltkrieg versuchten im Laufe der Jahrzehnte immer wieder, eine außertarifliche Einigung zu erstreiten. Also eine Art Nachzahlung für den Raub ihrer Arbeitskraft, ihrer Gesundheit oder des Lebens ihrer Angehörigen während des Krieges. Nach weit über einem halben Jahrhundert. Das ist wohl so was wie die Halbwertzeit für Gerechtigkeit im Kapitalismus. Die Mehrwertzeit, also diese zeitliche „Gewinnspanne", lag ja bekanntlich wesentlich kürzer, früher, lang vor Kriegsende.

2. Krieg braucht Lügen – Sprachprobleme

(aktualisierte Version einer Rede vom 8. Mai 2010 vor dem Munitionsdepot in Köppern im Taunus)

Krieg wird vorbereitet durch Lügen.

Wenn er ausgebrochen ist, beginnt er mit der Lüge, dass er ausgebrochen sei.

Und jeder Krieg wird fortgesetzt mit Lügen, und wenn er genug gedauert hat, wird er damit beendet.

Wenn er lang genug vorbei ist, wird er dann auch noch erinnert mit Lügen.

Dieses Munitionsdepot hier, heißt es, dient der Erhaltung des Friedens. Und wenn es ausgebaut und vergrößert worden ist, dient es dann einer ausgebauten und vergrößerten Erhaltung des Friedens.

Zu Risiken und Nebenwirkungen sollten wir lieber ein Geschichtsbuch lesen oder unsere Großeltern fragen.

Was war da?

Ein Sprachproblem lag in der Frage: Was war da – vor 1945? Und vor allem, wie nennt man das, was 1945 selbst passierte? Gab's da Kontinuität oder einen Bruch?

Die sogenannte „Stunde Null"? War da nichts vorher? Oder war es wirklich der radikale Neuanfang? Als wär nichts gewesen? Null – wie im Kosmos: Big Bang, großer Knall, und es ward Licht. Gar Urknall in Deutschland. Und alles dehnte sich aus. Aber die Ausdehnung Deutschlands – über ganz Europa und noch darüber hinaus – fand doch vorher statt und war eben zusammengebrochen.

Der Zusammenbruch

Also ein Zusammenbruch. Von was aber? Von Hoffnungen? Worauf? Auf welche Zukunft? Gar auf einen Sieg – im Krieg, den w i r gewinnen? Oder Hoffnung auf Befreiung?

Aber durch wen dann ? Offensichtlich durch den „Feind". Nicht durch uns selbst!

Das war doch merkwürdig: Wir mussten durch den Feind befreit werden.

Wovon eigentlich? Doch von uns, von wem denn sonst.

Und für was und woraufhin? Zu uns selbst? Also: Befreiung von uns selbst für uns selbst? Weil wir nicht in der Lage waren, uns selbst zu befreien, um aus den überfallenen und zerstörten Ländern zurück zu uns selbst zu kommen? Und intern, im Land, um aus dem selbst verschuldeten Faschismus einen Ausweg zu finden.

Die Lüge am Anfang und nachher

Und es geht weiter. Jeder Krieg fängt also, bevor geschossen wird, mit Lügen an. Und er kann weitergehen, selbst wenn er bereits beendet worden ist. Denn was sonst meinte der Spruch eines Mannes: „Nach dem Krieg läuft mehr weiter, als man denkt?" Und er zeigte auf das Kriegsspielzeug und den nächsten Kriegsfilm im Fernsehen und auf Bilder von deutschen Panzern im Jemen.

Auch der Kalte Krieg pflegte seine Lügen. Dann war er zu Ende, und diese wurden der neuen Situation angepasst. Schlussendlich beginnt jetzt ein neuer Kalter Krieg, und schon wieder hören wir neue Lügen. Welcher Krieg ist das jetzt beziehungsweise ist bereits am Laufen? Hat er bereits einen Namen?

Schon wieder der Russe

Dem Russen gegenüber hat sich das die letzten 100 Jahre mehrmals geändert. Zurzeit kommt er nicht als Terrorist, aber als Bedrohung, als Bedenklicher. Das gibt eine gewisse Gewöhnung bei dem, was Politik, Presse, Anne Will und Markus Lanz in ihren Gesprächen gerade als bedrohlich wählen bzw. ihre ausgewählten Gäste äußern lassen.

Feindberührung mit dem Russen gibt es zurzeit noch nicht. Wohl aber von mancher Seite Bemühungen, dass es dazu kommt. Aber man kann nicht alles auf einmal haben. Manche Dinge brauchen Zeit. Und eine gewisse Vorbereitung bzw. Eingewöhnung des mündigen Bürgers muss auch sein.

Was tut sich da an den Grenzen zu Russland im Baltikum und in Polen bzw. was wurde vorbereitet? Na ja, wird so gesagt, und immerhin, wird auch gesagt. Und schließlich haben „wir", also unsere amerikanischen Freunde, dorthin zwar die NATO ausgedehnt, aber lediglich Luftabwehrraketensysteme stationiert gegen die Bedrohung durch den Iran. Das ist wie die Bedrohung Deutschlands am Hindukusch.

Wieder normal

Nun wird die Sache zwar einigermaßen klar, doch zugleich verwirrend. Lange Zeit – eine neue Version von Lüge – wurde nämlich gesagt, dass gar kein Krieg sei. Jedenfalls kein eigentlicher. Oder nur ein kriegsähnlicher Krieg. Oder auch nur ein aufbaumäßig und so weiter … na ja, am Hindukusch eben. Dort, wo die Bundeswehr weltweit unsere Freiheit verteidigt.

Bloß warum dort, und nicht am Bosporus, an der Wolga, auf der Krim, oder am Kaspischen Meer? Oder gar in der Ukraine?

Wir wurden offensichtlich auf den Weg gebracht, auf dem wir wieder „normal" werden können, von manchen fast sehnlichst herbeigewünscht, der nationalen Bedeutung wegen, endlich wieder so richtig wie all die anderen. Und das war der Weg dorthin: Zuerst Aufbauarbeit in Afghanistan, dann bewaffneter Schutz dieser Aufbauarbeit in Afghanistan, und schließlich kriegsähnliche Aktivitäten mit getöteten Frauen und Kindern in Afghanistan, weil der Feind sich erdreistet, dort mit Frauen und Kindern zu leben. Und jetzt das Gleiche mit offen-versteckter logistischer Hilfe in Syrien.

Offizielle Trauer

Und von den zunächst unvermeidlichen Opfern bei der Verteidigung der Freiheit am Hindukusch waren wir dann endlich wieder bei wirklich Gefallenen angekommen, so richtig mit Orden, Ehre, Ehrenwache, Bundesfahne überm Sarg. Zuerst war noch der Verteidigungsminister bzw. später die –in dabei, tief betroffen, oder gar Frau Merkel beim Trauern und Bedauern übers Unvermeidliche. So lange, bis sie das terminlich nicht mehr auf die Reihe kriegen können, das mit den Ehrenbegräbnissen, bis dann welche aus der zweiten Reihe offiziell staatstrauern, auch, weil unmittelbar keine Wahlen mehr anstehen.

Und dabei sind wir noch nicht bei den zwar weiter lebenden, aber seelisch verkrüppelten, mit irgendeinem Syndrom durchsetzten Soldaten und -innen angekommen. Hier gibt es keine Trauerfeier, allenfalls eine kleine Hilfe für die Bewältigung diverser Traumata oder der Folgen durch Berufsunfähigkeit.

Seien wir vorsichtig: Die Lüge ist dort zuhause, ganz unten, wo das Denken verweigert wird, das Nachdenken über Sinn und Zweck.

Der amerikanische Denker Dresden James: „Wo den Massen über Generationen hinweg peu à peu ein gut verpacktes Lügengebilde verkauft worden ist, muss die Wahrheit als völlig absurd erscheinen und ihr Verkünder als Vollidiot".

3. Kriegsbereitschaft oder:
Die ständige Ausschau nach dem Feind

„In Kriegszeiten ist das Versäumnis zu lügen eine Nachlässigkeit, das Bezweifeln einer Lüge ein Vergehen und die Erklärung der Wahrheit ein Verbrechen." Lord Arthur Ponsonby

Lügen, diese Verwirrspiele
bringen die Köpfe durcheinander
um die Herzen zu gewinnen –
zu Kriegsbereitschaft,
oder, wie in der Werbung,
zur Kaufbereitschaft.
Kommt auf das Gleiche raus.
Denn: Es geht immer darum,
jemandem etwas abzukaufen.
Lange, lange Zeit „kam der Russe".
Seit ein paar Jahren kommt er nicht mehr.
Jetzt sitzt bei denen
sogar ein Exkanzler.
Wie sicher es allerdings ist,
dass er nicht schon wieder kommt,
als Ernstfall,
das zu beschließen
ist man noch nicht so weit.
Wer kam dann?
Es kam der Terrorist!
Fast täglich – steht er vor unserer Haustür.
Vor allem der Moslem – als Terrorist.
Es ist halt immer die Frage,
wer als was kommt.
Der Saudi, zum Beispiel,
als Moslem und Investor
ist kein Terrorist, wo denken Sie hin.
Wenn's dann den Moslem

als Terroristen nicht mehr gibt,
könnte ja passieren,
kommt ein anderer.
Ein ständiges Kommen und Gehen,
je nach Bedarf.
Und der muss dann,
so einfach ist das ja nicht,
zunächst einmal
gefunden,
und hergeholt werden,
als Feind
oder als Terrorist,
und er
und die Meinungsmacher im Land
müssen noch angelernt werden,
damit der Terrorist
auch ein plausibler
Terrorist ist.
Deshalb wurde Deutschland
gestern an seinen Grenzen verteidigt,
und morgen die ganze Welt,
und heute im Mittelmeer
und überhaupt
das ganze
zivilisierte Europa.
Wozu das alles?

Paul Valéry sagte: *Politik ist die Kunst, die Leute daran zu hindern, sich um das zu kümmern, was sie angeht.*

4. Das Gedicht von der Pflicht

Der deutsche Soldat
lernt schießen
und töten,
und das mordlos.
Denn er ficht
mit Fleiß für die Pflicht –
das hat er
schon immer getan.
Und damit ficht er genau
für die gleichen Werte,
die alten,
wie der Hausmeister
im Plattenbau.

Und so fechten sie beide
für Ordnung:
Für die Über-, die Unter-
und die
Überhaupt-Ordnung,
die verordnete Ordnung.

Dem gesamtdeutschen
Untertan
bringt jede Bestimmung
– behördlich, gesetzlich –
die Seele in Stimmung:
Verfügung ist Fügung,
Befugnis ist Recht,
mit Fug und nicht schlecht,
gehorsamsprägt

das Gesicht.

„Ich glaube daran!
Immer nur meine Pflicht
hab ich getan!
Und dann, nach getaner,
war Ordnung,
und dann war ich,
war ich immer,
Gott am nächsten."

„Was habt ihr uns
angetan?"
fragen sie, penetrant:
Die Kanaken, Bosniaken,
Anatolen und Polen,
Sinti und Roma,
Abrahams Erben,
Kaffern, Chinesen,
Griechen und Serben.

Wie müßig die Frage!
„Wir haben euch nichts,
haben nichts getan.
Wir haben euch immer,
bloß und allein,
unsre Pflicht
angetan,
haben wir
immer nur!"

5. Der unbekannte Soldat

„Die Zahl der deutschen Kriegerdenkmäler zur Zahl der deutschen Heine-Denkmäler verhält sich hierzulande wie die Macht zum Geist". (Tucholsky)

Der Einzug

Der Soldat wurde „eingezogen", so nannte man das. Zum Militär- oder Kriegsdienst. Also – nicht der Soldat, sondern der Noch-nicht-Soldat, der Zivilist.

Wenn er dann Pech hatte – und die Chancen standen gar nicht so schlecht – wurde er dann noch einmal „eingezogen", ultimativ, in eine Plastikplane, in die Truhe, in den Hubschrauber, die Leichenhalle, in die Grube. Und dann: Gras darüber. Dann ist er ein Gefallener.

So hieß das früher. Wie man es heute nennt, ist nicht ganz klar, aber es gibt sicher einen politisch korrekten und behördlich eingedeutschten Begriff dafür.

Das Denkmal

Wenn dann später die Schießerei vorbei ist und der Soldat 'ne Zeit lang ein Gefallener ist, dann wird er zum unbekannten Soldaten. Und bekommt ein Denkmal. Was für eine Karriere: Das Denkmal des unbekannten Soldaten.

Es gibt aber auch noch das Denkmal für den bekannten Soldaten, und das heißt Kriegerdenkmal. Da werden die Namen der bekannten Soldaten gesammelt und aufgelistet. Die sterblichen Überreste selbst sind anderswo versammelt bzw. liegen verstreut irgendwo herum. Man weiß nicht immer, wo genau.

Der Unbekannte

Aber – der unbekannte – wer zum Teufel ist das jetzt? Warum ist der nicht bekannt, warum kennt den keiner? Und vor allem: Wer hat den gemustert, wer hat den eingestellt, wenn er nicht bekannt ist? Was ist das für eine Schluderei in der Personaldatenerfassung beim Militär? Was für ein Sauhaufen? Dass die einen unbekannten Soldaten dabei haben, und der stirbt dann auch noch. Weg ist er, kein Mensch weiß wie er heißt.

Ich glaube langsam, die von der militärischen Amtsstube haben deshalb ein so schlechtes Gewissen, dass sie ihm dauernd Denkmäler aufstellen, weil er datenmäßig unzureichend erfasst war. Aber eigentlich ist er dann kein unbekannter, sondern ein nicht erfasster Soldat.

Das Feld der Ehre

Und dass es immer nur einer war. Ich selber bin mir sicher, dass es sich da um den berühmten Soldaten handelt, der auf dem Feld der Ehre gefallen ist. Ich glaube, da gab's überhaupt nur einen – und das war der. Und ich denke, man kennt seinen Namen, hält diesen aber weiterhin geheim, um den Mann nicht auch noch posthum zu beschämen, als einer, der wirklich meinte, er opfere sein Leben unwiederbringlich auf dem Feld der Ehre und es ginge dabei tatsächlich um Volk und Vaterland und was weiß ich noch für wen sonst.

So jemanden kann man nicht bloßstellen, indem man seinen Namen preisgibt.

Komisch übrigens, dass Soldaten immer im „Feld" fallen, selbst wenn sie in einer dreckigen Stadt, im Wald, im Sumpf verrecken oder in einem U-Boot absaufen. Und dass sie immer „fallen" – selbst wenn sie eine Mine in die Luft gejagt hat.

Ehre und Treue

Vielleicht sollte man dann doch statt des Grabmals des unbekannten Soldaten ein „Ehrendenkmal des bekannten Verweigerers" aufstellen. Oder des „unbekannten Deserteurs"? Oder vielleicht – noch besser – ein „Denkmal" ohne „Ehre" davor.

Das Wort ist verbraucht. Genauso das Wort „Treue". Denn – nur zur Erinnerung: Auf den Koppelschlössern der Terroristenvereinigung SS stand stolz der Satz eingestanzt: „Meine Ehre heißt Treue". (Die Wehrmacht hingegen führte den Spruch: „Gott mit uns"). Beides wies auf ein Rauben und Morden in höchstem Auftrag hin.

Ehre und Treue – wir bräuchten sie zwar notgedrungen, denn irgendwie sind sie ja mit Würde verschwistert. Doch sie sind, wie gesagt, vergiftet. Aber nicht nur durch die faschistische Vergangenheit, sondern auch heute, voll und ganz eingepreist als Markt- und Handelsobjekte.

Aber – nichts ist für immer verloren. Die alte Vorstellungswelt ist wieder im Kommen, bietet sich als Alternative für Deutschland an.

6. Volkstrauertag
mit einem Fünkchen Hoffnung

„Eine Sache ist nicht unbedingt richtig, nur weil jemand dafür gestorben ist." (Oscar Wilde)

Wer fällt?
Fallen – so heißt es –
tut nur der Soldat,
ein Zivilist, der fällt nicht.
Aber das ist vorbei,
ist vergangen.
Heutzutag – da sterben
immer mehr
in zivil,
immer mehr, sterben da,
und immer weniger
in Uniform.
Und so steigt
die Zahl aller Leichen,
doch die Zahl
der Gefall'nen,
sie sinkt.
Es ist weniger gefährlich,
Soldat zu sein,
es ist hochriskant,
zivil zu sein.
Und wofür tun sie das?
Früher: für Gott,
für's Vaterland,
gegen den anderen Gott,
das andere Land.

Wie hieß es?
Jeder Schuss – ein Russ,
jeder Stoß – ein Franzos!
Welch eine Hirnwäsche
bis so viel Grauen
in Kopf und Bauch ist.
Fallen heute: Schon wieder
für Gott,
der heißt halt dann anders,
nicht hier,
sondern dort,
nicht immer,
aber doch immer öfter.
Was haben sie bloß
mit euren Köpfen
und Herzen gemacht?
Und was haben wir bloß
gemacht,
dass ihr das glauben könnt:
Fallen im Namen Allahs,
freudiges Futter
für den Tod.
Verliebt in den Tod?
Merkt ihr das nicht?
Der Gott des Todes
bereitet

den Tod Gottes.
Denn irgendwann einmal
ist dieser Name geschändet
und verbraucht,
und ihr habt dabei
mitgeholfen.
Dein Tod, deutscher Soldat,
und dein Tod,
afghanische Mutter,
wird – Geschäft ist
Geschäft –
in K a u f genommen,
ist der Preis,
ist Sachzwang,
mit Bedauern
versteht sich
und Trauer
in Szene gesetzt,
und allen Ehren.
Und hierzulande
fällst du nicht mehr
für Deutschland,
fürs Vaterland,
du fällst,
wenn's denn sein muss,
für Deutschland,
den Standort.
Schützt die Grenzen
des Standorts
noch weit weg.
Das soziale Sterben
geschieht auf Beschluss

der Standortkommandanten
im Konzernreigen:
Du fällst aus dem Leben
der Arbeit
und der And'ren
ganz einfach raus.
Warst zugeschaltet,
wirst ausgeschaltet
wie der tückische Feind
anderswo.
Wegfall, Rausfall
und Abfall,
kein heldischer Beifall,
altrömisch-dekadent
noch nachgetreten
durch nassforsches
Lumpenpack,*
was für ein Reinfall.
Als Krieger der Schlacht
um den Mehrwert entsorgt.
Ich denke, also bin ich,
ich bin, also falle ich,
ich falle, also war ich.
Bin nicht auf den Mund,
nicht auf den Kopf gefallen,
und dennoch sterb ich.
Doch – es wird uns bald
nicht mehr gefallen
das Fallen.
Oder?
Aufstand gegen das Fallen?
Das wär's!

Die Fallstricke erkennen,
und die Galgenstricke.
Diese Galgenvögel
nicht mehr wählen.
Ihnen die Mittel
aus der Hand nehmen,
die wir uns haben
rauben lassen
aus eigener Dummheit,
als wir wählten
obwohl's keine Wahl gab.
Ihnen einfach
und endgültig

jedes, aber auch jedes Recht
absprechen,
zum Wohle des Kapitals
– denn zu unserem Wohl
war's ja nie –
überhaupt noch
und jemals
irgendjemand
an irgendeiner Front
fallen zu lassen.
Das ist unsre Hoffnung!
An wen?
An uns selbst.

*Der damalige FDP-Chef Westerwelle gebrauchte im Zusammenhang mit Hartz-IV-Empfängern und deren Bedürftigkeit das Wort von der "spätrömischer Dekadenz".

7. Der Veteran erzählt

Früher war ich Soldat. Dann Malocher in einer Minenfabrik. Jetzt habe ich mich selbständig gemacht.

Damals, in der Fabrik, da hatten wir Tüftler bei uns in der Entwicklungsabteilung, ich kann Ihnen sagen.

Da kam das Militär und sagte: Passt auf Leute, wir brauchen für den und den Zweck was – Minen vor allem. Damit der Feind nicht durchmarschiert, sondern aufgehalten wird, eine Zeit lang, sagen wir der Feind aus – naja, irgendwo an der Front – an den deutschen Grenzen.

Auch als Abschreckung, denn die Scheiß-Zivilisten sollen sich dort nicht blicken lassen – sollen einen Bogen drum machen müssen. Die sind sowieso beim Krieg führen im Weg – die stören nur.

Macht uns mal was Schönes, denkt euch was aus.

Und dann haben die Tüftler bei uns Sachen gemacht, Sachen sage ich Ihnen: Tretminen, Reißminen, vom Feinsten war das.

Und das erinnert mich an damals, als ich Soldat war. Stellen Sie sich vor: Sie gehen so durchs Feld, vor Ihnen der Kamerad. Und plötzlich stolpert der über einen Draht und Wummm!!! Explodiert eine Mine, der Mann vor mir fliegt durch die Gegend, stückchenweise, oder manchmal nur ein Bein, das fliegt so einfach durch die Luft.

Und du selbst stehst starr – rührst dich nicht. Stehst unter Schock. Bist fast taub durch den Knall.

Und da merkst du plötzlich, dass du selbst auf so einem Ding stehst. Wenn du jetzt den Fuß hebst – wummm und weg.

Was machst du dann? Du zitterst zunächst einmal, du denkst: Nichts wie weg! obwohl du weißt, du darfst jetzt auf keinen Fall zittern, darfst dich nicht bewegen – auch nicht einen Millimeter...

Und da merkst du auf einmal, dass du ganz allein auf der Welt bist ... mit dieser Mine unter deinem Arsch, unter deinen Sohlen ... weit und breit sonst keiner, nur ihr zwei, hältst Zwiesprache mit dem Ding, entwickelst eine Beziehung zu ....

Das sind Grenzerfahrungen, nicht? Da kannst'e richtig tiefsinnig werden.

Ich habe damals ein Lied daraus gemacht:

Diese Schmetterlinge,
dieses kribbeln in den Beinen,
das krabbeln in dem Bauch.
Und die Knochen dann gebrochen.
Sollbruchstellen zu erblicken,
und das Fleisch, es fliegt in Stücken.
Bruchteile von Sekunden,
Bruchteile an dir selber.
Auferstehung des Fleisches -
Wiedererweckung von Fetzen?
Wer setzt das bloß alles wieder zusammen?

Oder, was die noch so ausgetüftelt haben. Die Militärs sagen: Wir müssen ganz schnell möglichst viele Minen verlegen können, und zwar nicht um die nächste Ecke, sondern zum wegschießen, sehr weit, in sichere Entfernung. Macht was!

Und unsere Leute tüfteln wieder. Raus kommt: Die stecken hunderte kleine Minen in ein Rohr, machen hinten eine Treibladung und schießen das Ganze weit weg. Dann öffnet sich das Rohr, die Minchen werden frei, jedes hat einen kleinen Fallschirm, der öffnet sich und das Ding schwebt ganz sanft zur Erde, landet, tut sich dabei nicht weh, fährt ein paar Beinchen aus, kommt zum Stehen, streckt die Fühler aus und horcht und guckt.

Kommt da ein Fahrzeug – ein Krankenwagen, ein Panzer oder ein Schulbus – irgendetwas halt, das vibriert und laut genug ist – merkt es das Minchen. Huschsch!! dreht es sich in die Richtung und schschschtwummm – nichts wie los auf das Ding.

Minen, sage ich immer, das ist Männersache.

Darum ist nicht ganz zufällig der Männertag der Vatertag, und der Vatertag der Himmelfahrtstag.

Ihr kennt den Spruch: Halt, mein Freund, wer wird denn gleich in die Luft gehen? Greife lieber zu....

(Zutreffendes bitte ankreuzen).

8. Der Krieg – ein Erntedankfest

Wer in Krieg investiert,
der erntet – was?
Wachstum natürlich,
an Profit,
an Zerstörung,
und an Menschen,
die davor oder daraus
fliehen,
oder, ohne Umwege,
gleich daran sterben.

Krieg ist also
so lange
nur schwer zu beenden,
wie daran noch immer
verdient wird.

Und da das Grundgesetz
des Kapitalismus heißt,
dass immer irgendwer
an irgendetwas
verdienen müssen muss,
und dass nur die Fittesten
überleben können sollen,
und alle anderen
in die Überflüssigkeit
oder aus dem Land
abgeschoben
oder weggeflüchtet werden,
haben wir
mit dem Nichtkrieg
ein Problem,

solange es
Kapitalismus gibt.

Kapitalismus ist demnach
als Normalveranstaltung
im Wesentlichen
ein Dauerkrieg,
also zum Dauerfrieden
ungeeignet.

Doch wie ist das dann
umgekehrt –
um nur mal zu träumen?
Wenn also
der Konkurrenzkampf
stillsteht,
die Waffen
im Krieg
an den Börsen
verstummen,
und die Märkte
für die Waffen sowieso,
wenn die alle
gar nichts mehr
daran verdienen können –
wenn für mensch also
deren Verluste
endlich ein wirklicher
Gewinn werden –
was ist dann?
Dann haben wir
eine Krise !

9. feste feiern bis die Leute fallen

Ihr Merkels und Schäubles,
Ackermänners
und Zockers,
Heuschrecken
und Maulwürfe,
ihr politischen Dilettanten
und Intendanten
des Schauspiels
inszenierter Bedeutungen,
ihr vermögenswirksamen
Erbtanten
und leistungslosen
Absahner.
Ihr uniformierten
und zivilen Verteidiger
e u r e r allerhöchsten
Werte –
denn die unsrigen
waren's ja nie –
Ihr feiert also
das Fest,
das Schlachtfest,
die Festschlacht
der kapitalistischen
Feldschlacht
mit gesegneter
Andacht,
wo die Großmacht,

die große,
vom Predigerglauben
betäubte
Weltmacht,
wie damals
die Wehrmacht,
mit Militärmacht
die Freiheit der Märkte
exekutiert
und so wahr macht,
…uns ständig
was vormacht
wenn sie Krach macht
… und Merkel,
die Sandmännchenmutti
der Berliner
schwarzroten
Gute-Nacht-Macht
das nachmacht,
bis die Verschuldung
uns arm macht.
Legt an
an den Märkten
und zielt sacht,
gebt Feuer
bis der DAX
endlich schlapp macht.
Ihr Griechen,

und ihr andern
Verschuldner,
rutscht auf den Knien,
wählt wieder
und wieder,
obwohl keine Wahl,
bis ihr endlich
die Banken wieder satt
und die heiligen Märkte
nicht länger
mehr gram macht…
… Unterwerfung
wem Ehre gebührt….
und uns die ganze
globale
kapitalistische Bude
auf den Kopf kracht.
Und Soldaten!!!
gebt acht,
bis hörbar
der afghanische
Schuss kracht….
euch von einem Moment
auf den andern
schachmatt macht….
und ihr heimkehrt
als Luftfracht…..

und euch aufnimmt
der letzte
und ultimative
Erdschacht…
… und dann,
wenn die Gefallenenfeier
beendet,
„ich hatt' einen
Kameraden" verklungen,
und der Ehrensoldat
nach dem Ehrensalut
beim schlussendlichen
Amen des Pfarrers
„Helm ab zum Gebet!" und
„Habt acht!" macht,
wenn dann, irgendwann,
ein Gefallenendenkmal
zur Achtung der Toten
deren zynische Ächtung
perfekt macht….
… und schließlich
und endlich
SAT 1 .. oder 2 .. oder 3
unterhaltsam, spannend
und quotengenehm
daraus einen Film macht.

10. Der Vertreter der guten Mine: Ein Verkaufsgespräch

Also meine Damen und Herren, lassen Sie mich gleich zur Sache kommen:

Es geht um Ihre Sicherheit.

Ich bin überzeugt, sie geht Ihnen über alles. Gerade in so prekären Zeiten wie heute – mit Kriminalität, Drogen, Mafia, IS vor der Tür, Ausländern, Prostitution, Korruption....

Ich biete Ihnen das außerordentliche Sicherheitsequipment, Technologie vom Feinsten: Die Mine – für jede Stelle – für alle Fälle.

Hier was Feines, von den italienischen Freunden: Seeminen, intelligent, freischwimmend, in der Adria wurde sie damals auf Albanien hin praktisch erprobt und eingesetzt, ihre Sensoren unterscheiden genau zwischen Fregatte, Korvette oder U-Boot einerseits und leicht angerosteten, überladenen Flüchtlingspötten auf der sonstigen Seite.

Heute brauchen wir sie besonders dringend, dieses Modell, die FARM, die schwimmende FlüchtlingsAbwehr-RichtMine. Ihr Sensor spricht nur auf letztere an. Und ist auch privat einsetzbar – auf Ihrem Swimmingpool zum Beispiel.

Hier ein anderes Modell für den Bundesgrenzschutz, ideal für die Zonengrenzen, EURO-Zone, oder jenseits von Polen und Tschechien.

Und für Ihren privaten Schutz

habe ich da noch etwas ganz Besonderes: Mein Herr, ich schätze, Sie sind jung, dynamisch, zukunftsorientiert, innovativ und auch allzeit bereit für den Einsatz. Und Sie haben sicher viele Neider. Wie wollen Sie sich und ihre Familie dagegen schützen?

Ich hätte hier eine Mine für den Vorgarten und für die Hecke hinter dem Swimmingpool. Ausgestattet mit Stimmerkennungssensorik, identifiziert sie Ihre Stimme und die Ihrer Familie, von Oma und Opa, falls gewünscht auch von der Schwiegermutter – kleiner Scherz beiseite – und auch von Ihrem Hund. Sobald sie diese Laute hört, deaktiviert sie sich automatisch. Wenn nicht, bleibt sie scharf.

Ich liefere Ihnen natürlich das ganze Paket incl. Minenverlegesystem. Und einem verständlichen Beipackzettel mit Beschreibung. Wir haben für diesen Zweck aus leidlichen Erfahrungen gelernt und extra einen Fachmann verpflichtet, der mit der deutschen Sprache umgehen kann. Er ist kompetent genug, dass er technische Objekte und deren Anwendung in verständlichem Deutsch beschreiben kann, sodass eindeutig klar ist, wie man damit verfährt, und dass – wie hier bei den Hausminen – das Risiko einer unbeabsichtigten Explosion nahezu ausgeschlossen werden kann.

Das Ganze ist kinderleicht. Ein sehr zufriedener Kunde hat einmal gesagt: Ich reiß mir dabei kein Bein aus.

Kurz gesagt geht das so:

Am Rand des Gartens,

an der Grenze ihres Grundstücks, legen Sie im Abstand von je einem Meter eine Mine. Und Sie sorgen dafür, dass Ihr Hund genau dazwischen jeweils einen Haufen macht, sozusagen als „Ersatztretmine". Jeder Eindringling, der ihren Weg in die Zukunft behindern will, wird die Hundehaufen vermeiden und prompt auf eine Mine treten. Er fliegt samt der Scheiße in die Luft.

Hahaha – kleiner Scherz nebenbei. Natürlich bleibt der Eindringling am Leben. Man ist ja kein Unmensch. Hier mal ein Fuß weg, dort ein Finger. Bein weg und Arm dran. Aber er lebt.

Das ist nicht so gefährlich wie der Straßenverkehr, aber viel wirksamer – abschreckungsmäßig. Denn auf der Straße hat einer immer was zu suchen. Aber in Ihrem Garten hat er das nicht. Er kann es also vermeiden.

Das nenne ich Humanisierung der Sicherheit.

Wär das nichts für Sie? Rechtlich leicht zu regeln – wer auch immer nämlich versteckt die freie Entfaltung Ihrer Persönlichkeit auf dem Markt sabotieren will und Ihr Eigentum unbefugt betritt, ist so etwas wie ein Verfassungsfeind – das ist der klassische Verteidigungsfall.

Die Eröffnung

Und wenn Sie ihre Schutzanlage aufgebaut haben, können Sie diese sogar zusammen mit Ihrer Familie feierlich eröffnen. Für diese Feier hätte ich da sogar ein passendes Lied – ein Vorschlag nur, und kostenlos, nach der alten Melodie: „Das kann doch einen Seemann nicht erschüttern":

Ich lass mir doch mein Minchen nicht verbieten,
keine Angst, keine Angst, aber wie?
Sie wird so manchen Bösewicht erschüttern,
das geht ins Auge, in die Hose und ins Knie.
Und wenn die ganze Welt vergeht,
steht mein Minchen noch am Gartentor und späht!

Es ist auch auf die Dauer preiswerter: So was versucht einer, vielleicht noch ein zweiter, das spricht sich rum, da haben Sie einen Namen, einen Ruf, dann kommt keiner mehr, will Ihnen keiner mehr ans Vermögen, an den Schmuck Ihrer Frau oder an Ihre Innovationen. Und Sie können Ihren Weg fortsetzen – immer der Zukunft entgegen.

Und jetzt kommt's: Irgendwann können Sie sogar Ihren Garten entminen – Vermögen schaffen ohne Waffen. Und plötzlich sind Sie Friedensbewegung.

Höre ich da Einwände? Ich bitte Sie – es läuft alles nach den Regeln des freien Marktes! Oder wollen Sie vielleicht wieder regulieren, Kontrollen einführen, Verbote aussprechen, Bürokratie aufbauen, Arbeitsplätze abbauen, den Standort Deutschland gefährden?

Nach unserer Veranstaltung hier können Sie meine Musterkollektion draußen besichtigen. Für eine scharfe Demonstration kann ich Ihnen einen Extratermin anbieten, allerdings nur unter freiem Himmel.

11. Ein Absatzgebiet

Die Leitkultur

Es ist das die Rezeptur
dieser Leitkultur:
Nicht verschreibungs-
pflichtig,
uns ungefragt verabreicht,
mit allerlei
Kollateralschäden,
Risiken und
Nebenwirkungen,
vor allem diesen:
Sie verdrehen die Sicht
waschen die Gehirne
verschleiern den Blick.
Und so zahlen wir mit
für die Kriege
dieser Großmacht,
die friedensstiftenden
Interventionen
der Verbündeten,
die Zugriffe um Märkte,
auch solche für eigene
Kriegswaffen:
Absatzgebiete
fürs Präzisionsgewehr
von Heckler & Koch,
im Jemen gesichtet,
und in Algerien,
in Mexiko
und in Libyen auch.

Panzer nach Katar,
Waffenfabriken
nach Saudi Arabien,
U-Boote nach Israel,
und anderswo Drohnen,
ganz putzig
„intelligente Wirksysteme"
genannt.
Sie dienen alle
demselben Frieden,
wo Deutschland weltweit
ganz vorne.

Die Märkte

Doch Kriegswaffenexporte:
Da geht's um noch mehr,
es geht um die Märkte
für alles und jedes.
Die Sorgen
um Arbeitsplätze
sind immer nur Vorwände,
oder bilden die Drohung.
Es geht in der Hauptsache
um Dividendenerwartung
für leistungsloses
Vermögen,
derer, die sich selbst,
zynisch und dreist,
Leistungsträger nennen.
Und deshalb ist es auch
deren Krieg,

nicht der unsere,
deshalb lassen sie sterben,
wird gestorben,
wird gefallen.

Das Pech

Denn: Waffen, so befiehlt
das deutsche Gesetz,
nur in Gebiete,
die friedlich.
Doch Länder,
gestern noch friedlich
mit deutschen Waffen
gemacht,
machen heut selber
Kriege damit –
so ein Pech aber auch.
Doch wenn's um die Saudis
im Jemen geht,
stört selbst
die Verfassung nicht mehr.
Und dort,
all die Frauen und Kinder,
kaum mehr die Alten,
sie fliehen
vor den Kugeln
aus den Ländern
der Herkunft der Waffen
in eben diese Länder,
über Land, über See.
Und der Tod
ist ein Meister

auf dem Weg
nach Deutschland.
Und wer nicht im Wasser
ewig schwimmend
verbleibt,
oder am Zaun hängend
entsorgt wird,
der fliegt bald wieder
raus und zurück,
wie das Gesetz es befiehlt.

Die Werte

Bis auf
begnadete Ausnahmen,
wertvoll-verwertbar,
dafür sorgt dann
mit Empathie
der christsoziale Vorhof
des alternativen
Deutschlands.
Das sind die Werte,
von denen sie reden:
Wertfrei verwaltend,
bewältigten sie
die Geflohenen
nicht etwa die Flucht.
Endverbleibszertifikate,
nicht bloß für Waffen,
sondern für Menschen.
Da ist keine Scham mehr,
die etwa gar stören könnt'.

Die Vorschrift
Sorgfältig eingeübt,
lange geschult,
in deutschen Behörden.
Gleiches Recht
jederzeit,
übergeordnete Ordnung,
ewiger Vollzug.
Denn Pflicht
bleibt Pflicht,
und Vorschrift,
selbst ohne Sinn,
ist nun mal Vorschrift,
dem deutschen Soldaten,
oder Grenzpolizisten,
oder Beamten,
dem Hüter
des Schreibtischs
und des allmächtigen
Stempels,

des endgültig besiegelten
Nicht-Verbleibs.
Die Lösung
So wie sie ihn,
den bedrohten Geflohenen,
heute bedrohen,
als Frachtgut
befördern,
in sichere Dritt-
oder tödliche Erstländer,
so hat man ihn früher
in gigantischem Ausmaß
in sichere Endlösungszonen
verfrachtet.
Hör ich Empörung?
Warum denn
soll das nun plötzlich
heut was
ganz Anderes sein?

E. Frieden – ob sich das auszahlt?

Man kann den Krieg lernen und man kann den Frieden lernen.

Es gibt nicht Wenige, die bekommen es mit der Angst zu tun, wenn von Friedenssicherung gesprochen wird und es sind dabei keine Waffen im Spiel. Manche hätten sogar lieber einen eigenen Schützenpanzer im Vorgarten. Sie glauben jeder Bedrohung, die hergezaubert wird.

Andere empfinden das gleich als existentielles Risiko – als wäre ihr Onkel General oder sie hätten Aktien in der Waffenindustrie und die Familie wäre Leistungsträgerin und hätte in Rüstung ihr Vermögen angelegt.

Wir lügen uns nirgends sonst so viel in die Taschen wie bei der Frage nach Sicherheit mit oder ohne Waffen. Wir sind zwar – was Waffenbesitz und deren Gebrauch in privater Hand betrifft – unseren Freunden in Amerika noch haushoch unterlegen, aber Geduld – wir schaffen das irgendwann noch. Und wenn die Sache mit dem Friedenschaffen mit immer moderneren Waffen tausendmal schief geht – wir würden sie wieder glauben! Und dabei zusehen, wie der sogenannte Verteidigungsetat bis auf zwei Prozent hochgebläht wird – dem Wunsch dieses gefährlichen Dilettanten in Washington folgend.

Umgekehrt wieder: Eine große Anerkennung gilt der Bevölkerung in Deutschland. Sie ist, durch die eigene Geschichte gewarnt, noch immer auffallend und angenehm zurückhaltend bei diesen Militarisierungsfragen. Aber der internationale Druck hin zu einer Umerziehung der Deutschen zu Frieden schaffen mit mehr Waffen steigt ständig. Hatte man früher Angst vor den bewaffneten Deutschen, so fürchten die Strategen heute fast mehr die unterbewaffneten.

Beim „Frieden" ist es genauso schwer, zu sagen, was das eigentlich ist, wie bei „Glück". Na ja, vielleicht sind die beiden auch verschwistert. Oder auch nicht – früher waren manche Soldaten „glücklich", wenn sie in den Krieg ziehen durften, denn es ging gegen den Feind und man konnte ein Held werden und es wurde sicher spannender und nicht so langweilig wie zuhause.

Aber heute? „Wer zieht in den Frieden". Und: Man kann heute ja nicht einmal sagen „Die Bundeswehr zieht in den Krieg", wenn sie am Hindukusch oder in Syrien unsere Freiheit und so weiter … na, Sie wissen schon, diese merkwürdige Aufblähung unserer Schutzbedürftigkeit, auf dem Weg über die Türkei bis ins Vorderasiatische und schließlich nach Asien hinein.

1. Wann wird Frieden sein? Die ersten Fragen

Der Krieg bricht aus.

Der Krieg bricht bekanntlich immer aus. Wie die Schweinegrippe, von der kein Schwein weiß, warum sie ausbricht.

Genauso die Krise – sie ist ausgebrochen, aus ihrem Gehege, wo sie jahrelang genährt wurde, sozusagen auf Abruf, galoppiert um die Welt und keiner fängt sie wieder ein.

Jetzt stellen wir uns einmal umgekehrt vor – der Friede bricht aus. Unversehens. Mit voller Wucht, sofern man beim Frieden überhaupt von Wucht sprechen kann.

Meinetwegen haben ein paar Politiker, Militärs oder Banker, halt die üblichen Verdächtigen, kurz nicht aufgepasst – schon bricht er aus, der Friede. Was passiert dann?

Wann wird eigentlich Frieden sein?

Friede wird sein, wenn jeder, der mit dem Wort Frieden zugleich das Wort Militär benutzt, müde belächelt wird.

Friede ist, wenn auf dem Reichstag in Berlin das Plakat hängt mit dem Text: „Jeder Mensch hat ein Recht auf Teilhabe am gesellschaftlichen Reichtum, das muss sich niemand verdienen, das ist Teil des Menschseins, ist Menschenrecht. Es ist genug für alle da!" Attac hatte das angebracht zusammen mit einem großen Friedensbündnis und es behält dort für immer seinem Platz.

Wenn die willkommensten Gäste im Land Kriegsverweigerer anderen Länder sind.

Friede ist dann, wenn die Behauptung, Kapitalismus habe substantiell etwas mit Freiheit zu tun, endgültig als Verblendung des 20. Jahrhunderts entlarvt ist.

Friede wird sein, wenn der Rest dessen, was früher Staat war und der Beherrschung von Menschen diente, nur mehr ein paar Dinge verwaltet.

Friede ist, wenn nicht Eigentum, sondern Leistung sich wieder lohnt. Früher lohnte sich Eigentum. Der Eigentümer tut nichts, schafft nichts von Wert, er eignet nur. Und das lohnt sich jetzt nicht mehr.

Friede wird sein, wenn man Geld nicht mehr für sich arbeiten lassen kann, weil man weiß, dass das noch nie der Fall war.

Friede wird sein, wenn der Landmann sät, aber der Ackermann (ihr erinnert euch?) nicht mehr ernten kann.

Friede ist dann, wenn – wie es mein Vater gemacht hat – Stahlhelme dazu verwendet werden, um Jauche aus der Grube zu schöpfen oder die Scheiße der Rindviecher zu beseitigen.

Friede wird sein, wenn die Uniformen von Generälen nur mehr bei Faschingskostümfesten gebraucht werden. Wobei diejenige Generalsuniform – natürlich einschließlich Orden – prämiert wird, die in vollem Pomp das höchste Maß an lächerlicher Ernsthaftigkeit zu bieten in der Lage ist.

Friede ist nicht, wo Sinnlichkeit mit gebremstem Schaum passiert oder fromme Biederkeit oder biedere Frömmigkeit Lebenselixier sind.

Es ist schwer zu sagen, ob dann Friede ist, wenn Kinder das Wort "päpstliche Bulle" mit BSE in Verbindung bringen.

Und weiter mit dem Frieden?

Friede wird sein, wenn Waffenexporteure international auf einer Verbrecherliste zur Fahndung ausgeschrieben werden. Und wenn es die internationale Rechtsordnung erlaubt, politisch Verantwortliche des Berliner Bundessicherheitsrats in Den Haag vor Gericht zu stellen. Die Anklage lautet: Beschlüsse zur Lieferung von Schwerstwaffen nach Saudi Arabien und in andere Golfstaaten

Und die Fortführung: Wenn Waffenexporteure nach einem ordentlichen Verfahren hinter Gitter sitzen. Sie befinden sich – nach einem ebenso ordentlichen Verfahren – zellenmäßig in guter Nachbarschaft mit verurteilten Banken-, Börsen- und sogenannten realwirtschaftlichen Kriminellen. Dieser Zellenbereich müsste ungewöhnlich erweitert werden. Und es müssen Resozialisierungspläne erstellt werden, damit sie nicht wieder rückfällig werden.

Friede ist, wenn die eindimensional geklonten Hirne der Zocker und Spekulanten an den Börsen beim Wort Frieden zwar schon wieder ihre Bilanzsoftware anwerfen und nach Kursschwankungen, Renditechancen und Spekulationsgewinnen suchen, begleitet vom Kopfschütteln der Bevölkerung. Aber sie können damit keinen Schaden mehr anrichten. Das geht jetzt nicht mehr. Endgültig. Sie dürfen nur spielen.

2. Wann wird Frieden sein? Weitere Antworten
Die Pflicht zum Bilanz ziehen

Wenn ehemalige Militärseelsorger und die sie befehligenden Bischöfe mit Abwicklungsaufgaben ihrer früheren Tätigkeiten befasst sind, indem sie sich um Kriegsgräber kümmern. Im Übrigen sind sie für die Pflege der Erinnerung und der kollektiven Scham über von hier aus angezettelten Kriege verantwortlich und für die festliche Begehung von Gedenktagen an verlorene Kriege.

Wenn ehemalige Stabsoffiziere dazu verpflichtet werden, eine Gesamtrechnung zu erstellen, eine Abrechnung über das, was all die Feldherren, Marschälle, Armeen, auch demokratisch usurpierten Regierungen, in der Geschichte mit ihren Waffengängen angerichtet haben. Bisher war es verboten, diese Rechnung aufzumachen, aus berechtigter Angst, sie würde verheerend ausfallen.

Die Leitfrage dieser Gesamtrechnung ist: Wann hat das Militär für die Bevölkerung, und nicht für die Rüstungsindustrie, wohlgemerkt: die Bevölkerung im eigenen Land und beim sogenannten Feind, jemals mehr gewonnen als verloren, mehr aufgebaut als zerstört?

Friede wird sein, wenn auf einem Denkmal steht: "Dem unbekannten Deserteur", und darunter: „Für besonderen Mut vor dem Feind im Land – dem Regime, und dem Freund im Land – der Bevölkerung". Kriegsboykott ist der ehrenhafte anerkannte Normalfall. Deshalb werden dann aus den Kriegergedenkstätten Mahnmale über unsere Dummheit, und getrauert wird zwar über die Gefallenen, aber zuallererst über uns, dass wir mitgemischt haben, als diese Brüder für nichts und wieder nichts ihr Leben vertan haben. Denn diese Trauer erst kann entscheidend sein für eine friedliche Zukunft.

Friede wird sein, wenn jeder wie selbstverständlich weiß, dass Friede nicht nur ist, wenn die Waffen schweigen, sondern auch, wenn die Profiteure auf Kosten der Vielen schweigen müssen. Wenn Leistung sich endlich wieder lohnt. Für jeden und jede – auch für die allein erziehende Mutter.

Und da machen wir jetzt bei der Friedensoption mal eine weitere Pause!!

Friede ohne den gefälschten Segen

Dem Frieden sind wir ein Stück näher, wenn in der Zentrale der europäisch-italienisch-römisch-katholischen Kirche in der Stadt am Tiber irgendwann einmal zu Pfingsten die demütige Einsicht durchbricht von der eigenen unfehlbaren Fehlbarkeit.

Und wenn bei den klerikalen Hirten und Oberhirten im Verhältnis zu ihren Schafherden der Überwachungszusammenhang aufgehört hat. Die eher bequeme Verantwortung vor dem verborgenen Gott ist einer eher unbequemen, öffentlichen und längst fälligen Rechenschaft vor den Menschen gewichen – inklusive Möglichkeiten von Abwahl und Sanktionen.

Frieden wird sein, wenn in der katholischen Kirche der stets aktive Kampf gegen Sexualität abgelöst wird durch den Kampf gegen Sexismus. Das wird als eigentliche gesellschaftlich-kulturelle Aufgabe erkannt. Weil man dann in etwa verstanden hat, was eigentlich Genderfragen sind statt sich im alten Naturrechtsuniversum festzudenken. Man wäre dann schon ein Stück weiter. Also sozusagen – dass durch gesellschaftliche Männerherrschaft Erzeugtes kein irgendwie von der Natur seit je her festgelegter Sachzwang ist, sozusagen von Natur aus übernatürlich. So etwas zu äußern würde dann keiner mehr wagen. Herrschaft ist nichts

Biologisches, kommt nie aus der „Natur", sie ist immer gesellschaftlich, also menschengemacht.

Wann wird Frieden sein – final

Friede wird sein, wenn die nationalen Staaten zusammengebrochen sind wie ein Kartenhaus, weil sie sich überlebt haben wie die Dinosaurier.

Der Kern für den Frieden war gelegt, als den Kindern im Unterricht die Neugier auf die eigene Geschichte nicht mehr geraubt werden durfte – durch die Didaktik des Erzeugens von Langeweile und Desinteresse. Friede deshalb, weil der Unterschied zwischen Aneignung und Enteignung von Geschichte erkannt war und Geschichtsraub geahndet wurde. Und sich in der Erinnerung der Kids die Bedeutung von Helene Fischer, Donald Trump oder Josef Ratzinger in Grenzen hielt, verglichen mit Gestalten wie … (Zutreffende bitte einfügen!)

Friede wird sein, wenn nicht mehr nackte Schamhaare, sondern die Uniformen von Generälen als obszön gesehen werden. (Schlag noch immer nach bei Herbert Marcuse).

Friede war deshalb angebrochen, weil überall dort, wo zwischen Ländern, Gruppen und Personen die Fetzen flogen, diese auf keinen Fall mehr die Farbe olivgrün hatten.

3. Lied von der Angst

Wir leben, kann man sagen, in einer Art Angstregime – es braucht ständig Winners und Losers, Sieg und Niederlage. Jeder steht in Konkurrenz zu Jedem.

Wenn wir uns voll darauf einlassen – und es ist schwer, sich davon gänzlich frei zu machen – dann schafft das ständigen Stress, macht Angst, ES nicht zu schaffen.

Ich singe das Lied von der Angst: Nicht der großen Angst der Kleinen, sondern der kleinen Angst der Großen. Aber vielleicht ist sie ja auch groß, diese Angst. Jedenfalls ist es die Art von Angst, vor der wir schon Angst haben sollten:

Die Angst des Waffennarren
vor der Abrüstung:
durch Entwaffnung
droht ihm Kastration.
Des Waffenhändlers
vor dem Waffenstillstand:
wenn die Waffen schweigen,
verliert er die Freiheit,
daran zu verdienen.
Über die Angst des Verfassungsschützers
vor der Verfassung,
des Sicherheitsexperten
vor der Sicherheit,
des Militaristen
vor dem Frieden,
und des Klerikers
vor dem Leben
der Sexualität
und dem Schwulsein.
Die Angst deutscher Bischöfe
vor Liebesentzug
durch Politik

und Kapital.
Die Angst des Managers
vor Verlust
nicht des Standorts,
nicht des Standpunkts,
sondern des Standings
an der Börse.
Des Aktionärs
vor dem Kurssturz
und des Finanzministers
vor dem Kassensturz.
Die Angst von George Dabbelju
– ihr erinnert euch
an den siegreichen Kriegsherren
von Bagdad
und Kabul
in höherem Auftrag –
also die Angst von Bush Junior
dass ihm sein Gott abhandenkommt.
Die Angst
des gegenwärtigen
obersten Häusermaklers
dieser Weltmacht davor,
dass sich seine gepflegte Übergröße
als erbärmlicher Popanz erweist.
Ihre Angst
ist ein schlechter Ratgeber.
Was also
können wir ihnen
raten?

4. Der nine eleven als Segen

Ich meine – der nine eleven war doch ein Segen. Nicht für alle, natürlich.

Sie erinnern sich? Der elfte September zweitausendeins, der Tag des tiefen Schocks im Imperium, weil bedeutungsträchtigste Gebäude…rrrrummms …und weil weltweit nichts mehr so war wie vorher …. und so weiter.

Und so saßen sie da, Bush, Rumsfeld, Dick Chaney und die anderen üblichen Strategen, und mussten zuerst einmal verstehen, was da überhaupt passiert war, und wer das alles…, und vor allem, welche Rache angesagt wäre.

Wirklich zu verstehen, was geschah, erwies sich als zu langwierig. Und umständlich. Also suchte man gleich nach der Art der Vergeltung.

So – und jetzt stellen wir uns einfach vor: Diese vergeltungswilligen Chorknaben hatten da schon lange herumgesessen, wollten Angst und Ordnung verbreiten, hatten das Rezept für Vergeltung und Gerechtigkeit bereits lange in der Schublade. Sie warteten und warteten verzweifelt und fragten sich: Verdammt, wenn nicht bald was passiert, weswegen wir Krieg gegen die bösen Bösen dort und so weiter führen können, um an das Öl und an noch ein paar andere, für uns lebenswichtige Sachen ran zu kommen, was dann? Die Leute vom Exxon und Texaco und die von der Rüstung hier im Land werden langsam ungeduldig. Sie haben sich im letzten Wahlkampf mächtig für uns ins Zeug gelegt, jetzt wollen sie was erleben. Geschäfts- und erfolgsmäßig. Sie verdienen es, dass sie jetzt was verdienen. Wenn also nicht bald was passiert, sagt G. Dabblju, müssen wir uns selbst was überlegen.

Und wie's der Zufall so will – es passiert was. Nicht wie beim Weihnachtsmann – von draußen vom Walde – sondern als ein ähnliches Geschenk, von hoch oben kamen sie her. Und sie brachten überzeugende Zerstörungen. Mitten in Down Town, sozusagen mitten ins Herz des Imperiums. Und dann auch noch am allerheiligsten Fünfeck in Washington, auch Pentagon geheißen.

Und jetzt endlich konnte man sagen: Eben ist es passiert.

Na ja, und dann hat man begonnen zu suchen: Wo fangen wir an? Übungshalber, aber auch, um möglichst viele Frauen vom Schleierzwang zu befreien? Denn das war das Hauptanliegen. Da ist man auf Afghanistan gekommen.

Dann begann man auch im Voraus zu zählen. Wie früher schon und später dann auch beim Irak, da war das schon Routine. Rein rechnerisch – wie viel Spielraum haben wir? Statistisch gesehen hat es ja die USA, auch Amerika genannt, in den letzten fünfzig oder mehr Jahren eigentlich immer so gehalten, dass pro einem der eigenen zivilen oder uniformierten Jungs oder Mädels, die das Leben verloren haben, circa hundert Bösewichter von d e n e n dort ins Gras oder in den Wüstensand beißen sollten. Das ist so der moralisch-arithmetische Durchschnitt. Dadurch ergab sich nach dem nine eleven doch ein enormer Spielraum nach oben.

Und um nicht zu übertreiben, hat man die Opfer zahlenmäßig zwar hochgebombt, medienmäßig aber runter gerechnet. Aus dem Modell des Hochrechnens bei Wahlen – mit Direktmandat, Listen und Überhang – wurde das Kollateralschaden-Runterrechenmodell entwickelt: Nur direkt Getroffene werden gezählt – das sind immer nur einige wenige –, indirekt Getroffene mit Listenplätzen und Überhang, sozusagen die Überhangtoten, fallen weg. Das wirkt erfahrungsgemäß bei den Leuten zuhause entspannend.

Endlich wieder ein Schlachtfest. Sozusagen die Stiefmutter aller Schlachten.

Nun braucht ja alles seine Zeit zum Vorbereiten. Zunächst haben CNN und Kollegen im Rahmen der freien Berichterstattung allüberall in der Öffentlichkeit auf einen höheren Gang geschaltet: Den Gehirnwaschgang mit dem Böse-Buben-Gag und die Terroristenbedrohungs-Gangart. Man musste die Leute ja darauf vorbereiten. Einschaltquoten planen. Reality-Show stand an.

Dann haben sie noch einige Wochen gebraucht, bis – in enger Abstimmung mit dem Pentagon – die Drehorte des Events klar waren, die Beraterverträge unter Dach und Fach, die Werbepausen möglichst lückenlos gefüllt, auch bis festgesetzt war, wer in der ersten Reihe sitzt: ob ARD oder ZDF, oder nicht doch besser ABC oder BBC oder NBC oder Al Jazeera.

Und auf welchen Rängen CIA oder MI 6 oder BND oder MOSSAD agieren – all die Chorknaben der Freiheit halt. In der Regel weiß ja keiner, wer wo gerade sitzt, steht, liegt, guckt oder horcht – oder gar schläft. Ja, die Schläfer, vor allem die!!

Und dann die erregte Suche, wo der Taliban steckt und – später – ob Saddam Hussein nicht etwa eine verdorbene Hammelkeule versteckt hat, die bereits soweit zum Himmel stinkt, dass sie als biologische Waffe, als chemische Keule taugt, der endgültige Beweis, dass er und so weiter und das Reich des Bösen und so weiter.

Worauf lief das alles hinaus? Klar: Der Iraker wurde durch Schaden, durch Kollateralschaden klug. Und er merkte dann erstaunt, dass das, was ihm sein Regime jahrelang vorgelogen hatte, nämlich: der oberste Feind ist Amerika, es will nur Krieg und will auch noch an sein Öl, und dagegen würde nur Saddam Husseins Mutter aller Schlachten helfen etc. etc. – plötzlich war klar, dass das tatsächlich so war, nur noch viel schlimmer.

Den Krieg hatten sie ja jetzt und die Sache mit dem Öl, die kam dann noch. Denn nach jedem Krieg kommt die Übergabe, wie das so schön heißt. Das Beutemachen. Und was war ihm Irak als Beute zu holen? Öl. Und Rüstungs- und sonstige Geschäfte Und was macht man mit dieser Beute? Richtig: ausbeuten, das Öl und die Leute.

Aus der Knechtschaft Saddam Husseins in die Freiheit von Exxon. Und als Draufgabe gab's im Irak Zerstörung, Arbeitslosigkeit und kulturellen Nachholbedarf, Entwick- lungshilfe also: endlich Coca Cola, MacDonalds, Hambur- ger, Kentucky fried Chicken und vermutlich den Playboy.

Endlich konnte das eintönige irakische Fernsehen berei- chert werden durch Dallas, Denver, vielleicht später bald auch Derrick? Endlich dürfen Fernsehprediger sich frei äu- ßern, Werbespots sind erlaubt. Endlich Pressefreiheit. Die Nachrichten berichten zuallererst, dass es unter der iraki- schen Zivilbevölkerung so gut wie keine Opfer gegeben hat. Es ging endlich aufwärts – positiv denken war angesagt.

Und die Irakis versuchten selbstverständlich voll konzen- triert, sich das Ganze positiv zu recht zu denken. Natürlich haben sie das gemacht.

Für uns hier in der freien Welt, in Europa also, waren die zwei wesentlichen Events dieses Jahres damals gelaufen: Die Hessenwahl und der Irakkrieg. Die Erregung hatte sich gelegt, Unterhaltsameres war kaum mehr zu erwarten. Der Rest war Tagesordnung.

5. Der Krieg bricht aus und der Friede auch – wer ist schneller?

Also, die Sache war die: Als Bundeswehr war der Bekanntheitsgrad der deutschen Armee über Jahrzehnte hinweg gering – sie lag brach, auf Halde, durfte nur spielen beim schießen. Jetzt bekam sie endlich mehr und mehr neue Einsatzgebiete.

Bei den Einsätzen der Bundeswehr kann man allerdings nicht von Krieg sprechen. Nein: als Friedensreaktionskräfte reagiert sie auf den Frieden und beseitigen die Gefahren, die aus ihm entstehen.

Der Friede war ausgebrochen

Doch irgendwann einmal, so wurde behauptet, war plötzlich tatsächlich der Friede ausgebrochen. Und es ergab sich eine Menge an Problemen.

Der Friede war ausgebrochen – großes Entsetzen herrschte, große Hektik entstand. Alles rannte, um ihn wieder einzufangen, ehe er was Schlimmeres anstellt. Wenn er nicht geschnappt wird, schafft er vielleicht gar eine ungewohnte Ordnung in der gewohnten Unordnung.

So ein Friedensausbruch erzeugt gewaltige Turbulenzen. Er entfaltet seine zerstörerische Kraft, setzt sich an Kruppstahl fest und bringt ihn zum rosten, überzieht Panzerhaubitzen mit Patina, wird zum tödlichen Rohrkrepierer und bringt Drohnen mit Gegenwind zum Absturz.

Darüber hinaus verbreitet er seine geradezu perfide Kraft, indem er Kriege als prinzipiell nicht mehr gewinnbar erweist oder gar als komplett überflüssig, sodass dies selbst Militärs irreversibel bewusst wird. Denn plötzlich ist kein Feind mehr da.

Dies ist die eigentliche subversive Seite des Friedens, wenn er ausgebrochen ist. Das ergibt nahezu einen Kulturschock.

Jetzt war also der Friede ausgebrochen und es zeigten sich die ersten Unruhen. Und viele fragten sich: Unruhe im Frieden – darf es das überhaupt geben? Und es kam noch schlimmer: Legionen von Soldaten standen plötzlich da und waren arbeitslos – weltweit. Man muss sich das einmal vorstellen.

Und es erhob sich eine riesige Debatte, ob der Friede diesen massiven Arbeitsplatzabbau rechtfertigen könne, ob diese radikale Konversion nötig sei, ob man nicht besser langsamer fahren, diversifizieren sollte: Das heißt, einem kleinen Teil an Soldaten wenigstens noch ein paar Kriegsfelder übriglassen, meinetwegen auf einem internationalen Truppenübungsplatz, zum auffrischen ihrer Kernkompetenz, vor allem für die Altgedienten, die schwer zu vermitteln sind. Denn was hatten sie schließlich schon gelernt.

So eine Radikaltour, bei der der Friede ganz plötzlich ausgebrochen ist, wäre auch für die Zivilbevölkerung kaum verkraftbar. Dauernd Frieden – das hält kein Mensch durch. Vor allem Männer tun sich da furchtbar schwer. Ist Krieg doch ihr ureigenstes Betätigungsfeld.

Das hält auf Dauer nicht einmal ein Schwein aus. Und kein Stammrisch kann überhaupt noch die Sau raus lassen, denn der kulturell eingelebte Persönlichkeitstyp des Machos wäre fast am Ende.

Die Kanzlerin – es war gerade Wahlkampf – versprach, dem entgegenzusteuern und ihre Flüchtlingspolitik von 2015 zu korrigieren mit den programmatischen Worten: „Wir schaffen das ab... und zu... und wir schaffen das auch weiterhin". Und so soll z.B. der unnütze Ausländer in einem Asylantencontainer hausen, der brauchbare Ausländer in einem Wertstoffcontainer.

Ansonsten gab sie die Lösung des Friedensproblems an die Kirchen weiter. Sie sollen nach einem tieferen Sinn des Ganzen suchen. Und an die Banken, um die Investitionsfelder und die Wachstumschancen im Frieden prüfen zu lassen. Bei friedensbedingtem Nullwachstum müßte allerdings doch wieder in Rüstung investiert werden dürfen. Gegen wen gerüstet wird, da werde sich sicher was finden.

Turbulenzen bei den Kirchen

Überall musste man zunächst einmal mit der neuen Situation fertig werden. Der Friede war ausgebrochen und im Vatikan brach die Krise aus. Der Heilige Vater, aber auch die Bischofskonferenzen, warnten – wie viele unter ihnen es schon immer gemacht hatten, nämlich ausgewogen – vor einem einseitigen Frieden: Audiatur et altera pars – auch die andere Seite muss zu Gehör kommen.

In Bischöflichen Generalvikariaten wurden eiligst Konferenzen einberufen. Denn schließlich hatte die Kirche fast 2000 Jahre vom Unfrieden bei den Menschen, das heißt von der Sünde gelebt. Nein, nicht was Sie meinen. .. ja doch, schon. Sie hatte davon gelebt, dass sie dagegen war, und dass ihre Schafe manchmal dafür waren, dann zum Hirten zurückkamen und ihm sagten, sie wollten eigentlich wieder einmal dagegen sein.

Das Ergebnis dieser Konferenzen war ein allgemeines Hirtenschreiben weltweit, laut dem die katholische Kirche darauf bestand, dass, wenn schon angeblich der Friede ausgebrochen sein soll, mindestens noch die sogenannte Erb- oder Ursünde übrigbleiben müsse, sozusagen die strukturell-genetische Veranlagung des Menschen zur Sauerei. Die Kirche, so hieß es zwischen den Zeilen, sei existentiell auf diese Sauerei angewiesen. Wenn diese abgesetzt würde, bliebe für sie kaum mehr viel übrig.

Die katholische Kirche wolle ja auch weiterhin zuallererst die Familie schützen, das Kind schützen, die Frau schützen. Also – jetzt nicht so direkt, im leiblichen Sinn, sondern Ihre Würde vor allem. Sie wende sich vor allem gegen die Verdinglichung der Frau.

Nun sehe sie allerdings die nicht unberechtigte Gefahr heraufziehen, dass sich Feministinnen zusammenrotten, vor die Kirchen stellen und laut „Me too" schreien, weil sie meinten, dass sie in ihrem Kampf gegen Sexismus in der katholischen Kirche Verbündete hätten. Diesen Preis für den Frieden zu zahlen, sei die Kirche nicht bereit. Man stelle sich vor: Alice Schwarzer erhielte den St. Georgsorden oder gar den Orden Pro ecclesia et pontifice (Für Papst und Kirche).

Obwohl Friede sei, seien Beichtstühle weiterhin nötig. Über ein neues Outfit dieser Möbel könne man allerdings reden. Im Übrigen gelte kirchlicherseits nach wie vor die Devise: Friede in den Betten, kein Krieg in den Palästen.

Auch äußerte sich die Kirche strikt gegen jede Vorstellung vom Paradies auf Erden. Sie lehnte zwar eine Präservatio ab, predigte stattdessen eine sogenannte Reservatio, einen Art Friedensvorbehalt, oder auch Paradiesvorbehalt. Bestimmte Dinge seien schon immer nur kirchlichen Würdenträgern vorbehalten gewesen.

Die Theologie plädierte für eine fruchtbare Spannung zwischen vorbehalten und vorenthalten. Wolle man Frieden, vielleicht gar als klassenlose Gesellschaft, so könne das nur zu Unruhen führen. Das sei außerhalb jeglicher göttlichen Ordnung, ergo undenkbar.

Außerdem: Irgendein alter Philosoph habe einmal gesagt, der Krieg sei der Vater aller Dinge. Bei konsequentem Frieden stünden wir dann ja auf der Schwelle zur vaterlosen Gesellschaft. Und das ist für den Schutz der Familie eine Bedrohung.

Es reiche ja völlig, dass, trotz Frieden, die Würde des Menschen auch weiterhin unantastbar sei. Vor allem aber die Würde der Ämter von Amtsträgern. Auch in ihrem höheren Aggregatzustand, dem Hochwürden. Insofern diese Menschen sind – davon könne man ja ausgehen – ist ihre Würde natürlich unantastbar. Das ist der Unterschied zwischen unantastbar, unnahbar, unangreifbar….unbegreiflich. Aber da wären wir wieder bei der Missbrauchsfrage.

Friedensdividenden

Vertreter der Banken wiederum äußerten in einer Pressemitteilung, die deutsche Industrie und die deutschen Banken begrüßten diesen Friedensausbruch. Sie versprachen, Substantielles zum Frieden beizutragen. Sie verdienten den Frieden, besser, sie bedienten sich, oder noch besser, sie verdienten am Frieden genauso wie vorher.

Und so herrschte allenthalben Jubel in den Banken darüber, dass ihre göttliche Mission bestätigt worden war, und an allen Orten und Kathedralen religiöser Verehrung wie im Frankfurter Bankenviertel oder an der Wall Street wurden über den Figuren von Bulle und Bär große Glocken aufgehängt. Denn es stellte sich heraus, dass Philosophen und Theologen sogar ohne Zutun der Ökonomen Geld- und Kapitalwirtschaft als existentiellen Kern des Daseins erkannt hatten. „Nur", so sagten sie, „man solle es nicht übertreiben, denn wo kämen wir sonst hin?"

Auf der Jahreshauptversammlung der Aktionäre sang man jetzt: „Ein feste Burg ist unser Gott", und das Motto war: „Was nützte es den Menschen, wenn er die Welt gewänne, aber Schaden nähme an seinen Aktienkursen".

Die Börsenbeauftragten der deutschen Kirchen sorgten für einen theologischen Kassensturz. Die speculatio praecox war als Ausschüttung, als gewinnbringender Vor-Fall geduldet, selbst die speculatio exorzismi, die Spekulation auf Teufel kommt raus, war jetzt erlaubt.

In Zukunft gäbe es keine Kriegskredite mehr, nur noch Friedensdividende, welche die Banken wie ein Füllhorn über alle ausgießen würden, die guten Willens sind: Günstig verzinst, abschreibbar und nahezu steuerfrei.

Wir, die deutschen Banken, so meinten sie, haben ein neues Friedenslied in Auftrag gegeben. Es heißt: *Give peace a bank. And first of all: Give peace a bad bank.*

Die Banken schreckten vor keiner Mildtätigkeit mehr zurück. Ihre Gewinne stiegen in den Himmel. "Und", so hieß es weiter, „wir werden sogar der Bundeskanzlerin den Vorschlag machen, einen eigenen Friedenstag als gesetzlichen Feiertag einzuführen. Wir dachten da an den Pfingstmontag. Pfingsten deshalb, weil uns eine aus unseren internationalen Reihen dazu animiert hat: Die Bank des Vatikan – mit Namen: Banco di santo spiritu, Bank vom Heiligen Geist".

Wenn das kein Pfingstfest ist.

6. Ein paar kritische Fragen an die Friedensbewegung

Er war eingeladen bei einem Treffen der Friedensbewegung, irgendeiner, es ist nicht mehr klar wo genau, vielleicht in Koblenz oder in Fulda. Und er sollte da gezielt ein paar kritische Sachen dazu sagen. Also – wirklich kritische. Und so hub er an.

Liebe Bewegte,

Ich bin also hier bei so 'ner Friedensbewegung. Entschuldigen Sie, ich möchte das nicht allen hier im Saal bösartig unterstellen. Sind sicher auch Zaungäste unter Ihnen, die nicht verantwortlich sind – für diese – ja, wie nennt man das: Friedensbewegerei?

Um das gleich klar zu stellen: Sie alle sind völlig überflüssig, denn die richtige Friedensbewegung ist die Bundeswehr. Und natürlich, im umfassenden Sinn, die NATO. Dazu noch der Verfassungsschutz, aber das ist eine andere Frage. Eindeutig. Von der Verfassung, nein: von ihrer Verfassung her, ist die Bundeswehr als ein staatliches Organ sozusagen hoheitlich friedensverantwortlich.

Das ist doch ganz logisch: Was ist die Grundeinheit des Militärs – ihre Keimzelle, genetisch gesprochen? Es ist nicht der Panzer, nicht das Gewehr, nicht der General – es ist der Schütze. Und er ist zugleich der wahre Repräsentant der Bestimmung des Militärs. Und was tut der Schütze? Der Schütze schützt.

So einfach ist das. So wie der Jäger jagt.

Was schützt er? Die Werte und die Würde – nach Artikel 1 Grundgesetz. Und auch noch den Minister bzw. die Ministerin. Die Verteidigungswürdigkeit der Verteidigungswürde der Bundeswehr wird von ihr verteidigt und gewürdigt.

Jetzt aber zu Ihnen: Was ich Sie schon immer mal fragen wollte: Für den Frieden was zu tun – ist doch ein schlechtes Geschäft, oder? Stimmt hier eigentlich das Preis-Leistungsverhältnis?

Was ist überhaupt Ihre Geschäftsidee? Sie sind doch keine Start-up-Unternehmen, haben deshalb noch nichts Gescheites auf den Markt gebracht, was Marktgängiges, nicht leichtgewichtig, ordentlich verpackt, das kaufhauskompatibel gewesen wäre.

Und wie ist Ihre Medienpräsenz? Ihre Einschaltquoten sind doch miserabel. Wer würde bei Ihnen Werbespots einblenden lassen?

Eine andere Frage: Haben Sie eigentlich die Übertragungsrechte am nächsten Krieg? Siehst du – gegen CNN kannste schwer an. Oder: Hat jemand von Ihnen vielleicht die Übertragungsrechte am nächsten Frieden? Siehst du wiederum – gibt's überhaupt nicht, interessiert nämlich keinen.

Umgekehrt wird ein Schuh draus. Die Bundeswehr als richtige Friedensbewegung ist da professionell präsent. Und da der Pöbel, also der Mann von der Straße oder die Leute draußen im Land, relativ wenig Würde zeigen, schützt der Soldat vornehmlich die Würdenträger im Land.

Was aber tut die Friedensbewegung? Bewegt sie? Oder friedet sie? Da gibt's nicht einmal ein Verb. Und wen schützt sie? Wen kann sie überhaupt schützen? Hat sie etwa Schützen, die so was können?

Sie haben überhaupt keinen richtigen Akteur. Friedensbeweger? Was ist eigentlich die unterste Einheit der Friedensbewegung? Die Friedensbewegungs-Kompanie? Und was ist ihr Feld – was sind ihre Feldjäger? Grün allein ohne Feld reicht nicht. Und wo sind Sie untergebracht? Haben

Sie Kasernen oder hausen Sie in Tipis, oder gar Höhlen? (Scherz beiseite).

Wer gibt die Befehle und wer steht dort überhaupt noch stramm? Schafft es Ihre Kommandozentrale, jemand stramm stehen zu lassen? Bemüht sie sich wenigstens darum?

Der Befehl zum strammstehen beim Militär heißt: Habt acht! Wie bitte lauten die Befehle in der Friedensbewegung? Zum Stehenbleiben gibt's gar keinen. Und zum friedensbewegen? Etwa „Rührt Euch?". Oder: „Friedensbewegt euch"? Oder gar: „Bemüht euch?".

Hat doch was Laschihaftes.

Ja, und wie bilden Sie sich ihre Meinung, friedensmäßig? Sie müssen doch irgendwie auch manchmal denken, eine Meinung zusammen bekommen. Wo steht der Stammtisch, den man dazu braucht, wenn man zum Beispiel die Überfremdung durch Ausländer kritisch betrachten will?

Wie bilden Sie eine Meinung? Oder glauben Sie gar, dass Sie diese bereits gebildet haben und gebildet sind? Die Welt ist doch saumäßig unübersichtlich, ja komplex, da blickt doch keiner mehr durch.

Ich meine – bis vor 30 Jahren, da war das klar, wie die Meinungsbildung lief: Ostberlin und Moskau: die Sowjets steuern die DDR, die SED steuerte die DKP, die steuerte die Friedenbewegung und die steuerte die einzelnen Organisationen, bis hinein in die Pfarrgemeinden und den Verfassungsschutz. Das war klar und übersichtlich.

Und heute? Wer steuert Sie? Doch nicht der Verfassungsschutz. Der ist doch nicht dazu da, Friedensinitiativen zu lenken. Der ist für den Staatsschutz, aber nicht für den Frieden zuständig. Außerdem kann der das rein praktisch nicht. Denn er ist voll damit beschäftigt, die Rechten, vor allem die Neonazis zu steuern. Da ist er rein personell –

vielleicht sogar finanziell – voll ausgelastet. Das ist sozusagen seine Grundlast. Und dann die äußerst kostenintensive Aufgabe, das alles geheim zu halten.

Aber ich bin völlig abgeschwiffen. Wer sagt bei Ihnen jetzt wirklich, was Sache ist? Also nicht Sichtweisen-, sondern Aussichtsweisenhersteller. Optionisten. Die sagen dir nicht nur, wie's geht, sondern auch, wo's lang geht.

Sie sind doch für Pazifismus? Aber wenn's um die Gewaltfreiheit geht, wird manchmal auch mit harten Bandagen gekämpft. Da hört der Spaß auf. Wie ist das bei Ihnen? Sie müssen doch auch low intensity conflict üben, Konfliktlösung auf niedrigster Intensitätsstufe, also im Spargang, basso, unten, auf niedrigem Niveau.

Das ist ja wie ein Reinigungsunternehmen. Wie stellen Sie sich das dann eigentlich vor? Im Spargang löst sich der Schmutz aus den Fasern und alles wird strahlend weiß? Sauber?

Nein, nicht sauber – rein. Rein weiß. Politisch korrekt ist immer rein weiß. Das gilt besonders für die Hände: Wir brauchen nun mal keine dreckigen Hände. Da wird bei Ihnen ideologisch weggebürstet und geschrubbt, im Waschgang mit Waschsand, mit dem man Maschinenöl runter kriegt.... bis der Dreck weg ist. Dreck weniger, Haut wird immer dünner. Am Ende: Dreck ist weg – Haut ist weg. Nerven liegen blank.

Und da steht der Mensch ganz dumm, mit'm Körper ohne was herum. Aber rein isser.

Ist das dann der Frieden? Und ist er dann bereits fertig oder kommt da noch was dazu?

7. Die große Versammlung: Begrüßung

Da müssen Sie sich jetzt, liebe Leserinnen und Leser, auf eine so nicht gekannte Vielfalt und auf unterschiedlichste Ausformungen gesellschaftlichen Engagements einlassen. Und da ist keine der anwesenden Gruppen, Personen oder Typen einfach nur erfunden. Der Autor ist ihnen allen im Laufe der Jahre auf irgendeine Art begegnet. Manches ist hier leicht übertrieben, aber doch so anzutreffen.

Das Szenarium

Theodor W. Adorno sagte sehr richtig: *„Die fast unlösbare Aufgabe besteht darin, weder von der Macht der anderen noch von der eigenen Ohnmacht sich dumm machen zu lassen".*

Eine große Zahl völlig unterschiedlicher Initiativen und Organisationen, die nicht regierungs(ange)hörig sind, also NGOs, engagieren sich zu den vielfältigsten Problemen der Gegenwart. Fast wäre man erinnert an die Afghanische Loya Jirga, die Große Versammlung und der Ratschlag der Stammesvertreter, bloß hier im nichtstaatlichen, also zivilgesellschaftlichen Zusammenhang und natürlich auch nicht nach Stammeszugehörigkeit zusammengesetzt.

Viele Menschen, fast die meisten darunter, sind – im Unterschied zu den Lobbyisten von Industrie, Banken und Dienstleistungskonzernen, inner- und außerhalb der zuständigen Bundesministerien – keine „bezahlten Engagierten", sondern freiwillig und ehrenamtlich tätig. Ihre Bestandsaufnahme der Gegenwart, ihre Vorstellungen über Handlungs- bzw. Lösungsmöglichkeiten von krisenhaften Erscheinungen und von einer friedvollen Weltordnung in der Zukunft gehen zum Teil weit auseinander, teils sind sie sich sehr nahe. Und noch nicht allen ist bisher – etwa dank fleißiger Initiative höchster Parlamentarier – der Status der Gemeinnützigkeit aberkannt worden. Aber erste Pilotprojekte in dieser Form von Abschnürung sind ja schon am Laufen: Angefangen hat es mit attac und weiter ging es mit Campact. Schließlich, um die demokratischen Rechte der undemokratischen Rechten, bei Rassisten und Neonazis also, zu schützen, hat man auch der VVN-Bund der Antifaschisten die Förderungswürde genommen. Offensichtlich beginnt man in Deutschland vom Modell Ungarn zu lernen. Bleibt abzuwarten, was man von Ungarn noch alles lernt, wenn man es braucht.

In dem, was man Friedensbewegung nennen kann, begegnen uns da bekannte, sehr kompetente, zum Teil aber sehr ungewöhnliche, auch skurrile Initiativen und ideologische Standpunkte, ein buntes Feld von Verschiedenheiten, manchmal auch von Gegnerschaften. Die einen sind dabei, das kleine Einmaleins politischen Denkens zu lernen, andere haben sich in die strategische Wahrheitssuche festgefressen und sich in einem Absolutheitskäfig eigener Standpunkte eingesperrt.

Hier trifft sich „die Straße". Und wozu? Jedenfalls nicht, um zu speisen und Konversation zu pflegen oder sich über die Entwicklung an den Börsen gemeinsam Sorgen zu machen. Sie haben wichtigeres zu tun.

Worum geht's?

Sie beraten darüber, wie sie erreichen könnten, dass sie – und meinetwegen der Rest der Menschheit – von den selbsternannten Eliten, meist in der anonymen Gestalt transnationaler Konzerne, nicht ewig beherrscht werden. Oder ob bei den Für-dumm-Verkaufsaktionen, genannt Realpolitik, präsentiert nicht selten als GroKo, die Grenzen des Erträglichen nicht schon längst überschritten sind. Sie haben festgestellt, dass unser Wirtschafts- und Lebensmodell nicht mehr überlebensfähig ist und schreien laut: „Es reicht uns"! Um das dann gleich zu begründen mit der Forderung: „Denn so, wie es ist, reicht es uns nicht"!

Es sind alle da, bei dieser Versammlung, einem Sozialforum der besonderen Art. Natürlich haben sich auch welche darunter gemischt, die nicht ganz verstanden haben, was da abläuft, oder die einfach nur auskundschaften wollten oder vielleicht sogar die ganze Runde stören.

Die friedenspolitisch ernst zu nehmenden – das sind alle zwischen liebenswert-solidarisch und nervig. Die von attac sind da, von pax christi, die Antimilitaristen, von den Grünen welche und die unterschiedlichsten Roten, ein paar Schwarze, auch Profis aus den Altparteien, die locker teilnehmen können, weil sie in ihrer Partei keine Karriereabsichten (mehr) haben; dann sind da die langgedienten Friedenskämpfer und die Neueinsteiger, nicht nur Lehrer und Juristen und Sozialarbeiter, sondern endlich auch der Mann von der Werkbank und die Frau – natürlich, weiter sind wir noch nicht gekommen – von der Putzkolonne. Dazwischen einzelne Figuren, die sich in eher subversiver Absicht dazu gesellt haben. Und vor allem das schier unübersehbar vielfältige Spektrum all derer, die sich als aufgeklärt, emanzipiert und links verstehen, darunter naive, ausgefuchste oder einfach nur intelligente. Bei der folgenden Begrüßung in mehreren Abschnitten hoffe ich jetzt, dass ich es an ausreichender Unterscheidungskraft nicht fehlen lasse.

Die Begrüßung in der großen Versammlung – ein Anfang

Liebe Friedensschaffner und –schaffnerinnen!

... ja sicher: Schaffner-Innen: Noch jemand zugestiegen? Noch jemand ohne, in dieser Straßenbahn der Gegenwart?

Also ich muss euch jetzt alle begrüßen. Anderswo – bei Teilen der selbst ernannten Eliten und in deren demokratischer Öffentlichkeit – werdet ihr nicht selten diffamiert begrüßt, hier jedoch differenziert und detailliert, damit sich niemand übergangen fühlt.

1. Ich grüße zunächst alle, die das Rad neu erfinden wollen. Ich meine – ich möchte mich nicht aufdrängen, aber nur ein Tipp: Es sollte möglichst wieder rund sein.

2. Gruß auch an alle, die politische Avantgarde sind: Liebe Avantgardeure und Avantgardinen, seid willkommen. Vor allem, wenn ihr bereits für demnächst den Termin der Weltrevolution anberaumt habt. Vergesst nicht, ihn mir mitzuteilen, ich habe meinen Terminkalender gerade hier.

3. Ich begrüße all die vielfältigen Stimmen, die in bewundernswerter Offenheit beweisen – und das auch noch Tag für Tag –, dass sie einen klaren Gedanken nur schwer fassen und einen ganzen Satz nicht zu bilden in der Lage sind. Seid gegrüßt und seid versichert – wir kennen es mittlerweile, euer kleines Geheimnis, das mit dem klaren Gedanken und dem ganzen Satz. Macht eine Pause – es warten noch andere, die sich auch outen wollen.

4. Alle, die an der Sozialdemokratie noch nicht ausgelernt haben und diese Partei noch immer mit dem Prinzip Hoffnung verfolgen. Und umgekehrt solltet ihr nicht schon jetzt danach Ausschau halten, wie lange sich das neu gewählte Paar im Parteivorsitz gegen die eigenen GenossInnen behaupten kann.

5. Alle, die dem großen, gütigen Bruder jenseits des Atlantiks letztlich auch weiterhin erwartungsvoll entgegenblicken. Da ist schon Respekt angesagt. Wenn man bedenkt, wie die ihre Leute im Laufe der Zeiten immer wieder auf Krieg getrimmt haben – grandios. Im Reich des Bösen hier in Europa hingegen – Stasi oder die Sowjets – das lief bei denen, so die einhellige Geschichtsschreibung, plump und brutal. Unsere amerikanischen Freunde hingegen – eine einheitliche Sichtweise unter freiheitlichen Bedingungen freiwillig geglaubt, das ist elegant gemacht und funktioniert sogar, wenn man einen Krieg will. Wenn man eine Wahl

gewinnen oder eine Mauer bauen will, dann sowieso. Erst recht, wenn man erfolgreich über der Bevölkerung ein intellektuelles Tiefdruckgebiet installiert.

6. Ich begrüße alle Staatssicherheitsschützer, scherzhaft Verfassungs-Schützer genannt. Ich begrüße ihre informellen Mitarbeiter, die verdeckt-aktiv in einer der hier anwesenden Organisationen tätig sind. Ich bitte dingend, dass die hauptamtlichen und die nebenamtlichen, informellen Schützer, die sich persönlich nicht kennen und die auch nicht immer genau wissen, was sie eigentlich schützen sollen, möglichst nicht anfangen, hier eine Keilerei vom Zaun zu brechen, nur weil ihnen ihre jeweilige Dienststelle beim Verfassungsschutz einen Auftrag dazu erteilt hat, um die Veranstaltung hier zu sprengen oder der Presse Stoff zu liefern.

7. Ich grüße alle, die von ihren Organisationsspitzen mit zentral gelagertem und metaphysisch fundiertem Wahrheitsfundus versorgt worden sind. Sind Sie doch mehr mit Wahrheit und weniger mit Wahr-Nehmung beschäftigt. Schön dass Sie hier sind, Beobachter von Opus Dei.

8. Und dann ein Gruß an alle Anwesenden, die sich in missionarischem Eifer aufreiben und die ganze Welt bekehren wollen indem sie allen klar machen, dass man, um gerettet zu werden, die Bibel oder sonstige heilige Bücher nur wortwörtlich verstehen kann. Sie werden den scheinbaren Widerspruch wohl nur schwer begreifen, nämlich, dass man etwas gerade dann nicht versteht, wenn man meint, es wortwörtlich zu verstehen.

9. Und dann begrüße ich ausdrücklich den Linksten oder die Linkste hier im Saal. Bitte, es soll sich jetzt nicht gleich jeder betroffen fühlen.

8. Ich bin gegen den Frieden! Der Bedenkenträger spricht.

Also, um das mal klar zu machen: Ich bin gegen, ja, dagegen, den dingsda, den Frieden – wegen der Arbeitsplätze, und weil nicht innovativ genug, streng auf Zukunft hin. Das hat schließlich noch nie geklappt, und warum sollte man es dann überhaupt versuchen?

Man muss sich schließlich und endlich auf Bewährtes verlassen können, wenn schon auf sonst nichts Verlass ist, nicht einmal mehr auf die freie Marktwirtschaft, höchstens noch auf die AfD.

Und außerdem und überhaupt: Survival of the fittest, es kann nicht jeder überleben, nur der Kampfhund wird sich durchbeißen. Der kann das, das mit dem Ausschalten im Wettbewerb. Vertrauen ist angesagt, auf die Märkte, ihre heilsame und segensvolle Potenz.

Potentaten allesamt und in alle Ewigkeit – so ward es verheißen den Vätern, und wir werden das Land besitzen und die Aktien sowieso.

Wir sind gut aufgestellt, der letzte macht das Licht aus, und dann beißen ihn die Hunde.

9. Die große Versammlung: Weitere Grüße und Abgesang

10. Ich begrüße alle hier anwesenden Funktionäre unterschiedlicher Couleur, die unsere Zukunftsvorstellungen so treffend mit dem Charisma von Parteiprogrammen, Beschwörungen, Resolutionen oder dem ermüdenden Charme sonstiger episch-dramatischer Mittel aus dem Politsprech versehen wollen.

11. Ich begrüße jene Exoten, jene seltenen Linken, denen Tugenden wie Klugheit oder List oder Weisheit oder Phantasie in der Linken fehlen und die noch immer hoffnungsvoll der Ansicht sind, so was müsste darin endlich einen breiteren Platz gewinnen. Auf Ideen kommen die Leute.

12. Ich schicke allen Grüße hinterher, die nicht hierhergekommen sind, weil sie meinen, Satire oder Feiern und Ähnliches vertrage sich nicht mit der Ernsthaftigkeit des antiimperialistischen Kampfes. Es ginge am Eigentlichen vorbei. Schluss mit lustig. Ich wünsche ihnen Erfolg beim Bemühen, als Teil einer progressiven Globalstrategie eben mal die 365. (oder die 366., haben wir Schaltjahr?) antiimperialistische Erklärung mit verschärftem Zusatz zu formulieren und – zwecks Aktionsvielfalt – eine Demonstration vorzubereiten. Ja wirklich, eine richtige Demonstration. Das ist originell. Worum es dabei geht, ist noch nicht klar.

13. Ich begrüße alle, die schon immer recht hatten und die mit viel Geduld darauf warten, dass auch die Anwesenden hier das endlich begreifen. Erst dann gibt es Frieden auf Erden.

... es geht voran

14. Ich begrüße – ja – die politische Rechte im Saal. Auch wenn die Rechte glaubt, sie hätte traditionelle Vorrechte in diesem unserem Land – Vorsicht, hier ist Lernen

angesagt. Und das ist anstrengend, dazu braucht man Verstand, und das Vermögen heißt hier Unterscheidungsvermögen. Und ständiges Beleidigtsein als parlamentarische Alternative für Deutschland wirkt peinlich und auf Dauer langweilig. Ist vor allem noch kein Hinweis auf irgendwelche Einsichten. Eher auf versteckte Ansichten. Aber vielleicht sollten wir doch besser dafür sorgen, dass die Rechte nicht weiß, was die Linke tut.

15. Ich begrüße nicht die Prediger eines nationaldemokratischen Kapitalismus, die, so sie hier sind, nur undercover da sein können, nämlich ohne Glatze. Also wirklich: Deutsches Kapital gut – Ausländerkapital böse. Auf die Idee muss man schon mal kommen.

Dachte ich früher. Aber jetzt, wenn ich an die AfD oder sonstige denke….

16. Ich begrüße die politische Mitte. Das ist dort, wo normalerweise ein dichtes Gedränge ist, obwohl keiner so recht weiß, was die Mitte ist und warum die Mitte die Mitte ist und warum wer extrem ist, im Vergleich zur Mitte. Eins scheint klar zu sein: Es ist dort ziemlich langweilig. Aber man meint dort in voller Selbstüberschätzung, man hielte den Pachtvertrag für Hegemonie in den Händen, übersieht dabei das Außermittige. Dort leben – aus Sicht der Mitte und der Einfachheit halber – die Ideologen und die sind wie gesagt extrem.

17. Ich begrüße alle Arschlöcher im Saal. Ja, auch so was gibt es. Nur der sich selbst gewahr werdende Arschlochismus führt uns weiter. Dass wir viele Gescheite unter uns haben, weiß eh ein jeder.

18. Dann sind da noch jene, die bedächtig sind – das heißt, etwas bedenken, sich Zeit zum denken nehmen. In der Zeit des bedenkenlosen schnellen Geldmachens und der gepflegten Gedankenarmut werden sie nicht selten von den

diversen Merzens, Spahns oder sonstigen Dauergästen in deutschen Talkshows als Bedenkenträger verunglimpft. Obwohl diese nicht kapieren, dass das ein Kompliment ist.

19. Gruß an alle, die bei den hierzulande tätigen TV-Talkshow-Moderatoren und -innen gelernt haben und die Probleme quatschthematisch erledigen. Eben erledigen. Auch bei diesen TV-Ereignissen stellt sich die Frage nach Tätern und Opfern.

20. Ich begrüße alle, die meinen, mit frommen Liedern, gutem Willen und regelmäßigen Wallfahrten allein ginge es auch.

21. Ich begrüße die fortgeschrittenen Theologen, die sich auf eine bewegungsnahe Bibeldeutung verständigt haben und aus heißen Demonstrationen ein Fest der unschuldigen Kinder machen wollen mit den Worten: „Wer ohne Schuld ist, der werfe den ersten Stein".

22. Ich begrüße die Sprücheklopfakrobaten und Verbalradikalen. Seid versichert: Ersatzhandeln befriedigt, aber bewegt nichts. Und einer Revolution voran geht in der Regel das Denken. Wenn diese zu schnell läuft, rennt das Denken den Verhältnissen hinterher. Und wenn es dann ankommt, das Denken, und es ist nicht die schöne neue Welt, sondern ein Scherbenhaufen, dann sagt es: „Also, das hätte ich jetzt nicht gedacht".

... es geht auch schräg

23. Ich begrüße alle, die sich endlos bemühen, einen politischen Gedanken zu fassen, denen aber dauernd das Moralische dazwischenkommt, die dann gegen politische Bösewichter wie gegen was weiß ich für welche Trumps wacker zu Felde ziehen und sich dabei immer so furchtbar aufregen. Empörte aller Welt, vereinigt euch, wascht eure Hirnzellen in Unschuld und befreit euch endlich von diesem oder jenem (Zutreffende bitte ankreuzen).

24. Da bin ich beim nächsten Gruß: an alle, die Theorie für überflüssig halten, weil sie es als Zeitverschwendung sehen, dauernd – wie sie meinen – zu theoretisieren und die Dinge mal gründlich zu Ende zu denken. Wirklich – zu Ende. Um Fragen zu verstehen und ihnen gar noch einen sinnvollen Zusammenhang zu verpassen. Es ist bewundernswert, wie unsere Freunde sofort nach dem Vorwort oder dem ersten Absatz einer theoretisch-politischen Bestandsaufnahme die Frage aufwerfen: „Und was kann man jetzt tun? Ganz konkret?" Sie drängen danach, immer sofort und gezielt zur Tat zu schreiten. Und suchen dann auch den richtigen Tatort und vielleicht gleich noch einen konkreten Termin. Ich bewundere euch, es gehört Mut dazu, etwas ändern zu wollen, was man noch gar nicht ganz kapiert hat. Oder bei dem man vielleicht sogar Angst davor hat, es bis ins Letzte und dann ohne Selbsttäuschung verstehen zu sollen.

Die große Versammlung. Letzte Grüße und Abgesang

25. Gruß an alle, die sich hartnäckig den zentralen Botschaften der Gegenwart widersetzen, dem, was – nicht bloß neoliberale – Glaubenswahrheit ist: Dass nämlich der Mensch dem Menschen ein Wolf sei und dass wer nicht wagt auch nicht gewinnt und wo gehobelt wird, da fallen Späne oder rollen Köpfe, und dass das ein Naturgesetz ist, solange der Markt und so weiter und dass wir schwer tierlieb sein sollten zu Heuschrecken und Wolfsrudeln.

26. ... und an alle in diesem Land, die endlich begriffen haben, dass wir in Afghanistan oder im Mittelmeer verteidigt werden, nicht am Persischen Golf, denn dort werden die USA verteidigt. Aber wir alle zusammen, die „westlich Orientierten", werden in der Ukraine verteidigt.

27. Ich begrüße alle, die unbedingt ein anderes System wollen. Ich selbst kann nicht umhin – ich bekenne und

muss es jetzt endlich zugeben: Ja, es ist das System. Nicht allein das Steuersystem, oder das Verkehrs-, Renten-, oder das politische, nein, das ganze System. Der Kapitalismus total. Von vorn bis hinten, von unten und .... na ja, vor allem oben.

28. Ich begrüße alle, die bereits die Lösung sehen. Im System. Und die Lösungsmittel suchen: Umweltfreundlich, wasser- oder fettlöslich, menschenfreundlich, zukunftsfreundlich, nur noch freundlich, nachhaltig oder antinachhaltig, global, lokal, kosmisch oder bloß kosmetisch.

29. Ich begrüße alle, die – hochgradig hoffnungsschwanger, um nicht zu sagen: rein realutopisch – das neue System ausstatten wollen nach dem Adorno-Wort: Es gibt kein richtiges Leben im falschen. Oder umgekehrt: Es gibt ein richtiges Leben nur im richtigen. Folglich darf heute nichts grundlegend Neues konkret da sein, kein neuer Schritt im Alten, weil, wenn es denn da wäre, stünde es im Verdacht, doch noch alt zu sein, weil es ja konkret da ist, sozusagen ein Reformkretin der alten Verhältnisse, von denen man nun wirklich nichts mehr will. Und da nichts Konkretes da sein darf, weil, wie gesagt, alles im Verdacht steht, muss, wenn es im richtigen Leben gelandet ist, alles hochgradig sauber sein. Utopie total. Cool, nicht? Aber manchmal recht kompliziert.

30. Ich grüße alle, denen es gelungen ist, sich von den Kräften des alten Systems nicht verunreinigen zu lassen, von solchen Leuten wie zum Beispiel: Sozialdemokraten, Pfarrern, rechten Gewerkschaftern, linken Gewerkschaftern, verschiedenen Leuten aus dem eigenen, kleinbürgerlichen Lager, Stalinisten oder, noch schlimmer, von jemand aus der sechsten, siebten oder gar achten Internationale oder ganz einfach böse Gewaltbefürworter. Die Möglichkeiten politischer Verunreinigung bei der Aufrechterhaltung des eigenen Standpunkts sind vielfältig, man muss da höl-

lisch aufpassen. Bei einer Dekontamination müssen die Hände nicht nur sauber, sondern rein werden. Wir kennen das aus unserer Kindheit, dem Spruch der Mutter: Mit dreckigen Fingern setzt ihr euch nicht an den Tisch der neuen Zeit, ihr Ferkeln.

31. Ich grüße jene, die an das neue System mit großem Ernst herangehen. Da Spaß im alten System zur seichten Spaßkultur verkommen ist, sollte das neue System keinen Spaß verstehen. Alles ist ernst. Die Erziehung zur Humorlosigkeit wird durch die revolutionären linken Eliten, die das in Deutschland perfekt beherrschen, weitergegeben. Angeblich haben sie das von der protestantischen Ethik auf dem Umweg über den Kapitalismus gelernt: Wer lacht, ohne politischen Grund, muss sich verantworten. Wer lacht mit politischem Grund, muss sich auch verantworten. Wer aber lacht über politische Gründe, muss sich besonders verantwortlich verantworten. In der neuen Zeit.

32. Ich begrüße alle, die sich vom neuen System eine Befreiung der Arbeit versprechen. Der eigenen, und natürlich auch jener der anderen. Endlich ist die Arbeit frei. Vielleicht durch ein bedingungsloses Grundeinkommen. Gearbeitet wird werktags in der Mittagspause, der Rest ist Freizeit. Die Kapitalisten sind hinter Gitter, gezielt umerzogen oder freiwillig bekehrt.

33. Ich begrüße alle hier, die an dem Entwurf für das neue System mitgearbeitet haben. Die anderen wissen es noch gar nicht – er liegt bereits vor. Er beginnt in der Präambel feierlich mit den Worten: „Also, wir stellen uns das irgendwie so vor".

34. Schließlich und endlich begrüße ich alle, die ich noch nie so richtig begrüßt habe, und dann den Rest – halt alle, die so da sind.

F. Deutschland – wo bleibt das Wintermärchen?

Die Regierungen aus Christdemo-und-sonst-nochwas und Freiheitlich-demo-und-auch-nochwas erzählten uns damals ständig irgendwelche Wintermärchen. Unter Kohl waren es Sommermärchen – die blühenden Landschaften und all die prophetischen Selbsttäuschungen.

Doch erstens kam es anders und zweitens als damals keiner gedacht hat. Na ja, manche vielleicht doch wie der Mann aus dem Saarland, die hatten verständig gewarnt, waren aber so nicht wählbar. Was ist schon Realismus angesichts von Illusionen mit Wahlversprechungen.

Zunächst wurde aus der Vereinigung eine Art Ver-Neinigung. Grundsätzlich. Denn das, was früher „die Zone" war und was die meisten nie wirklich als einen Nachbarstaat mit einer eigenen Gesellschaftform, mit eigenen Lebensleistungen akzeptieren wollten – der uralte Habitus aus der Kolonialzeit –, davon sollte nun, wenn man schon die Chance hatte, wirklich nichts übrigbleiben. Man hätte ja von denen etwas annehmen, etwas akzeptieren müssen. Außer dem nach rechts schreitenden grünen Männchen an den Ampeln.

Endlich hatte man es erreicht, dass die BRD aus der Konkurrenz siegreich hervorgegangen war und sich sein Daseinszweck, der Antikommunismus, ultimativ bestätigen konnte. Jetzt musste man dafür sorgen, dass nun wirklich nichts, was dort jemals vorhanden und was jetzt übrig geblieben war, ein Recht auf Weiterexistenz behielt. Man hatte den Eindruck, es war nicht nur keine Ver-Neinigung, sondern eine regelrechte Ver-Nichtigung.

Das Ergebnis war, dass man schließlich nur mehr selber übrig blieb. Und das konkurrenzlos, vergleichslos, in seiner eigenen, völligen Nacktheit, nicht mehr bedroht durch einen – dem Anspruch nach – real existierenden Gegenentwurf von Gesellschaft.

Was blieb übrig? Zunächst einmal musste sich nicht nur die Wirtschaft in der Demokratie, sondern auch die Demokratie in der Wirtschaft „bewähren", legitimieren. Plötzlich fielen Vorhänge und Verschleierungen ab, es kam zum Vorschein, was immer schon da war, aber im Konkurrenzkampf der Systeme verschwiegelt werden konnte. Auf einmal war das „Ende der Geschichte" gekommen, das überraschende „Ende Gelände", waren die Ränder, die Grenzen sichtbar, erlebbar.

Doch plötzlich entpuppte sich das Ende gar als ein Anfang, wo man erst richtig loslegen konnte.

Man hätte sich Zeit lassen können beim Ankommen – und zwar beim gegenseitigen, vielleicht sogar respektvollen aufeinander Zukommen. Aber – Zeit ist Geld und da gibt's kein Warten. Ausverkauf eines ganzen Landes, da ist Respekt nicht drin, wenn es billig zu haben ist. Und dann gab es noch den Soli, ein von der Gesamtbevölkerung zu leistende Investitionshilfe.

Dann lief es nach den bekannten Mustern ab, neue Versionen waren nicht vorgesehen. Und was kam dabei raus? Blühend wurden kleine Inseln, ansonsten entstanden Landschaften mit hohem Wüstenanteil. Und, wie bekannt, ein Heer von Nichtverwertbaren, Ossis, die sich später im Westen wiederfanden, oder vor Ort blieben in Resignation, und Wessis im Osten in Spitzenjobs.

Was für eine Leistung. Und was für eine arrogante Nichtachtung der Leistungen von ein paar Generationen. Und jetzt wundern sie sich, die Konsensdemokraten, dass daraus Wut entstand und aus den nach rechts schreitenden grünen

Ampelmännchen solche in Brauntönen geworden sind und Menschen bei den neubraunen Billigheimern landeten.

Die Märchen entpuppten sich als ein Boot, in dem wir alle irgendwie und vor allem irgendwo sitzen mit den bekannten unterschiedlichen Tätigkeiten wie steuern, rudern, absaufen etc. oder, wenn kein Boot, dann eben eine Kneipe mit Selbstbedienung für die einen und dem Rest als zahlendem Publikum.

Aber, was soll's – Deutschland im Herbst brachte ja blühende Landschaften hervor, erst recht Deutschland als Wintermärchen, im Frühling blühte sowieso alles und im Sommer auch noch.

Also – was haben die Ossis bloß. Zumal ihre Integration eigentlich ganz gut läuft. Und sich eine Alternative für alles in Deutschland auf dem Vormarsch befindet – mit eingelegtem Rückgang. Und bei denen läge nicht nur keine Option auf gerechte soziale Verteilung im Kompass, wir wären mit ihnen nicht nur die Flüchtlinge, sondern sogar schwuppdiwupp das lästige Klimaproblem los.

1. Wirtschaftsstandort oder: Die stete Suche nach Worten, die Verstehen vermeiden.

Fortschritt, Renditen,
Gewinnerwartungen,
Marktlücken,
Nullwachstum,
Minuswachstum.
Versteht ihr das?
Das mit dem Null-,
und erst recht mit dem Minuswachstum?
Wenn man heute
das Schrumpfen
gar Wachstum
nennen muss,
dann kann wohl
hinter der ganzen Prozedur
nur ein gewaltiger,
angstbeladener
Fetisch stecken.
Fetisch – dieses Wort aus
der urreligiösen
Kleiderkammer.
So, wie man früher nämlich
den Teufel
nicht beim Namen
nennen durfte,
aus Angst,
er käme über einen,
oder einen
Exorzisten brauchte,

um ihn zu vertreiben –
so heißt Rückgang
auf Teufel komm raus
weiter Wachstum.
Eine wahrlich
archaisch-religiöse
Veranstaltung.
Und es geht weiter
im Kampf der Worte
gegen den Sinn
und das Begreifen:
Demographischer Faktor,
Anspruchsdenken aufgeben,
Eigenverantwortung zeigen,
Selbstbestimmung,
Sozialschmarotzer,
Opfer bringen,
Gürtel enger schnallen,
reformorientiert und flexibel,
Leistungsträger sein.
Recht auf Besitz-Wahrung
und Eigentumsmehrung.
Vertauschte Tugenden:
Arbeitnehmer,
der plötzlich Arbeit nimmt,
wo er sich
wertschöpfend verausgabt,
Arbeitgeber, der gibt,
wo er Geschaffenes nimmt,

unter dem Schutz
seines Eigentumsrechts
enteignet, sich's aneignet.
Merkwürdig,
dieser Grund-Satz,
diese systemische Lüge,
seit Generationen
die Wirklichkeit
auf den Kopf stellend,
und tief in den Köpfen
vererdet,
im Stammhirn fast,
Sichtweise
mit gigantischer Blendung,
eine neben vielen.
Zwangsarbeiter
kosten nichts,
ohne Lohnausgleich.
Wer arbeitet
bekommt einen Euro,
wer nicht arbeitet
Dividende.
Und immer, einmal

und wieder,
wird eine neue
ideologische Sau
durchs globale Dorf
getrieben.
Eine hieß einst:
„Du bist Deutschland!",
dieses frühe Geschwister
der Leitkultur,
ein christdemokratisches
Gewächs,
lange, bevor es
alternativ-deutsch zuging.
Wer von uns, zum Teufel,
ist das jetzt,
dieses Deutschland?
Du? Oder ich?
Oder Sie? Oder wir alle?
Ja wer denn jetzt?
Und vor allem: Wer nicht?
Fragen
am Ende
einer Sackgasse.

2. Das Lied der Glatzen

Es geht um politische Gesundheitsreform. Die Neonazis, und ihre kleinbürgerlichen, alternativ-deutschen Ableger, wir sollten sie sehr ernst nehmen.

Die Glatzköpfe und ihre Vorgänger mit Kurzschnitt und Scheitel haben in den letzten Jahrzehnten ihren Horizont erweitert. Es ist auffällig, dass sich schon lange unser Glatzkopf- und Altrassismus dort austobt, wo die europäische Politik mauert – beide haben das gleiche Anliegen.

Für die Glatzen selbst hat die Evolution buchstäblich nichts mehr übriggelassen, – bis auf eins, und das schrien sie lange Zeit laut vor sich hin: Sie sind stolz, Deutsche zu sein. Zurzeit jedoch – und da wird es jetzt wirklich ernst – schreien sie nicht einmal mehr das. Was bleibt, das ist sinnfreier Hass. Allenfalls der Wunsch noch, sich in nationaler Beschränktheit einzuigeln.

Haste sonst nichts am Kasten
biste stolz, biste stolz.
Haste sonst nichts am Kasten
biste stolz.
Ja worauf denn biste stolz?
Ja worauf denn biste stolz?
Biste stolz gar
Ein ...tscher zu sein,
ja, ein ...tscher zu sein,
darauf biste stolz,
ja darauf biste stolz
Worauf weiter biste stolz?
Ja nun darauf biste stolz:
Einfach so, bist geboren,
nichts gemacht,
nichts getan,
kostenlos und unentgeltlich,

deutsche Gene,
deutsche Wurst,
deutsches Bier
und deutscher Durst,
darauf biste stolz,
darauf biste stolz
Haste sonst nichts zu bieten
biste stolz, biste stolz,
haste sonst nichts zu bieten
biste stolz.
Ja worauf denn biste stolz?
Biste stolz kein Franzose,
kein Polake
auch kein Russe
und kein Türke zu sein.
Darauf biste stolz,
darauf biste stolz.

Haste sonst nichts vom Leben
biste stolz, biste stolz.
Haste sonst nichts vom Leben
biste stolz.
Ja worauf denn biste stolz?
Biste stolz gar zu sein
ein Weißer und kein Nigger,
kein Laschi
sondern Krieger,
kein Verlierer
sondern Sieger!
Darauf biste stolz
darauf biste stolz.
Haste sonst nichts zu denken,
biste stolz
Haste sonst nichts zu denken,
biste stolz
Ja worauf denn biste stolz?
Biste stolz ja zu haben
gar besondere Gaben,
du hast immer an der Hand
nicht Vernunft,
nicht Verstand,
hast vorm Kopf eine Wand
aus national
geschnitztem Holz.
Darauf biste stolz,
darauf biste stolz!

Ja, worauf sind sie denn noch stolz? Denken in Grenzen, in deutschen, ja altdeutschen, wissen es noch nicht: 99% der Welt ist nichtdeutsch.

Die Hirne national, darin bläht sich Deutschland auf, und sie selber können mitblähen (und -blöken).

Und ihre Presse, die lügt nicht, auf keinen Fall lügt die, schon gar nicht jene, die sie nicht lesen.

Nationalismus – eine gewaltige Blähung mit der entsprechenden Duftnote.

3. Leitkultur, Wutbürger und der Konsens der Demokraten – eine Erinnerung

Wenn wir die Protokolle des Bundestags und der Landesparlamente aus den letzten Jahrzehnten durchgehen, nähern wir uns den eigentlichen Anfängen der Entwicklung, von der hier die Rede ist. Dort hörten wir Wortschöpfungen wie: Asylanten, Sozialschmarotzer, Deutschland kein Einwanderungsland, Kinder statt Inder und weitere Sprechakte aus der Gesellschaft der „Seriösen".

"Geht mal euren Phrasen nach" sagte Georg Büchner.

Vor mehreren Jahren wollten die Neonazis – damals, nicht voll ausgeschlüpft, noch als eine Art Frühform, „Republikaner" genannt (nicht etwa „Demokraten") – zwecks Wiederaufnahme einer nationalen Bedeutung, einen symbolträchtigen Marsch durchs Brandenburger Tor veranstalten. Dagegen gab es ein großes Bündnis. Es wurde „Der Konsens der Demokraten" geheißen. Und dieses Wort wird immer wieder mal in den Mund genommen, oft wie eine Waffe oder eine Drohung, wenn scheinbar irgendwie Gemeinsames, aber doch nicht genau Festzumachendes, öffentlich vereinnahmt wird.

Wo beginnt dieser Konsens und wo endet er? Wer gehört dazu und wer nicht bzw. nicht mehr? Und wer bestimmt das? Wer grenzt aus und wer schließt ein?

Was hat wo
und wie
und durch wen
angefangen,
Spuren gelegt,
woraus heute,
so urplötzlich

und unvermutet,
scheinbar ganz fremd
und von weit her
die AfD
und andere Nazis
gekrochen kamen?
Es gab sie wirklich,

und gibt sie noch immer,
gewählte Vertreter
des Volks,
voll demokratisch,
versteht sich,
die verkünden: die Juden...
aber pssst! Aber nein,
das war'n ja die Großväter,
jetzt sind es Ausländer,
die Flüchtlinge,
sind unser Problem,
ja der Untergang,
der Nation.
Wir müssen sie stoppen!

Das war ihre Waffe.
Die Vertreter des Volks
warfen sie weg,
unters Volk,
und schauten gespannt,
was passiert.

Und dann –
also wirklich,
erstaunlich,
wer hätt das gedacht –
gibt es immer
und wieder noch welche,
im Wartestand,
mit oder ohne
Glatze versehen,
gewappnet mit
grölender Biederkeit,

sie heben sie auf,
diese Waffe,
nehmen sie an sich,
setzen darauf
und setzen sie ein,
und wie!!.

Und dann erneut
die allerchrist-sozialsten,
und sonst welchen
Vertreter des Volks,
entrüstet, besorgt:
Oh nein! Wie gemein!
Gebt acht!
So war das nun wirklich
gar nicht gedacht.
Aber wenn ihr meint!!!
Da müssen wir handeln,
sind uns handelseinig:

Und sie tun also,
was sie tun wollten.
Und die Glatzen tun,
was sie tun sollten.
Und die Vertreter
in Sachen Konsens
sind empört,
dass die Glatze
schon wieder im Pulk,
und dass sogar Blut,
zwar kein deutsches,
aber doch
und so fort...

und alle Gewalt
geht vom Pulk
von der Straße
und vom Volk im Pulk aus.

Gerade noch leben
aber bluten lassen,
sagen die
Deutschalternativen.
Und ihr
christsozialer Vorhof
wälzt den empörten Schein.

Lange brüllten sie:
Ausländer raus!
Jetzt ist das wie ein Gesetz.
Lang brüllten sie:
Ich bin stolz,
Deutscher zu sein!
Jetzt sind sie stolz,
dass der ideologische
christdemokratische
Nachrücker
das zum Programm
gemacht hat.

Und ach ja, die Agenda
und die Hartzmasche:
Der Schröder vergaß nicht,
was er einst
bei der Wahl wollte:
Eine Steuerreform
fürs Kapital,
eine Rentenreform
fürs Kapital,
eine Gesundheitsreform
fürs Kapital,
ein Ausstieg
aus dem Atomstrom
fürs Kapital.

Doch die Opposition
war zeitraubend,
beschäftigt damit,
Deutsche zu sein.
Das sind sie dann
noch immer:
GroKo tut das Gleiche,
und die SPD
ist auch gegen links.

Konsens
der Demokraten halt.
Jetzt wissen wir endlich,
was Leitkultur ist:
Sie ist, dass wir
leithammelig stolz sind,
Deutsche zu sein.
Na, da müssen sich
die Ausländer
schon gewaltig
dran machen,
wollen sie gar
gut integriert sein:
Dann müssen sie
stolz darauf sein,
dass wir Deutsche sind.

4. Die Erfindung des Ausländers

Der Volksgenosse hub an:

„Liebe Volksdeutsche", begann er, „unter uns gesagt – wir bleiben lieber unter uns. Und ihr könnt das ruhig weitersagen, das ist kein Geheimnis. Wir können auf Ausländer verzichten. Was nehmen die uns nicht alles weg: Die Luft zum Atmen, die Wohnungen, die Frauen, die Kita- und Schulplätze, die Arbeitsplätze, das Geld und die Ruhe im Viertel.

Das machen zwar auch Inländer, klar. Aber wenn sie es zu weit treiben, dann machen wir sie einfach zu Ausländern. Mit all den Rechten, die diesen so bleiben. So was geht schnell, wenn nur der politische Wille da ist. Eine Art „Entfremdung" sozusagen auf dem Rechtsweg.

Ausländer sind uns zwar willkommen, aber nur wenn sie als Investoren kommen. Wenn sie als reine Zweibeiner kommen – nein. Gut – ein zweibeiniger Produktionsfaktor mit nicht zu übertriebenen Lohnvorstellungen oder gleich gar keinen – also komplett ohne Lohnausgleich – natürlich, klar.

Ausländer im Ausland stören uns ja nicht. Früher schon, jetzt weniger. Aber der Ausländer im Inland, das ist es. Vor allem, wenn er meistens auch noch als Islamist kommt. Aus Bagdad oder Hamburg.

Wenn er als Zionist kommt, dann weiß ich nicht, wohin damit. Da kenn ich mich nicht so aus.

Schlimm ist nur: die jüdischen Ausländer hier im Inland haben uns den Antisemitismus weggenommen. Haben es versucht, aber es ist ihnen nicht ganz gelungen. Wir haben uns gewehrt. Es dürfen schließlich nicht alle traditionellen kulturellen Werte in diesem unserem Land verloren gehen.

Wenn die das aber weiter so betreiben, dann nehmen wir denen den Semitismus weg. Dann sollen sie sehen, wo sie bleiben. Vor allem, wenn wir dann noch den Antisemitismus haben, die aber keinen Semitismus mehr.

Mit den Negern hier im Land ist es einfacher, die haben keinen -ismus, den wir ihnen wegnehmen müssen, die sind ganz einfach anders. Sieht doch jeder. Wer von uns lange im Sonnenstudio oder auf Mallorca oder in der DomRep war, sieht vielleicht so ähnlich aus, aber das ist was anderes und es bleicht sich wieder weg.

Deutsche Väter, sage ich immer, passt auf eure Töchter auf und schützt sie vor den jungen tunesischen Typen, die auf ihre Schwestern aufpassen und auf die dann ihre Väter beim Aufpassen aufpassen.

Das Problem mit den Ausländern ist: sie sind halt so ganz anders. Völlig. Selbst ein Preuße in Bayern kann nicht so anders sein wie ein syrischer Neger in Sachsen.

Denn sie haben kein deutsches Blut. Oder so ähnlich halt. Sozusagen die falsche Zusammensetzung, gehören zur falschen Gruppe – blutsmäßig – und auch sonst.

Und das geht nicht. Wenn sich so was vermischt, dann gibt das eine völkische Blutgerinnung, und das ist – jetzt global gesehen – fast wie eine nationale Thrombose. Da verstopft sich was. Kein Fluss mehr.

Denn es gibt selbstverständlich Volksdeutsche, aus Russland oder anderswo her. Aber keine Volkstürken oder gar Volkssyrer, Gott oder Allah bewahre.

Versteht ihr das, ihr da, im Saal? Nein, versteht ihr nicht? Meinetwegen. Aber hier in diesem unseren Land, da kapieren das immer mehr. Wir sind im Kommen, denn wir sind die Alternative."

5. Schon wieder die Ausländer – sie nehmen uns die Arbeitsplätze weg und sind zu faul zum arbeiten

Dieser Beitrag stammt aus einer Zeit, als uns die Ausländer dauernd die Arbeitsplätze wegnahmen. Inzwischen werden händeringend Arbeitskräfte gesucht, aber man hat jetzt die Flüchtlinge gefunden, die das tun. Für manche auch die Juden. So was ändert sich, je nach Bedarf und je nach gelingender Hetzkampagne.

Und ich frage mich, so fragte er sich damals, der Besorgte, auch der versorgte Besorgte, wie läuft das wirklich? Klauen sie sie? Drängen sie sich vor? Die sind doch garantiert nicht besonders gut, fleißig und ausgebildet. Und nehmen sie uns nicht schon die Arbeitsplätze, selbst wenn sie nicht arbeiten dürfen?

Machen sie das in einer Nacht- und Nebelaktion, sodass es keiner bemerkt? Und die deutschen Arbeitgeber: lassen die das geschehen, merken es gar nicht? Gibt es unter den deutschen Konzernen, bei den Banken, in den Klein- und Mittelbetrieben gar keine Kündigungen mehr?

Oder kündigen diese besonders gern Deutschen, während sie gezielt Türken, Griechen, Spanier oder gar Afghanen weiterarbeiten lassen?

Oder sind die meisten Betriebe mittlerweile in ausländischer Hand, so dass die Ausländer uns kündigen und so? Haben wir vielleicht übersehen, dass die vielen türkischen, indonesischen, griechischen, oder gar afrikanischen, also schwarzen Konzerne massenhaft deutsche Arbeitskräfte auf die Straße setzen?

Oder entlassen plötzlich die türkischen Kebabbuden, italienischen Pizzabäcker, griechischen Tsatsiki-Läden, die chinesischen und thailändischen Restaurants massenhaft deutsche Arbeiter und Angestellte?

Und wer tut sich da besonders hervor? Sind es die Österreicher? Engländer? US-Amerikaner? Israelis? Polen? Chinesen? Oder gar die Luxemburger? Und wie ist es mit den Marokkanern, Türken, etc. mit deutschem Pass? Oder jene Russen, die plötzlich ins Land kamen weil sie „Volksdeutsche" sind? Und warum gibt es nicht auch Volkssyrer, Volkstürken oder Volksafghanen?

Also: Wer tut das und wer nicht? Sind besonders die Türken oder Afrikaner die Täter, weil diese Moslems sind und nicht Christen so wie wir alle (kann man doch so sagen, oder)? Sollten also die Arbeitsplätze den Christen übereignet werden? Mehr den Katholiken, oder den Protestanten, oder ausgewogen? In Bayern mehr den Katholiken ...?

Welche Arbeitsplätze sind es, die sie uns rauben? Wo läuft das besonders arg? Bei der Müllabfuhr, in der Saisonarbeit, bei den Klofrauen? Beim Spargelstechen oder im Bergbau? Oder gar in der Prostitution? Obwohl da sollten doch ...

Sind es begehrte Plätze in den Mannschaften der Fußballbundesliga? Oder auch bei Bauarbeitern, Computerfachleuten, Bankern, Lehrern, Krankenschwestern, Erzieherinnen? Bedroht die Döner-Bude McDonalds?

Sie sehen, es gibt eine Menge an grundsätzlichen Fragen. Aber es geht noch weiter:

Was soll man gegen den Raub von Arbeitsplätzen tun? Wohin mit den Ausländern? Raus werfen? Wenn ja – dann alle? Oder nur bestimmte? Und die auf Dauer oder so zwischendurch, je nach Bedarf?

Und, wenn deren Arbeitsplätze frei sind, könnten wir ja dann zu den Betriebschefs gehen und sie bitten, wenn notwendig auch auf Knien, doch Deutsche dafür einzustellen, und zwar nicht nach Billiglöhnen wie bei Ausländern, vor allem Saisonarbeitern, sondern nach anständigen, deutschen Löhnen. Und endlich wird es Vollbeschäftigung geben, denn die Konzerne zahlen gern auch höhere Löhne und Gehälter an unsere, eben an deutsche Arbeitnehmer.

Das ganze muss ja auch seine Ordnung haben und geregelt abgewickelt werden. Wenn wir sie also nach Hause schicken – welche zuerst? Die gut bezahlten, damit eine größere Summe an Gehaltseinkommen für Deutsche übrig bleibt? Zum Beispiel Herrn Ackermann aus der Schweiz – aber der ist ja schon weg, oder Herrn Löscher aus Österreich, den Chef des korrupt gewirtschafteten Siemenskonzerns – aber der ist auch schon weg.

Oder auch alle Ausländer in den Fußball-Bundesligavereinen? Damit endlich deutsche Spieler einen deutschen Spiel-Arbeitsplatz erhalten können?

Oder doch die schlecht bis miserabel bezahlten Ausländer, damit endlich Deutsche diese Jobs bekommen?

Und gibt es bei den Nationalitäten bestimmte Vorlieben? Zuerst die Polen, damit endlich einmal Deutsche Spargelstechen dürfen? Oder eher die US-Amis, die erfahrungsgemäß, wenn sie hier leben, selbst nach fünf Jahren kaum deutsch sprechen – ähnlich wie angeblich viele Türken?

Und die Dänen, Holländer, Luxemburger etc., obwohl die aus Eurogründen hier bleiben dürfen müssen.

Umgekehrt nehmen viele Deutsche im Ausland den Leuten dort die Arbeitsplätze weg. Eigentlich sollte man sie dort lassen, denn jeder Deutsche hat das Recht dort zu bleiben, wo er will. Obwohl das bei den beiden letzten verlorenen Kriegen nicht geklappt hat.

Aber wir sollten doch einige Deutsche aus dem Ausland zurückholen: aus Schweden, den USA, aus Österreich, vor allem auch aus Argentinien, wo viele 1945 ausgewandert sind, vor allem staatliche Würdenträger aus der Zeit davor, nicht wenige mit Hilfe bischöflicher Mittelsmänner im Vatikan. Oder die nicht geringe Anzahl von deutschen Ärzten, die in den letzten Jahren nach Kanada, England, Dänemark, Schweden etc. ausgewandert sind. Sie hätten dann auch hier alle wieder Arbeit: Müllabfuhr, Bauarbeit, Spargelstechen, häusliche Betreuung von demenzkranken und inkontinenten älteren deutschen Menschen etc. Da gäbe es viel zu tun.

Und wenn endlich alle Ausländer draußen sind, und uns nur mehr Deutsche die Arbeitsplätze wegnehmen, dann wählen wir FDP. Die weiß, wie man so was regelt, die hat auch dafür eine Lösung: Die setzt die Steuern runter und die Sache ist erledigt. Oder besser noch: Die AfD. Die sind zwar nicht so liberal wie die Liberalen. Aber von dieser Liberalität haben die meisten in Deutschland ohnehin nicht viel. Ansonsten – bis auf ein paar Kleinigkeiten – sind die von der AfD auch nicht viel anders als die FDP, bloß in anderen Fragen etwas simpel aufgestellt, während diese halt bei den eigenen Fragen etwas ... und so weiter.

Oder – noch besser – wir bauen eine Mauer rund um Deutschland – da kommt dann keiner mehr rein. Und raus. Man könnte da auf diverse Modelle zurückgreifen: Berlin vor der sogenannten Wende, Jerusalem und Palästina in der Gegenwart, oder die Mauerinitiativen dieses hochbedeutenden Us-amerikanischen Immobilienhändlers.

6. Geschäftsgrundlagen: Vorlesungen zur Leitkultur

Sehr geehrte Damen und Herren,

Beginnen wir bei der Suche nach der wahren Leitkultur bei einer uniform gehaltenen Gruppe: dem Militär.

Geschäftsgrundlage des Militärs ist der Krieg, nicht etwa der Frieden. Gäbe es nur mehr Frieden, wären sie arbeitslos. Also suchen sie sich Arbeit, von der sie was verstehen, und das ist der Krieg. Den machen sie nie selbst, der bricht immer nur aus.

Und den nennen sie auch nicht Krieg, der heißt wahlweise Terrorismusbekämpfung oder Freiheitssicherung oder Rohstoffsicherung oder freier Zugang zu freien Märkten oder Kampf gegen das Reich des Bösen … na so ähnlich jedenfalls.

Das Wort Friedensdividende – es war nach dem Ende der Ost-West-Konkurrenz das Wort mit einem kleinen Schuss Hoffnung auf eine neue Qualität von „Erträgen" – wurde wieder abgeschafft, weil eben diese Erträge den üblichen Gewinnerwartungen nicht entsprochen haben. Es gibt zwar noch Kriegskredite, aber die heißen jetzt anders. Dazu mehr im Archiv der SPD.

Und es gibt den Aufrüstungsdruck, wo das Nicht-Erreichen der zwei Prozent Militarisierungsausgaben am wirtschaftlichen Gesamtprodukt unter den „Partnerstaaten" fast schon als Schande gilt.

Grundlage der Friedensbewegung ist, dass es keinen Frieden gibt. Bei dauerhaftem Frieden wären alle dort Angestellten arbeitslos. Das verbindet sie mit den Militärs.

Geschäftsgrundlage der Unternehmer hier im Land ist, dass sie sich dauernd übersteuert fühlen. Deshalb erheben sie wie ein Mantra ständig Forderungen nach Steuerermäßigung auf Lebenszeit, die Warnung vor zu hohen Tarifabschlüssen und die Drohung mit Auswanderung in sichere Drittländer – dort, wo sie sicher sind vor dem Anspruchsdenken deutscher Anspruchsdenker.

Geschäftsgrundlage der Zocker an den Börsen ist die Tomate. Das ist eine kaufmännische Spitzfindigkeit, die es nur an der Börse gibt. Es klingt zwar merkwürdig, ist aber leicht zu erklären. Ich habe dieses Geschäftsmodell irgendwo aufgeschnappt: Also: Jemand handelt zum Beispiel mit Tomaten, ohne dass er welche hat. Früher war das riskant, da wurden solche Leute gesteinigt oder kräftig und länger ins Wasser getunkt, weil man sich nicht vorstellen konnte wie das geht und das sowas reell ist – also, ohne die Leute zu bescheißen. Die waren damals hellsichtig und aufgeklärt, im finsteren Mittelalter.

Das Verfahren hat sich bis heute nicht wesentlich geändert, nur das Steinigen und Durchwässern wurde abgeschafft, im Gegenteil: Jemand handelt also mit Tomaten, doch je weniger Tomaten er hat, desto mehr Gewinn springt dabei raus.

Eine gar wundersame, aber offensichtlich produktive wirtschaftliche Tätigkeit. Basierend auf einer Wirtschaftstheorie, die – so scheint's – theologische Qualitäten birgt, da sie von Wunderglauben genährt wird.

Und wo sind die Tomaten? Diese hat dann die staunende Bevölkerung vor den Augen. Und das nennt sich Wirtschaftswachstum.

Die Leitkultur diverser Eliten

Doch zurück jetzt von den Tomaten zu den Eliten in diesem unserem Lande. Geschäftsgrundlage der Leistungsträger ist es, dass diejenigen, die man im Falle Russlands zunächst als Mafia und dann, inzwischen sprachlich seriöser, als Oligarchen bezeichnete, hierzulande selbst schon lange den Status der Elite erreicht haben. Keiner würde von einer deutschen Mafia oder von hiesigen Oligarchen sprechen. Auch nicht in der Autoindustrie. Die Tätigkeit ist zwar gleich geblieben, doch die Sprache hat sich längst verfeinert. Deshalb wird man in diesem Werdegang allenfalls von Seilschaften sprechen, nie aber von Bandenbildung.

Und solche Ausdrücke wurden nicht einmal gebraucht, als man damals von der Zusammenarbeit zwischen den Konzernen Krupp, Thyssen, Flick, IG Farben und diverser Banken mit den Nazis und deren Krieg sprach. In Publikationen des historisierenden Sichtweisenpflegers Guido Knopp kommen solche Begriffe schlichtweg nicht vor.

Diese Eliten brauchen heute keine ihnen fremden Gesetze mehr zu brechen, sie haben diese gleich selbst machen lassen. Und sie haben sie – wie an den letzten CSU-Verkehrsministern bis hinein in die Gegenwart klar zu erkennen ist – unter dem flankierenden Schutz der Politik und mit dem Rückhalt der Autoindustrie auch erfolgreich exekutiert. Auch hier hat man im Zuge der intensiven sprachlichen Verfeinerung weder von mafiösem Vorgehen noch von Korruption gesprochen.

Von unsereins unterscheiden sie sich dadurch, dass sie in der Politik oder in der Wirtschaft dauernd Verantwortung tragen und etwas gestalten müssen.

Leitkultur der sozialdemokratischen Besonderheit

Geschäftsgrundlage der Politiker im Parteiengetriebe sind Wahlversprechen. Die lange eingeübte Praxis des notorischen Bruchs all dieser Versprechen nach der Wahl, also der Betrug in vielen Punkten, ist beinahe Standard. Sie ist aber nichts im Vergleich zum Beispiel mit dem damaligen versuchten hessischen Ypsilanti-Sündenfall, der Idee nämlich, gegen vorherige Versprechen eine, wenn auch nur vage, Koalitionsaussage mit einer Linkspartei zu machen. Doch gottseidank haben ein paar freie Geister in der SPD aus Seeheim das verhindert.

Geschäftsgrundlage der SPD insgesamt ist die Dauerdrohung mit Reformen und die Lebenslüge, sie könne mit dem Kapitalismus in einem Coitus in-interruptus das Bett teilen, (auf Dauer, physisch, aber auch historisch gesehen, eine erschöpfende Tätigkeit), dadurch Bastarde in die Welt setzen, dennoch sozialdemokratische Jungfrau bleiben und deshalb weiter bedenkenlos gewählt werden. In der Meinung, das fällt den Leuten nicht auf.

Diese Grundlage gibt es seit den Kriegskrediten für den Kaiser bis hin zur Frau Metzger und ihren Kumpanen in Hessen, die dort als SPD-Genossen eine SPD-geführte Regierung erfolgreich verhindert haben. Seitdem weiß die CDU in Wiesbaden: Auf die SPD in Hessen kann sie sich verlassen.

Und weiter geht's mit dem unsäglichen ex-sozialdemokratischen Lobbyisten für Energiekonzerne – Wolfgang Clement. Und ich spreche hier nicht vom SPD-Mitglied Sarrazin. Hier gilt nur mehr Fremdschämen.

Man kann sehen, dass in dieser Partei seit ihrem Bestehen an bestimmten Traditionen konsequent festgehalten wird.

Um das so zu sehen, muss man keiner Linkspartei angehören – es reicht ein ursozialdemokratisches Rückgrat. Obwohl das ja kein so großer Unterschied ist, so sehr hat sich das bereits verschoben, hin zur „Mitte". Das ist wohl der Ort, wo im Durchschnitt alles drin ist.

Geschäftsgrundlage von Kanzler Schröder – so lang ist das noch gar nicht her, aber es wirkt bis in die Gegenwart – war ja, dass er uns versprochen hat, dass mit Hartz IV usw. alles besser wird. Hat er uns versichert. Es war aber ein Versicherungsbetrug.

Und so wird das gegenwärtige Dilemma der Sozialdemokraten verständlich: Es ist das Ergebnis eines konsequent und stur durchgehaltenen Prozesses hinein in die Sackgasse einer selbstverschuldeten Unmündigkeit. Und diese ist – nach Kant – das Gegenteil von Aufgeklärtheit. Und ist nur schwer – wie heißt das gerade? – zukunftsfähig. Und ist vor allem, wenn man die Geschichte der Sozialdemokratie betrachtet, nicht einmal mehr „vergangenheitsfähig". Denn vermutlich drehen sich die großen Sozis der Geschichte ständig im Grab herum.

Leitkultur postmoderner Politiken

Geschäftsgrundlage der Grünen ist es, voll im bürgerlichen Lager anzukommen, das heißt, die Option auf ökologische Politik, allerdings mit realpolitischem Substanzausgleich. Und damit befinden sie sich inzwischen voll in der Mitte. Das heißt aber auch: Ihre Zustimmung bei der Bevölkerung wächst, ihre Bedeutung für eine dringend notwendige, grundsätzliche Wende in zentralen Politikfeldern jedoch schrumpft. Der Zeithorizont ist überschaubar, in dem aus Erwartungen der Menschen erneut Enttäuschungen werden.

Geschäftsgrundlage der CSU ist ein bayerisches Königreich als Kerneuropa, Ungarn und Österreich mit eingeschlossen, mit einem christsozialen Einparteiensystem. Leitkultur findet auf dem Oktoberfest statt. Das Leitkulturmotto hieß einmal vorübergehend „Pendlerpauschale", jetzt wohl etwa „Flüchtlingspauschale", bald aber wieder: Mia san mia. Die kleinste messbare Einheit ist das „Maß". Das Maß ist das Maß aller Dinge.

In Wildbad Kreuth gibt's eine heilige Quelle, aus der Bier sprudelt. Es wird zum Wallfahrtsort. Dort ist auch eine kostbare Reliquie zu besichtigen: Es ist der eine Aktenordner, den Edmund Stoiber – damals von München nach

Brüssel wegbefördert – dort entbürokratisiert hat. Tatsächlich, das war sein Auftrag. Es gibt kaum eine Aufgabe, die noch lächerlicher klingt.

Geschäftsgrundlage der CDU ist das Dauerabonnement auf die Regierungsmacht in Deutschland. Sie bleibt allerdings permanent die Abogebühren schuldig: Sie übereignet diese an den Wähler, auch mündiger Bürger genannt. Dort heißt das dann „Zeche". Und die Zechpreller lassen sich jedes Jahr bei verschiedenen Anlässen feiern. Clever, was? Die Kosten, die dann noch bleiben, sind das Trinkgeld. Das geht regelmäßig an den Koalitionspartner. Und es gibt scheint's immer ausreichend Sozialdemokraten, die sich von diesem Trink-Geld ein politisches Besäufnis mit eigenem Bedeutungsgewinn erhoffen

Geschäftsgrundlage der FDP ist die Leitplankenkultur – freie Fahrt für freie Bürger. Der erbärmliche Rest dessen, was von dem jungen, revolutionären Bürgertum rund um das Jahr 1848 an aufklärerischer, republikanischer Kraft gegen spätfeudale Bevormundung übrig geblieben ist. Es sind das die Lust am totalen Markt, der Orgasmus der Freizügigkeit des Kapitals und der Freigebigkeit der Arbeit, möglichst unterbezahlt oder gleich unbezahlt. Sozusagen der letzte Rest der Kernaufgaben der Liberalen.

Zunächst entstand der Eindruck, sie wetteiferten mit der SPD im Substanzverlust, doch sie sind darin schon ein Stück weiter gekommen.

Geschäftsgrundlage der AfD – ja, hat die überhaupt eine? Vielleicht eine besondere Erinnerung, als Motto für die Zukunft: „Bücher, die nie erscheinen, brennen nicht, Bücher, die auf den Nägeln brennen, erscheinen nicht."

Leitkultur grenzüberschreitend

Geschäftsgrundlage der Schweiz – Moment, warum interessiert uns das? Die Schweiz – und der Appendix der

Schweiz, die absolutistische Demokratie Liechtenstein – sie sind ein Hort für Flüchtlinge. Zum Schutz vor Verfolgern erhalten die Flüchtenden dort Nummern. So hat in der Schweiz der Begriff „eine Nummer schieben" eine ganz neue Bedeutung.

Dadurch gibt es dort viele, durch Nummernkonten geschützte namenlose Flüchtlinge – nein, richtiger, die Konten bleiben dort und die Flüchtlinge sind wieder hier. Eine der wenigen Fälle, wo Flüchtlinge völlig gefahrlos…. Diese heilsame Einrichtung wiederum ist die Geschäftsgrundlage für viele selbsternannte Eliten aus Deutschland.

Sie tragen die Erträge aus der Leistung der hierzulande arbeitenden Menschen auf ihr Nummernkonto in die Schweiz. Deshalb heißen sie Leistungsträger, und die für ihr Erspartes notwendige Tätigkeit nennen sie Sachzwang.

Und um das zu schützen, besteht die Geschäftsgrundlage im Land – jetzt rein juristisch gesehen – darin, Leute, die diese Verbrechen aufdecken – sogenannte Whistleblower – strafrechtlich zu verfolgen. Nicht immer, aber mehr oder weniger.

Inzwischen ist der Schweiz diese Grundlage partiell entzogen worden. Aber keine Angst – es existieren ausreichend andere Orte mit derartigen Schutzeinrichtungen.

7. Der homo glotz – von Mentalität zu Exkrementalität

Ist das jetzt die erste – oder die letzte, eher degenerierte Entwicklungsstufe des Menschen auf dem Weg zum ultimativ-kommunikativen Lebewesen?

Zunächst ist da der homo glotzophonicus televisibilis, kurz debilis, dann der homo glotzophonicus videoticus, später der homo gameboy, jetzt der homo smartphone, schließlich, global und umfassend, der homo internetius, auch genannt: homo www, homo world wildlife web, der Mensch im globalen Dschungelnetz.

Bei früheren Proleten meinte man: Sage mir, was du liest und ich sage dir, womit du dir den Hintern abwischst. Damals hat man die Zeitungen noch „bis zum Ende" benutzt.

Dem Proleten heute kannst du sagen: Sage mir, was du siehst, und ich sage dir, welche Scheiße in deinen Kopf gehaftet wurde.

Wie kriegst du sie bloß wieder weg, eingebrannt, wie sie ist? Kein Bildschirmschoner verschonert dich davor. Wie ein Standbild, wie ein Stehbild frisst es sich in dein Hirn, hinterlässt seine Spuren, wie eine Maskenbildnerin drückt sie dir ihre Grafikoberfläche auf, mental exkremental.

Wessen bin ich mehr überdrüssig: Des Mülls, der sich mir in den TV-Anstalten entgegen wälzt, oder der Klage darüber, einschließlich meiner eigenen, dass dies so ist?

Jedenfalls: Als diese Art kultureller Beglückung noch eher neu, aber schon ausreichend penetrant war, hat ES sich in mir übergeben und folgendermaßen geäußert:

Du sitzt an einem Schirm,   bastelst Maskeraden,
mit irgendeinem Bild,   gehst dann ins Netz
und tust,   und find'st
als wär's das Leben,   aus aller Welt dann

Antworten,
die keine Antworten sind,
auf Fragen,
die niemand gestellt,
und die sich nicht stellen.
Summst leise
vor dich hin
den Refrain,
fast wie eine zärtliche
Erinnerung an ein
mögliches, anderes Leben:
Wir haben nicht vergessen,
was Leben sein kann,
wir wissen doch, wie Plunder
daneben sein kann.
Berausch dich an Bildern,
erspar dir, was Sinn macht.
Mit etwas Glück
ist's nur Unsinn,
nicht Schwachsinn.
Glotze und Glotzenpalaver,
Verbote, Gedanken
fertig zu denken.
Häppchen nur, Happen,
ein Interruptus
sinnlosen Redens.
Zweck nicht Gedanke
sondern sein Abbruch,
der Absprung
zum nächsten.
Fernsehgetratsche,

die Abrissbirne von Sinn,
von sinnhaftem Sprechen.
Debiles Gelalle aus Angst
vor dem, was Bestand hat.
Einfaltquotenfrauen
und -männer,
Hampelmänner
mit Gedanken
wie bei Hämpels
unterm Sofa.
Wortkaskaden des Als-Ob.
Geschichten,
die gefallen müssen,
die gefällig sind,
sudeln dir entgegen.
Leichtverdaulich
Behagliches,
früher Haltung,
nun Unterhaltung,
früher Halt,
jetzt Unterhalt
für Schwätzer.
Und noch einmal,
und dieses Mal
im Zorn,
der Refrain:
Wir haben nicht vergessen,
was Leben sein kann,
wir wissen doch, wie Plunder
daneben sein kann.

8. TELE oder der entfernte Stillstand

Sie haben doch Zeit? Und Sie sind gut aufgestellt? Das müssen Sie heutzutage sein. Unbedingt. Aufgestellt – auch wenn Sie gerade sitzen, oder gar endgültig darniederliegen, weil Sie in der Gesellschaft den Stand, ihren Ort verloren haben, weil nicht mehr verwertbar oder gar völlig ausgebrannt.

Gegenwärtig hat keiner mehr Zeit. Alles geht immer schneller – und weiter entfernt, indirekt, also tele, von weitem, das bedeutet: Man muss nicht hin, man kann es von hier aus machen.

Eine Telemanie, die ganze Geschichte der Kommunikationstechnologie entlang: Telefon, Telefax, Telemailing, Teleshopping, Telebanking, und ein paar Televersionen habe ich sicher noch vergessen, ist fast krankhaft, eine Telepathologie, nicht zu verwechseln mit Telepathie.

Oder gleich Tele-living: „Sie leben noch?" „Sicher, aber nur im Entfernten".

Leben aus der Distanz. Die Zerstreuung von Familien in unterschiedliche Orte von Schule bis Beruf zu unterschiedlichen Zeiten – voll gelungen, gemeinsames Essen oder gar Unterhaltung am selben Ort ein zufälliger Event: Zusammenleben konstant indirekt.

Die oft erlebte Szene: Wir begegnen uns auf der Straße, haben uns schon seit Jahren nicht mehr gesehen: „Heeeih, schon ewig nicht gesehen! Wie geht's' denn so? Tut mir leid, habe leider keine Zeit – wir telefonieren miteinander"! Und schließlich, fast der kulturelle Normalfall heute: Die ständig über ein Display gebeugten und mit dem Zeigefinger hin- und her wischenden Zeitgenossen und auch -innen, auf den Bürgersteigen phantomhaft herumirrend, als wären sie schon lange irgendwo verloren gegangen und für sich selbst nicht mehr auffindbar, jedoch froh, dass sie noch ein Gegenüber haben, nicht von Gesicht zu Gesicht, das sie aber als Abwesende anwesend machen können.

Tele-Leben, Gefühle aus der Distanz, erst recht Lust – eine ganze Industrie lebt davon. Oder Freude, Spaß, wobei man manchmal gar nicht mehr selber lachen muß, das übernimmt energiesparend die Lachmaschine.

Irgendwann endlich dann auch: Tele-dieing – sterben lassen aus der Entfernung, möglichst mit Sicherheitsabstand. Hatten wir schon längst, damals, todbringend über dem Irak oder Jugoslawien, aus dem Flugzeug, aus doppelter Sicherheitshöhe, große Ungenauigkeit bei den Treffern der Bomben, kein Pilot kriegt mit, wie unten gestorben wird und wie hoch die Rate der Kollateralgeschädigten ist. Zurück auf der Air Base sehen sie das Ergebnis in der NATO-Berichterstattung im Fernsehen.

So kann man den Tod fernhalten.

Noch eleganter und tele geht's mit Drohnen: Die Basis, die das steuert, sitzt irgendwo in der Eifel (vom deutschen Boden soll bekanntlich kein Krieg mehr ausgehen, vom Fernsteuern war da nicht die Rede): Ziel im Irak erkennen – Druck auf den Knopf – Rakete abschießen – Kaffee trinken gehen. Und wenn der GI das lang genug gemacht hat und gar ausgebrannt ist, bleibt vielleicht von ihm – wie eine Rache der fernen Opfer und als Zeichen dafür, dass da in ihm noch nicht alles zerstört war – ein mentaler Krüppel übrig, und der Dank des Vaterlands in Gestalt der Beschimpfung als Weichei durch die uniform gehaltene Männerwelt ist ihm sicher.

Oder gar – und das wäre spitze – mein eigenes teledieing. Wenn ich einfach keine Zeit habe zum abtreten, meine Unterhaltung gerade nicht unterbrechen kann oder ein dringendes Geschäft noch nicht abgewickelt ist, dann muss ich mir Luft verschaffen, dann sage ich dem Sensenmann, wenn er sich ankündigt: „Shit, tut mir echt leid, passt mir im Augenblick gar nicht, können wir das nicht verschieben?" Wie in dem Stück „Der Tod klopft" von Woody Allen. Oder eben mal tele – mein Tod outgesourced, auf Distanz, so zwischendurch, damit er mich nicht bei den gewohnten Abläufen stört – Geschäfte an der Börse oder Urlaub in Miami – oder damit es schneller geht?"

Und dann, für die Hinterbliebenen: Tele-murning, Trauer auf Distanz, über den Datenhighway hinweg, per Internet.

Oder über die Cloud. Da bekämen die alten Clouds aus der Vorstellungswelt von der Seele ganz oben in den Wolken eine neue phantastische Form und einen luftigen Ort.

Trauer auf Distanz – die Zwischenstufe gibt's schon: Murning by car. Ich weiß nicht, wie es genau heißt: Die in, car die in – Trauer unterwegs, man fährt mit dem Auto die Trauerzeremonie entlang, am Sarg vorbei, wirft ein paar Blumen rüber, verpasst der Witwe schnell einen Beileidshändedruck, hinter der Trauerhalle am Drive-In von Mac-Donald schnell noch ein Kaffee und fährt gleich weiter, immer der Zukunft entgegen. Und wenn's terminlich nicht hinhaut, schickt man eine Trauervertretung, mit zuvor fest abgesprochenem Honorar. Bedingung: Der Nachweis von professioneller Trauerbekundungseignung. Man will sich ja nicht blamieren.

Das ist Fortschritt, das ist sparsam mit der Zeit umgehen, das ist Entwicklung, das sollten uns die Neger einmal nachmachen.

Und das alles, damit wir rechtzeitig zum Golf spielen kommen oder mehr Zeit zum Fernsehen haben.

9. Kein Spielfeld für Neonazis und Rassisten

Rede, gehalten im Oktober 2018 auf Kundgebungen in Eschborn und Hofheim/Taunus gegen Ausgrenzung und Rassismus

Wir sollten sie sehr ernst nehmen. Dann sollten wir sie auch wieder nicht zu ernst nehmen, dafür aber Andere umso mehr.

Wen meine ich da? Oder, mit anderen Worten: Was haben diese Wut- und Hassbürger mit der Leitkultur zu tun, der manche Christdemokraten hinterher träumen? Also mit der sogenannten „Mitte" der Gesellschaft?

Zunächst einmal: Wir müssen uns erinnern.

Wirklich erinnern. Wer sich nicht erinnert, ist schnell zu täuschen und deshalb leicht zu beherrschen.

Das Gegenteil von erinnern ist dann verschweigen, verdrängen, oder einfach kritiklos glauben – am besten irgendwelche Fakes, je einfacher, desto lieber.

Erinnern bedeutet auch heute: Nie wieder wegschauen. Das ist nichts, das nur einmal passieren kann, das ist eine Daueraufgabe. Dies ist auch der Kern der Erkenntnisse, an die das Ehepaar Assmann bei der Verleihung des Friedenspreises des deutschen Buchhandels heute Mittag in der Paulskirche – ja: erinnert hat.

Denn da begegnet uns der Satz von Bert Brecht „Der Schoß ist fruchtbar noch aus dem dies kroch". Der hat das schon sehr früh erkannt.

Was wir ererbt

Ich spreche zunächst von dem alten Erbe, durch das es beim Frankfurter Ausschwitzprozess 1960 und folgende sowohl von staatlicher Seite als auch aus der Bevölkerung massiven, zum Teil hassvollen Widerstand gab. Wir dürfen diese Reaktion von damals nicht vergessen. Fritz Bauer, der

195

Generalstaatsanwalt, der den Prozess maßgeblich politisch durchgesetzt hat, sagte: „Wenn ich aus dem Haus trete, habe ich das Gefühl, ich bin in Feindesland".

Dieser Hass war scheint's weg, taucht aber plötzlich völlig ungehindert und schamlos wieder auf. Wo war er bloß die ganze Zeit? Ist er von irgendjemandem irgendwo unter der Decke gehalten und gehegt worden? Und war das Konsens unter den Demokraten? War er gar von Anfang an ein verborgener Teil der sogenannten Leitkultur?

Vor einigen Jahren hat eine Untersuchung eröffnet dass ca. 15% der Deutschen für rechte bzw. rechtsradikale und rassistische Sprüche stehen. Damals war noch kaum ein Flüchtling im Land aufzufinden.

Diejenigen, die sich nie, überhaupt nie mit dem faschistischen Erbe auseinandergesetzt hatten, sagten von Anfang an und alle Jahre wieder bis heute: Einmal muss doch Schluss sein. Dabei hatten sie nie einen Anfang gemacht mit dem erinnern, dem begreifen wollen usw.

Die Biedermänner zündeln

Doch bevor es zur Hetze von heute gekommen ist, wurde zunächst einmal gezündelt. Von Brandstiftern, die Biedermänner waren und sind.

Sie erinnern sich: Herr Koch in Hessen – eine Abstimmung vordergründig gegen doppelte Staatsbürgerschaft. Koch sagte es nicht offen, aber die Leute hatten die Absicht verstanden und kamen und sagten: Wo kann ich hier gegen Ausländer unterschreiben?

Oder ein Herr Tillich in Sachsen der mit großer Geduld die Neonaziszene vorbei-toleriert hat. Und sein Vorgänger Biedenkopf, der konsequent und über lange Zeit so etwas wie Rassismus im Land schlichtweg wegbehauptete.

Oder die diversen Sarrazins.

Oder die Herren Söder und Seehofer – sehr aktuell. Die das christsoziale Vorfeld der AfD pflegen. Inzwischen aber mit viel gefressener Kreide zwischen den Stimmbändern.

Die besorgte Mitte

Es ist schon grotesk: Da füttert diese sogenannte demokratische Mitte ... übrigens: Was ist das eigentlich, diese Mitte? Keiner weiß, warum die Mitte die Mitte ist, und von was eigentlich. Ist das etwas Durchschnittliches, so etwas wie „demokratisches Mittelmaß"?

Also: diese selbst ernannte demokratische Mitte füttert mit Worten und mit Taten das Milieu, aus dem sich rechtskonservative und nationalistische bis hin zu offen rassistischen Gruppen bilden. Und dann sagt die berühmte Mitte in einem einzigen empörten Satz: Das ist ja schlimm, was sich da ... links und rechts außen an Extremismus tut. Und sie klagt und ist so was von besorgt, diese politische Mitte.

Das ist so, als ob auf dem Fußballfeld die Mitte stürmt und ihr Spiel spielt mit Steilvorlagen nach rechts außen. Und die dort nehmen den Ball immer wieder freudig an, sagen leise danke, denn jetzt dürfen sie noch eins drauf setzen, und der Hass brüllt sich und es fließt Blut und es brennt.

Und wieder ist die Mitte erneut ganz entsetzt, und klagt und verspricht: Wir müssen etwas gegen diese Extreme unternehmen – die links...und die rechts. Unbedingt weiter gegen links....und, na ja, auch gegen rechts.

Das ist Demagogie vom feinsten, fast als wäre das Teil des Stammhirns, und reicht zurück bis in die Adenauerzeit.

Steilpässe nach rechts außen

Nein, ihr Kleinbürger der Mitte, ihr ward nie bereit, mit denen links gemeinsame demokratische Sache zu machen, ihr spielt immer mit denen rechts außen auf dem gleichen

Spielfeld und ihr spielt das gleiche Spiel. Und ihr seid in diesem Spiel nicht selten auch international vernetzt. Ihr bildet gemeinsam mit denen sozusagen eine Mannschaft, nur mit verteilten Rollen. Wie auf dem Fußballfeld spielt ihr denen die Bälle zu.

Und sollten sich besonnene Schiedsrichter dagegen melden, haben sie nichts zu pfeifen.

Mich erinnert das an das Motto in Willy Brandts Ostpolitik: „Wandel durch Annäherung". Damals dachte man an den Wandel in den sozialistischen Staaten. Heute wird der Spruch ganz anders wahr: Wandel der CDU und CSU durch Annäherung – an die AfD. Und so sieht das dann auch aus am Ende des Tages nach der Wahl in Bayern.

Und dann bedauern andere wiederum und sagen: Politiker oder diverse Sicherheits- und Schutzapparate, die sind doch am rechten Auge blind! Wird geklagt.

Der Spruch täuscht ebenfalls, wie so viele ähnliche Bilder immer wieder in die Irre führen. Und vielleicht sollen sie das auch.

Denn was passiert wirklich? Es passiert, dass nicht wenige in den politischen und Sicherheitsapparaten gerade hier auf dem rechten Auge ziemlich gut sehen. Sie sehen sich nämlich einem anderen rechten Auge gegenüber, das ihnen oft gar nicht so fremd ist und deshalb gar nicht besonders gefährlich erscheint. Und sie entwickeln Schonungsgefühle, die Seehofers und Maaßens, und schaffen es sogar, ein mörderisches Trio zehn Jahre lang unbehelligt töten zu lassen – eine mordende NSU Bande ungeschoren mit Wissen und zugleich finanzieller Ernährung durch den Verfassungsschutz. Das geht doch nur mit einem offenen rechten Auge.

10. Unzivilisierte Geschäftsmodelle in zivil

Da ist er,
der andere Krieg,
die andere Front,
der Nadelstreifenkrieg.
Die Kasernen heißen
Ratingagenturen,
ihre Minen sind
Spekulationsattacken,
ihr Schlachtfeld
Börse online,
ihr Gegenstand fiktional,
ihre Opfer real.
Überall, wo Beute gewittert,
weiden sie es aus,
ein Land nach dem anderen,
Griechenland, Portugal
und und und,
zwingen's in die Knie.
Unzählige Opfer in zivil,
nicht unter Ihresgleichen,
und sie nennen es Krieg,
und sich selbst nennen sie
Finanzmärkte.
Und die Regierungen sagen,
sie seien zu schwach
das zu stoppen,
und es wäre ein Eingriff
in unternehmerische
Freiheit.
Doch

sie wollen es gar nicht,
sind Garanten dieses Spiels,
müssen es aufrecht erhalten,
nennen es Sachzwang,
glauben daran,
brauchen die Brosamen
vom Tisch ihrer Herren.
Und die deutsche
Regierung,
von den Finanzmärkten
auserwählt,
ihrem Wohl verpflichtet,
gewählt,
doch dieser Wahlkampf
läuft nicht auf der Straße.
Und der Sozialdemokrat,
der Herr Schulz,
jetzt auf der Hinterbank,
damals Träger von
hundertprozentiger
Hoffnung –
da war so was
von Stimmung!!
Aber niemand
wusste so recht,
warum genau da
schon wieder
etwas zu hoffen sein soll.
Er wollte
das ganze Desaster damals –

und seine Genossen
wollen das noch heute–
plötzlich,
treu der Geschichte
der sozialen Demokratie
hierzulande,
vielleicht zähmen
oder gar manches,
wenn es
die Herren gestatten,
gerechter verteilen.
Wovon hat er da
etwa gesprochen?
Vom deutschen
Exportüberschuss,
auch bei Kriegswaffen
nach Griechenland
mit deutscher
Kreditfinanzierung?
Von verhungernden
Menschen,
blutigen Pogromen,
ersaufenden Flüchtenden,
rollenden Panzern
aus Deutschland
und krachenden
Finanzmärkten?
Also von den Zerstörungen
des Finanzkapitals,
oder vom Rüstungskapital,
dem Immobilienkapital,

von Spekulationen
mit Nahrung,
und mit Wohnraum?
Hat er nicht.
Und darüber redet
die fast abgewickelte
Sozialdemokratie
selbst heute noch kaum,
völlig sehschwach damit,
worüber sie überhaupt noch
reden soll,
damit
der Eindruck entsteht,
das hätte so etwas
wie Hoffnungssubstanz.
Kein Wort,
auch nicht vom Krieg
auf all diesen
Schlachtfeldern?
Denn der Kapitalismus
ist Krieg –
bloß halt
mit anderen Mitteln.
Erst wo er
akut in der Krise ist,
wird scharf geschossen.

Da das aber
ganz offensichtlich
so ist,
bleibt u n s nur mehr eins:
Kriegsdienstverweigerung!

G. Das Feld der Sinnstifter

Jeder Tag bringt seine Fragen, doch nicht immer gleich die Antworten.

Fragen sind beides: Zugang zur Welt, in der wir leben, und Hinweise auf den Stand der Vergewisserung des Denkenden, der diese Fragen stellt und dadurch den Zugang zu eröffnen sucht.

Quaestiones disputatae hießen sie in der mittelalterlichen Philosophie: Zwar Fragen, aber eigentlich Problemaufrisse, offene Stellen im Diskurs der gelehrten Auseinandersetzung miteinander über die Welt.

Gibt es eine Angst vor offenen Fragen oder ist die Versessenheit auf Antworten so stark, dass man – egal wie – auch falsche Fragen oder falsche Tat- oder Wissensbestände heranziehen kann oder möchte, um passende Antworten erhalten zu können?

Welchen Horizont, welche Weite lassen wir zu, um Welt zu verstehen, zu erkunden, anzufragen, zu untersuchen, und welche blocken und wehren wir ab, oder auch: Wie viele Fragen sind ganz persönlich „zugelassen" und ab wann reicht es mit dem Fragen, auch weil mich die Antworten bedrohen könnten oder gleich gar nicht interessieren?

Da gibt es die gelenkten, kanalisierten Fragen bei Fragestunden, in denen das Feld abgesteckt ist und über das Feld hinaus weder gefragt noch geantwortet wird. Das Geheimnis mancher Talkshows, wo vordergründig bei der Frage geblieben, verharrt wird, letztlich aber sich das Ganze als Fragenvermeidungsevent enttarnt, nach dem Motto: Wie kann ich essentielle Fragen vermeiden, welche Antworten sind genehm und werden vom Veranstalter zugelassen? Oder auch: Welche Fragen schmälern die Werbeeinnahmen nicht?

Wir müssen den Mut aufbringen, die elenden Mythen zu zerreißen, die man in diesen Tagen, Wochen und Jahren zu unserer Beruhigung bereit hält und Tag und Nacht ausstrahlt, um uns den Kopf zum selber denken zu vernebeln und in einem Mainstream einzulullen, der uns ängstlich nach außen und gefügig nach innen werden lässt!

Die neoliberalen Akteure in dieser Inszenierung gilt es zu outen, die Wahnverbreiter, die Märchenerzähler und Verblender, all die Shareholder-Vermögen-ohne-Leistung-Macher, die Gewinneintreiber und die Um-die-Märkte-Krieger.

Ihr Ziel ist es, das alles als Dauereinrichtung strukturell abzusichern, ohne regulierende Eingriffe einer – wie sie es nennen – „Bürokratie", die sich auf menschenrechtliche oder, ganz allgemein, auf lebensrechtliche „Verordnungen" berufen könnte.

Es sind Verblendungszusammenhänge oder ganz einfache Lügen.

Was also tun?

Man kann sich mit unserer vom Kapitalismus geformten Lebens- und Wirtschaftsweise pragmatisch auseinandersetzen – es sind ja, wie alles in der Geschichte der Menschheit, einmal entstandene, sich kontinuierlich ändernde und irgendwann auch verschwindende Formen, wie man Existenz dynamisch und recht konkret organisieren und ordnen kann. Das wäre eine im guten Sinne rationale Vorgehensweise.

Man kann unsere Art zu wirtschaften und zu leben aber auch als innigste Herzensangelegenheit betrachten und fühlen, als Gegenstand innerster Überzeugung, selbst wenn man keine Aktien hält, nicht an der Börse spekuliert oder auf den Anstieg des Goldpreises wettet, also durchaus ohne Druck und Zwang. Dann wird ab einem gewissen Punkt

Kapitalismuskritik zur intellektuellen Bedrohung oder gar zu einer Verletzung religiöser Gefühle. Man kann also dem Kapitalismus, der sich selbst religionsartig gebärdet, sein Religionssein abnehmen und sich seinen Riten, Verehrungsgeboten, Sinn- und Heilsversprechen übereignen. Bis hin zu dem Punkt, wo Unterwerfung erwartet wird. Man kann somit grundsätzlichere Kapitalismuskritik mit dem urreligiösen Tabu belegen. Dann steckt man in einer Sackgasse, denn Tabus bedeuten immer das Ende vom Denkendürfen.

Die manchmal fast panische Art der Reaktionen auf die Feststellung einer Klimakrise oder auf Friday for future, die hartnäckige Weigerung also, in dem zutiefst verehrten, ja angebeteten Zivilisationsmodell von Produktion und Konsum überhaupt so etwas wie ein Problem entdecken zu sollen, zeigen das ganz offenkundig.

1. Was uns so umtreibt oder: Stirbt die Hoffnung zuletzt, zuerst oder doch bloß zunächst?

Die Lage, sagen die einen, ist ernst, aber nicht hoffnungslos. Sie ist, so die anderen, hoffnungslos, aber nicht ernst. Das zu sagen ist wohl das Privileg des Kabarettisten oder Satirikers.

Ernstes über die Hoffnung könnte man in dem Satz finden, der aus dem biblischen Zusammenhang stammt und dort eine Art Grund-Satz bildet: „Contra spem in spem sperare – gegen alle Hoffnung auf das Hoffen setzen". Das übersteigt sogar noch alles, was in der Geschichte der verschiedenen revolutionären Befreiungsbewegungen bis in die Gegenwart hinein als Ausweg aus Unterdrückung und Entmenschlichung gefordert und erkämpft wurde – oder auch nie erreicht werden konnte.

Was erleben wir heute?

Wir befinden uns zurzeit in einen Zerfallsprozess auf unterschiedlichen Feldern in vielen der gewohnten Welten. Sichtweisen verschieben sich, Verbindlichkeiten, Wahrnehmungsmöglichkeiten und Wahrheitsbehauptungen fallen auseinander. Und es geschieht eine merkwürdige Vernebelung all dessen, was richtig oder falsch sein soll, Fakt oder Spinnerei, Wahrheit oder Lüge. Grundlegende Kategorien unsere Lebens und Zusammenlebens scheinen plötzlich keine Orientierung und keinen Halt mehr zu bieten, sie brechen auseinander.

Rückwärts

Verängstigte oder um ihren Status besorgte Teile der Bevölkerung wollen den Marsch nach rückwärts antreten in der Meinung, dort läge Beständiges und Sicherheit und die alte Zeit – die bekanntlich nie eine „gute alte" war – würde sich als eine solche doch wieder einholen lassen. Eine Alternative für Deutschland läge da irgendwo im Gestern herum. Wo genau, ist nicht ganz klar, auf jeden Fall wäre es wohl im Nationalen „beheimatet".

Diese Art von Phantasma hat in der Geschichte nie ein Gesicht gezeigt, das dem Leben gedient hätte, sondern ging immer damit einher, dass Menschen ausgeschlossen wurden. Ihnen ist das Recht auf Zusammenleben, ja sogar auf Leben verwehrt worden und das mündete nicht selten in ausgesprochener Barbarei. Eine Ahnung davon vermitteln die unterschiedlichen Krisenfelder der Gegenwart.

Was formiert sich?

Das Ganze ist wohl kein vorübergehendes, konjunkturelles, sondern ein wirklich grundlegendes Problem unserer Art von Zivilisation.

Und in so einem Zerfallsprozess stellt sich immer wieder die notwendige Frage: Was deutet sich an, was formiert sich währenddessen neu, kann man das jetzt schon sagen?

Was sind das jedenfalls für Verschiebungen, wie bei jeder Tektonik, was wird auseinander- oder neu zusammengerüttelt? Handelt es sich dabei um eine Neuformierung bestehender Elemente oder ist das gar ein Prozess, bei dem die Verhältnisse komplett anders sortiert werden? Bekommt also die „Festplatte" historisch gesehen ein ganz neues Gesicht? Erleben wir den Zusammenbruch unseres Zivilisationsmodells, den partiellen Verlust der Geschichte, die ernst zu nehmende Erinnerung mit eingeschlossen? Das liefe dann auf eine Kulturrevolution hinaus.

Es gibt naive Vorstellungen darüber, wie solche Dinge ablaufen. Man findet diese in den überschaubaren Verstehensleistungen nicht weniger Konservativer im Land, aber auch bei den alternativen Deutschen und ihren neofaschistischen Extremen. Dort besteht die Meinung, so was könnten halt irgendwelche Gruppen - in deren Augen sind das immer Ideologen - in der Gesellschaft anstiften, weil sie es gerade mal so wollen und weil sie halt die entsprechende Ideologie mitbringen. Sie weigern sich, dem Prozess zu betsehen, in dem wir bereits mittendrin stecken und für den wir die wirklich treibenden Kräfte in dieser Entwicklung suchen müssen.

Woran lässt sich das fest machen? Die vorherrschende Frage der Gegenwart lautet zunächst einmal: Wie gehen wir mit den vielfältigen Brüchen und Krisen um und wie viel Zeit haben wir noch?

Ursachen

Wenn manifeste Krisen entstanden sind, erweist es sich – so sollte man meinen – als zwingend notwendig, deren Ursachen offen zu legen. Diese Aufgabe stellt sich heute bei den Krisen, die Menschen millionenfach zur Flucht zwingen – also nicht der „Flüchtlingskrise", sondern den Krisen, durch die Flüchtlinge geschaffen werden; oder angesichts der kritischen Entwicklung unserer bisherigen Formen von demokratischer Herrschaft, oder durch die Schere zwischen zynischer Bereicherung eines kleinen Teils der Bevölkerung und der Verarmung eines größeren Teils; und schließlich und vor allem der sogenannten Krise der Umwelt.

Bei all diesen Zuspitzungen von Problemen stoßen wir, wenn wir es ernst angehen, auf die grundsätzlichen Fragen unseres Zivilisationsmodells. Und hier spielt die von der Logik der Funktionsweise des Kapitalismus geformte Wirtschafts- und Lebensweise die zentrale Rolle.

Verunsicherungen

Viele haben eine geradezu panische Angst davor, dieses gesamte Wirtschafts- und Lebensmodell in Frage gestellt zu bekommen als dem Ort, an dem die Ursachen zu suchen wären. Solche Reaktionen deuten darauf hin, dass hier wohl etwas sehr Intimes, nämlich das „Allerheiligste" der Denk-, Vorstellungs- und Lebenswelt vieler Zeitgenossen grundsätzlich in Frage gestellt wird. Es herrscht eine Angst bis zu Grundfragen unserer Lebensweise vorzudringen, um zur „Einsicht" zu kommen.

Verwirrspiele

Wir erleben bei all den genannten Problemfeldern ein ungeheures Verwirrspiel, wenn versucht wird, sich diesen Grundfragen nicht zu stellen. Obwohl sie bekannt sind. Panik entsteht bei nicht wenigen Zeitgenossen, wenn die junge Generation eine wirklich ernst zu nehmende Herangehensweise an bestimmte Probleme jeden Freitag und darüber hinaus penetrant und inständig anmahnt. Und wir erleben Eiertänze bei den „Lösungsvorschlägen", immer schön an der Oberfläche, um sich vor den notwendigen, ernsthaften Konsequenzen zu drücken.

Irgendwann ein Ernstfall

Wie man das Problem zunehmender Verarmung, also der Schere zwischen Arm und Reich, ideologisch hinweg bügelt, sozusagen am Verstand vorbei, darin gibt es seit Generationen reichliche Erfahrungen. Bei der Umweltkrise jedoch haben wir es wirklich mit einer Überlebensfrage nahezu aller zu tun – wie nie zuvor in der Geschichte der Menschheit. Zur Lösung würden keine schnellen, sozusagen konjunkturgemäßen Mittel reichen. Vor allem aber ist die Wirkung von Lösungsmaßnahmen erst dann zu erwarten, wenn bereits die nächste Generation erwachsen ist. Bis dahin läuft – selbst bei intensivem Bemühen – die katastrophische Zuspitzung weiter und uns die Zeit davon.

Vermeidungsverhalten

Die herrschende politische und wirtschaftliche Klasse kann sich zwar mit Hilfe ihrer finanziellen Mittel ein Stück weit „hinüber retten". Dennoch steht sie zum ersten Mal einer Aufgabe gegenüber, die – eigentlich erkennbar – zu einer Systemfrage geworden ist. Darunter ist sie nicht zu bewältigen. Aber genau darunter möchten wohl alle bleiben. Sie wollen das Fortschritts-, Wachstums- und Verwertungsmodell der Moderne nicht radikal ändern bzw. ersetzen. Und genau das ist mit der „Systemfrage" gemeint.

Abwehrstrategien und Scheinlösungen

Sehen wir uns doch nur einmal – als ein Beispiel – die breite Wertschätzung der Mobilität in Gestalt des Automobils hierzulande an. Es ist nicht etwa ein simples praktisches Gebrauchsding, es ist vielmehr nahezu etwas Heiliges, ein Fetisch. Fetische sind primitiv-religiöse „Verehrungsdinger". Der Strom der Besucher – meist Männer – in Frankfurt zum Messegelände während der IAA hat den Charakter eine Prozession zu einer Verehrungsstätte. Und nehmen wir nur die nahezu krankhafte Ablehnung eines Tempolimits auf Autobahnen. Hier werden seelische Gefühlslagen berührt, die anscheinend für viele existentiell sind. Und das auffällig stark in Deutschland. Oder die Art, wie die Freiheitliche Partei den letzten, erbärmlichen Rest ihrer Liberalität zusammengefasst hat mit dem Satz: „Freie Fahrt für freie Bürger". Da ist wirklich nichts mehr übrig geblieben, das man respektieren könnte.

Tatsächlich wird, wie wir beobachten können, so darauf reagiert, wie immer wieder gern gehandelt wird: Probleme werden ausgelagert, indem man die Ursachen „anderswo" festmacht, sie sozusagen dorthin wegerklärt; vor allem aber recht konkret indem man einen Teil der Welt „absaufen", „austrocknen" oder verbrennen lässt; oder wenn man sich Fluchtbewegungen mit viel Geld vom Hals hält, indem man sie „raus bezahlt" wie z.B. in der Türkei; oder sich militärisch vor den Folgen schützt durch „Auslandseinsätze"; oder im Land selbst, wenn sogenannte „gated communities" gebildet werden, wo sich die selbst ernannten begüterten Eliten in schwer bewachten Enklaven einigeln; und schließlich, wenn versucht wird, Lösungen auf die lange historische

Bank zu schieben und den nachkommenden Generationen zu überlassen, wie wir das schon lange kennen.

Ansichten der Clowns

Man kann sich manchmal des Eindrucks nicht erwehren, dass bei allem Ernst der Lage die Ernsthaftigkeit überreizt ist, dass sie über irgendwelche Ränder der eigenen globalen Lebensplattform gekippt und ins Lächerliche, ins Satirische, ins Bodenlos-Unglaubliche runtergefallen ist. Das liegt wohl an dem gefährlichen Unernst der Situation.

Es ist kein Zufall, dass in vielen Ländern die bisherigen politischen Kräfte das demokratische Modell – nicht der „Demokratie an sich", die gibt es nicht, sondern der bürgerlichen Demokratie – derart in die Sackgasse gesteuert haben, dass, neben ausgemachten Despoten, auch professionelle Komiker und Comediens bei Wahlen erfolgreich kandidieren. Sie meinen, ihr ureigenstes Feld wäre inzwischen die Politik oder umgekehrt: Politische Probleme ließen sich nur mehr angehen, indem man sie als Comedy inszeniert, ohne die Absicht, irgendetwas zu ändern: Politik der Erregung, der Gefühle, der aufheiternden Unterhaltung, um die Leute bei Laune zu halten und sich selbst an der Macht.

Das hat ja bereits, sozusagen in einem Probelauf, lang und ausdauernd Silvio Berlusconi inszeniert. Und Donald Trumps Performance passt exakt in dieses Fach. Allem gemeinsam ist, dass dahinter die Profiteure des Ganzen ein weiteres Mal unerkannt bleiben können.

Eine positive Seite hat das ja: Wenn demokratisch nur mangelhaft ausgestatteten Führern und Völkern anderswo erklärt wird, wie zum Teufel noch mal Demokratie nach europäischem oder US-amerikanischem Vorbild gefälligst auszusehen habe, dann wissen die wenigstens genau, was damit gemeint ist.

2. Warten auf die Ankunft – schwere Verspätung oder: Wann kommt die Kirche in der Demokratie an und was heißt das dann?

(Achtung – dieser Beitrag ist auf eine Weise ernst gemeint, dass er eigentlich nicht als Satire, wohl aber als Realsatire gelten kann).

„Die Rolle der Kirchen im Kriege kann ihnen nicht verziehen werden – sie haben sich jedes Rechtes begeben, den Mord zu verbieten" (Tucholsky).

Lebenslügen

Die Kirchen führen Konkurrenzkampf um das Heil der Seelen. Sie sagen, sie konkurrieren mit dem Teufel – tatsächlich konkurrieren sie untereinander.

Das Geschäft mit dem Heil der Seelen ist gewinnbringend. Stören tut zurzeit, dass es auf diesem Gebiet neben den öffentlich-rechtlichen auch noch viele Private gibt – wie beim Fernsehen. Das ist ziemlich lästig. Manchmal sind die auch gefährlich.

In Deutschland reihen sie sich dabei ein im Konkurrenzkampf auch mit sonstigen Dienstleistungsunternehmen, die um Anteile an den beschränkten öffentlichen Mitteln und um Aufmerksamkeit in der Bevölkerung ringen. Die Kirchen bemühen sich darum genauso wie die anderen Unternehmen, indem sie den Ratschlägen von Beratungs-Agenturen folgen, um effizient und marktförmig „aufgestellt" zu sein mit den bekannten Folgen derartiger Beratungstouren: Die eigenen Beschäftigten werden zunehmend unter Druck gesetzt und das, was sich vordergründig „Seelsorge" nennt, wird zunehmend zur optimalen Versorgung der Gläubigen als „Kunden", professionell-marktwirtschaftlich. Da werden die Beschäftigten unter Stress gesetzt ähnlich wie in den Pflegeberufen.

Uns beschäftigt hier die spezielle gesellschaftliche Form, Funktion und Rolle der Kirchen., insbesondere der katholischen.

Und ihre Lebenslügen. Lebenslügen sind nichts Moralisches, kein Fehlverhalten, sondern eine Form der Täuschung, die sich – letztlich zur Selbsterhaltung – der Entdeckung und Entblößung durch kritischen, auch selbstkritischen Geist, permanent entzieht.

Die Kirchen sind ausgestattet mit dem Recht auf einen erweiterten und geschlossenen Eigenraum, der wesentlich mehr umfasst als die üblichen schützenswerten Nischen, wie bei einem jeden „Tendenzbetrieb" auch, wie z.B. den Parteien, Gewerkschaften etc. Es geht bei den Kirchen zuallererst um den Schutz des Apparates, der „Mutter Kirche" genannt wird.

Die Form dieser Hütertätigkeit an der Wahrheit ist angenehm gepolstert. Und sie ist deshalb so schön abgefedert, weil sie sich nicht der Öffentlichkeit und damit den Menschen gegenüber in der Pflicht zur Rechtfertigung sieht, sondern einzig und allein Gott gegenüber, im stillen Kämmerlein des eigenen Gewissens.

Diese geschützten Binnenräume kennen wir auch von anderen großen Einrichtungen: Dem Militär zum Beispiel; bei den Geheimdiensten sowieso, oder dem spätfeudal überhöhten Status in der Medizin, auch in der Justiz. Sie alle sind übrigens, um ihre übergeordnete Bedeutung sichtbar zu machen, mit Sonderkleidungen ausgestattet: Soutanen, Uniformen, Talare, weiße Kittel.

Übrigens sind das der Struktur nach alles religionsartige Gebilde: Geheimnisvoll und mit einem Absolutheitskern ausgestattet, von den „Göttern" in Weiß bis zum Gehorsamskonstrukt des Militärischen. Und über den „geheimen Diensten" hängt noch immer die Vorstellung des Mystischen, Dunklen. Bloß die Kirchen sind darin – zum Teil an jeder Rechtsordnung vorbei – noch viel tiefer eingebettet. Das liegt auch an ihrem für diesen Zweck sehr praktischen Rechtfertigungszusammenhang: Sie verwalten so etwas wie göttliches Recht, dem Menschlichen nicht zugänglich, da von einer höheren Ordnung.

Besitzstand und Perspektivität

Trotz offensichtlichen Handlungsbedarfs sehen sich die Kirchenleitungen noch immer eher als Wahrer des Besitzstands, ihres Status und ihrer Macht, und nicht etwa – und das wäre ihre andere Aufgabe – als prophetisch mahnende Akteure in ihren Gesellschaften und auch global.

Margret Thatcher hat ihn abgesondert und für eine ganze Epoche wurde er zum neoliberalen Glaubensbekenntnis, der Satz nämlich: „Es gibt keine Alternative". Das heißt: Dort, wo wir jetzt sind, geht es grundsätzlich nicht anders weiter. Fast könnte man da an die Sicht des Philosophen Leibniz denken, einem Universalgelehrten von Ende des 16. Anfang des 17. Jahrhunderts, der den Satz von der „besten aller möglichen Welten" prägte. Diesem Fazit ähnelt auch die summarische Feststellung des gegenwärtigen amerikanischen Philosophen Francis Fukuyama vom „Ende der Geschichte". Sie alle enthalten ein Bekenntnis zur endgültigen „Immanenz", zum definitiven „Es ist so, bleibt so, ist nicht mehr zu überbieten und deshalb auch gut so". Eine Art Metaphysik des Spätkapitalismus.

Dieses Fazit fand und findet bei den Kirchen des Ökumenischen Rates mittlerweile eine radikale Ablehnung, mehrfach und ganz klar geäußert. Von den Kirchen der reichen Länder des Nordens hingegen, allen voran den deutschen Kirchenleitungen, ist kein grundlegender Widerspruch zu hören, abgesehen von den üblichen wachsweichen Bedenken.

Die meisten Bischöfe merken offensichtlich das Problem nicht. So ist es dann auch als historisches Versagen der Religionsgemeinschaften zu sehen, dass d i e prophetische, kontrafaktische und perspektivische Forderung der Gegenwart von nichtkirchlichen gesellschaftlichen Gruppen formuliert wurde, der Satz nämlich: „Eine andere Welt ist möglich". Ein traurigerer Widerspruch zum eigenen prophetischen Auftrag der Kirchen lässt sich kaum denken.

Verspätungen in der Neuzeit

Bereits im 19. Jahrhundert (spätestens) haben sie im symbiotischen Verbund mit dem sogenannten „ersten Stand", dem Adel, die Demokratiebewegungen des Bürgertums und die Kämpfe für soziale Gerechtigkeit und politische Partizipation durch die aufkommende, proletarisierte Industriearbeiterschaft unterdrückt. Dann, als die massive Verelendung im Proletariat nicht mehr zu übersehen war und ehe es zu spät wurde, haben sie mit zeitlichem Abstand das „Soziale" als relevantes Problem aufgenommen und versucht, es theologisch einzuhegen. Bei der demokratischen Frage hat es wesentlich länger gedauert, bis in die Gegenwart hinein. Denn bis in ebendiese Gegenwart geht es immer nur darum, „übertriebene" Unterdrückung und Ausbeutung mindern zu wollen, und nie, die Ausbeutungsverhältnisse als solche abzulehnen, weil sie nicht zu rechtfertigen sind.

Und so scheinen auch heute – trotz allem Druck, trotz Expertisen und Warnungen von wachen Menschen aus den Kirchen des Nordens selbst und aus den Partnerkirchen in der Ökumene – in schwer nachvollziehbarer Verblendung die Aufgaben der Gegenwart und der Zukunft verkannt zu werden. Diese liegen in der Suche nach Alternativen zum Kapitalismus, zu seiner totalitären Globalisierung, nach einer Option für das Leben und Überleben der Menschen. Der kirchliche Mainstream geht vielmehr dahin, sich ängstlich im Getto einzurichten und dort die rein gebliebenen

Restbestände des sogenannten „Eigentlichen" zu retten. Und dafür gibt es auch einen anderen Namen: Es geht ums Prinzip.

Und dieses „Prinzip des Eigentlichen" hat meist nur entfernt mit dem zu tun, was die Theologen „Konsens im Glauben" oder Ähnliches nennen. Neues darf nicht sein, in den Vorstellungswelten der Kirchenführer wäre das Angleichung an den – wie sie es nennen: Zeitgeist. Und da wird's absurd: Denn der „Zeitgeist", der Geist der Zeit ist der Geist des Kapitalismus, und hier machen die Kirchen ja voll mit. Wir lassen die unterschiedlich ernst zu nehmenden, wachsweichen Äußerungen, bis hin zu dem erbärmlichen Vorwurf vom „übertriebenen Gewinnstreben" einmal außen vor. Wir sprechen vielmehr davon, dass die Kirchen strukturell mit den Apparaten von Staat und Kapital „verwoben" sind. Das ist ein schwer entwirrbares Gespinst.

Wenn sie also vor der Annäherung an den Geist unseres Zeitalters warnen, dann warnen sie vor etwas, deren Bestandteil sie selber sind und das ihnen Macht garantiert – sie warnen vor sich selbst. Und sie haben recht.

Herdenverhalten

Das bisherige Modell des Aufbaus vor allem der katholischen Kirche leitet sich her von dem biblischen Bild: Hirte – Herde, entnommen einem Kulturkreis mit Weidewirtschaft, ländlich geprägt. Das geht in seinem Ursprung einschließlich der Wortwahl zurück bis in die Anfänge des Christentums in einer römischen Provinz im Nahen Osten: „Weide meine Lämmer" ist der Sendungsauftrag des Nazareners an seinen ersten Apostel, von dem sich das päpstliche „Petrusamt" herleitet. Das mag in dem damaligen Kulturkreis ein selbstverständliches Führungsmodell gewesen sein, es ist allerdings ein Anachronismus, der sich genauso wenig ins 21. Jahrhundert transferieren lässt wie etwa der

Traum von der guten alten Zeit, als die Erde noch eine Scheibe war.

Nach diesem Vorbild sehen sich die Bischöfe als Hirten, als „Aufseher" (das ist die Übersetzung des Wortes „Bischof"), welche die alleinige Führungsberechtigung haben in allen Teilen des kirchlichen Lebens. Weniger zentrale Aufgaben können sie delegieren, sogar an Frauen, nicht ohne letztendlich die ultimative Entscheidung dafür zu treffen.

Das Modell Hirte–Herde stellt einen Überwachungszusammenhang dar, ein über Generationen gepflegtes Bild, das die „Herdentiere" notwendigerweise als folgsame Lämmerseelen einordnet.

Mit dem Zerfall des Absolutismus und zunehmender Demokratisierung hiesiger Herrschaftsordnungen wuchsen auch die Herausforderungen an die Kirchen, denn sie stellten dieses bisherige kirchliche Modell radikal in Frage.

Die Anmaßungen von Demokratie

Nun steht und fällt jede bisherige demokratische Gesellschaftsformation mit Grundprinzipien wie Gewaltenteilung, Rechtsverbindlichkeit etc. Dazu gehören auch Wahlen. Zentrales Element ist hier (als Idealfall), dass jedwede Macht kontrolliert werden muss, damit eben Macht nicht außer Kontrolle geraten kann, und dass dies nach rechtlich klaren Verfahren geschieht. Diese Rechtsordnung muss sich, im Idealfall, auf der Basis einer ursprünglichen Konsensfindung unter allen davon Betroffenen gebildet haben. Und schließlich muss das Recht auch konsequent durchgesetzt werden.

Würde man in der katholischen Kirche demokratische Spielregeln einleiten, würde dieser Überwachungszusammenhang genau umgedreht: Kontrolle der „Hirten" durch das Volk. Dann wäre z.B. der Bischof von Rom auch real das, was er sein zu wollen immer vorgibt und wie seine Rolle auch offiziell definiert wird: „Diener der Diener Gottes". Gedacht wurde das bisher jedoch mehr im übertragenen, „geistigen", also nicht „wirklichen", also wirksamen Sinn.

Jemand, der sich „Diener" nennt – der Fachausdruck heißt „Minister" –, aber an Schaltstellen der Macht sitzt, braucht Kontrolle. Dazu gehören Transparenz bei dem, was er tut, und Rechenschaft darüber, und jetzt nicht allein vor dem unsichtbaren Gott, sondern vor der sichtbaren kirchlichen (und nichtkirchlichen) Öffentlichkeit, und bei Machtmissbrauch die Möglichkeit der Abwahl. Gewählt werden zu müssen wird als selbstverständlich vorausgesetzt, ob es sich nun um einen Papst, einen Bischof oder Pfarrer handelt. Wenn man schon unbedingt dieses klerikale Konstrukt als für die Kirchen wesentlich behaupten und weiter erhalten will.

Das Herbeiführen eines demokratischen Konsenses muss unterschiedliche Meinungen zunächst zulassen, in den Diskurs und die Beschlussfassung einbeziehen. Damit sind aber scheinbar feste Glaubensinhalte gefährdet, weil sie relativiert werden können angesichts anderer Meinungen. Dies nicht zuzulassen, also „Relativismus" nicht zu erlauben, war der besondere Ansatz des ehemaligen Papstes Ratzinger. Das sei allein die Aufgabe des „Aufsehers".

Öffentlichkeit und Privates

Die bisherige Form, Verbindlichkeiten zu organisieren und zu verorten, unterscheidet in der katholischen Kirche zwischen dem sogenannten „inneren Forum" – also dem geschützten Bereich des Gewissens, und dem „äußeren", also den Belangen der Öffentlichkeit.

Nun ist es relativ leicht, „Sünden", Fehler, Vergehen, die zunächst „privat" zu sein scheinen, auch dort zu belassen. Das sogenannte „Forum Internum" ist theologisch gesehen die Rechtfertigungsinstanz: vor Gott und dem Gewissen. Es ist sozusagen der „Spiegel" des Gewissens nach der gelernten „göttlichen Ordnung" (nicht umsonst spricht man vom „Beichtspiegel"). Also eine Art „Schminkspiegel" an der privaten Garderobe, wo ich nur mich sehe und mir so Rechenschaft ablegen muss. (Und vor dem ich mir, wenn ich ehrlich mit mir umgehe, mir dann einiges „abschminken" müsste).

Das geschieht noch immer im geschützten Raum. Und enthält die praktische Möglichkeit, sich zur Not schon mal ein paar Maßstäbe zu Recht schieben zu können. Beim Missbrauchsskandal von Priestern an Ordensfrauen wurde das mustergültig durchgespielt mit haarsträubenden theologischen Drehungen und Kapriolen.

Das ergibt dann ein hermetisch geschlossenes System. Darin kann im großen Stil Machtmissbrauch an Kindern und Erwachsenen in einem Verhältnis der Abhängigkeit praktiziert werden, sexuell oder auf anderen Gebieten wie einem Arbeitsverhältnis, und problemlos und ungestraft gedeihen. Und, wie praktisch, die „Angelegenheit" kann unter dem Schutz des Beichtgeheimnisses „gelöst" werden – und das war's dann.

Relativ schwer wäre es, das im „Spiegel der Öffentlichkeit" tun zu müssen, das kann richtig weh tun, weil es da gilt, real, also wirkungsvoll auf Fragen auch Antworten zu geben, besonders, wenn die Fragen peinlich sind. Und erst recht, wenn diese Fragen an Lebenslügen des kirchlichen klerikalen Apparates kratzen. Und das scheut die Kirche.

Denn der Spiegel der Öffentlichkeit reflektiert ja nicht nur die „Tat" als persönliche und private – es ist natürlich immer „jemand", der das tut – sie zeigt vielmehr darüber hinaus seine gesellschaftliche Tragweite, er ist also wesentlich breiter angelegt.

Und das bedeutet zunächst, dass sich bei sexuellem Missbrauch nach dem Täter die Institution Kirche selbst rechtfertigen muss. Denn es ist ihr kircheninternes, institutionelles und ideologisches Gefüge, in dem das passiert und in dem diese Art von Verbrechen entstanden sind und vor allem konsequent nicht verfolgt und bestraft werden. Und die dabei zu erwartenden Fragen wären natürlich peinlich und absolut unbeliebt. Also versuchte man lange Zeit, das Problem Kindesmissbrauch zu individualisieren. Und wenn die Vergehen schon verjährt sind und die Schuldigen vielleicht gar nicht mehr leben, ist die Tat vergangen, doch das damalige kirchliche Gefüge lebt munter weiter.

Solidarische Verantwortung und die Verpflichtung zum Schutz – die Missbrauchsfrage

Öffentliche Auseinandersetzung mit Missbrauch verlangt – im Unterschied zum gewissensgestützten inneren Forum – eine rationale Auseinandersetzung und Rechtfertigung, nach extra dafür vorgesehenen Regeln, die etwas mehr ist als einfaches „Verzeihen und Vergeben". Und hier stoßen der Wunsch und das Recht der Gesellschaft nach Aufklärung auf eine besondere Art von Doppelmoral im kirchlichen Milieu, eine systemisch getragene Verlogenheit. Das lässt sich bis zum Überdruss konstant feststellen, allein an der dabei üblichen verschleiernden, unkonkreten und ausweichenden Wortwahl.

Wir sprechen nicht davon, dass der Spiegel der veröffentlichten Meinung nicht korrumpiert und verfälscht wird – wer BILD in die Hände gefallen ist, kann ein Lied davon singen. Wir sprechen ganz einfach von Transparenz, also davon, dass man sich öffentlich und den Anderen gegenüber verantworten muss. Das tut weh, das bedeutet Kontrolle und Abklopfen von Glaubwürdigkeit, das Hinnehmen der Suche nach Lügen.

Natürlich ist der Abwehrreflex gegen Angriffe von außen bei allen Institutionen festzustellen. Die Bischöfe geben aber dem Schutz ihrer Kirche eine derart hohe Priorität, dass die Opfer nichts zu melden haben. Und diese Art Reaktionen finden sich dann irgendwo zwischen Menschenverachtung und strukturierter Verlogenheit. „Was ist das bisschen Gefummel an einem Knaben verglichen mit dem zu erwartenden Schaden an der Kirche". Wobei allein schon das Bild von der, wie sie genannt wird, „Mutter Kirche" die Frage nach der Form des Verhältnisses zölibatär lebender Männer zu dieser Mutter aufwirft, nach der absoluten Schutzbedürftigkeit dieser Mutter und Ernährerin, dem Grad und der Intensität, mit dem man sich ihr „übereignet" und dem Maß des emanzipierten Erwachsenseins dieser Leute.

Selbstschutz – die ständige Aufgabe

Der Schutz der Kirche, so besteht der Eindruck, geschieht in einer Art, als stünden die Kirchen noch immer unter Christenverfolgung. Tatsächlich aber leben sie mit äußerst bequemen, zum Teil sogar anmaßenden Privilegien. Die einzige wirkliche „Verfolgung", die sie „erleiden", ist die geforderte Kontrolle und öffentliche Rechtfertigung ihres Denkens und ihrer Praxis. Sie werden verfolgt vom Anspruch der Wahrhaftigkeit durch die Gesellschaft. Noch dazu, wo das eines der Kernelemente ihrer eigenen Aufgabe wäre. Das stört den klerikalen Apparat, das ist für ihn weiter ein Tabu. Und darum bleibt die Lüge in diesem Apparat endemisch.

Ein Beispiel dafür zeigt die Reaktion des Ex-Papstes Ratzinger auf die Veröffentlichung der Missbrauchsskandale durch Kleriker und die Art der öffentlichen Bewältigung dieser Verbrechen durch Papst Franziskus. Ratzinger hat als emeritierter Papst ein Buch darüber bzw. dagegen geschrieben, das auf überzeugende Art und Weise das Problem belegt – nicht des Missbrauchs, sondern des bisherigen inner-kirchlichen Umgangs damit. Und zwar nicht in dem, was er schreibt, sondern in dem, was er als Kernfrage konstant und starrsinnig-ignorant nicht aufnimmt, um sich diesen Verbrechen zu stellen. In dieser Veröffentlichung wurde der ehemalige Papst geradezu zu einem Gegenpapst. Und es weist darauf hin, dass er offensichtlich während seines Pontifikats überhaupt nicht in der Lage bzw. willens war, die Missbrauchsprobleme nur halbwegs wahrhaftig anzugehen.

Ein anderes, ganz unterschiedliches Beispiel bietet da auch, aber gar nicht so sehr, der ehemalige Bischof von Limburg, dessen Eskapaden eher den Charakter einer Spielwiese eines in die Jahre gekommenen, spätpubertären Seminaristen hatten. Symptomatischer war eher der ehemalige Bischof von Regensburg namens Müller, den Papst Ratzinger dann nach Rom holte, zum Kardinal ernannte und in ein Schlüsselamt gesetzt hat (und den Franziskus schließlich ablösen ließ). Ein derartiges Maß reinster Überschätzung der eigenen Rolle, einer Anmaßung nach Art eines Großfürsten mit der Abkanzelung kritischer, sogar kritisch-konstruktiver Stimmen aus den Gemeinden, allein aus seiner Zeit in Regensburg, war erstaunlich. Er hat es schlichtweg nicht eingesehen, seine „Fürstlichkeit" und sich – selber immer umgänglich, volksnah und leutselig, diese alten Eigenschaften von Feudalherren – durch irgendwelche kritischen Quertreiber von außen beschädigen zu lassen, koste es, was es wolle. Und es kostete in der Regel die Anderen eine Menge: Ärger, Enttäuschung und auch den Weggang aus der Kirche.

Auf Basis dieser Sichtweise kann nicht einmal das entstehen, was wir nach unserem Rechtsempfinden als eine Selbstverständlichkeit erwarten: Über ein einfach gestricktes Bedauern hinaus das, was in der klerikal verankerten Vorstellungswelt von „Nächstenliebe" nicht vorkommt: Solidarität, also Interesse und Verantwortung für die Opfer, Teilhabe an ihrem Leiden und schließlich: glaubhaftes Bedauern und eine Entschuldigung. Und jetzt wiederum bei den Betroffenen selbst. Direkt, Herr Bischof, ihnen gegenübersitzend, auf Augenhöhe, und sie damit überhaupt erst als ein ernstzunehmenden Partner und nicht als Wesen aus der anonymen Masse des Schafstalls anerkennend, um deren Fragen und Vorwürfe dann persönlich zu hören.

Absolutismus in der Postmoderne

Alles andere ist Absolutismus pur. Und Absolutismus ist ungeregelt, ungezügelt und nach demokratischen Standards kriminell. Hier befinden wir uns nämlich im Kern der Verfasstheit der Kirche, im Kern des Problems und damit des innerkirchlichen Widerstands gegen Demokratisierung und gegen Transparenz.

Solche kirchlichen Führungsleute haben zum Beispiel nicht nur die erbärmliche Rolle ihrer Vorgänger im Faschismus nicht verstanden, sie würden sie, bei diesem Stand des Bewusstseins, so ist zu befürchten, auch jederzeit wiederholen. Denn der Schutz der Kirche (und natürlich ihrer Amtsträger) geht immer vor, gilt als unbedingt, und wenn der in Gefahr ist, übersieht man auch jedes Vergehen bei den staatlichen Akteuren, sogar Verbrechen an den Menschen und ihren Rechten. Und wenn es die Terrorherrschaft zu weit treibt, reklamiert man die Rechte der Menschen so verhalten, dass das Risiko überschaubar bleibt. „Man muss dabei ja auch an das Ganze denken". Hier stehen wieder Menschenrechte gegen Schutzinteressen der Institution.

Das kann sogar so weit führen, dass man, wie im Faschismus, die eigenen Leute, die Widerstand wagen, im Regen stehen lässt und ans Messer liefert. Und ein besonderes G'schmäckle bekommt die Sache dann, wenn exakt diese verratenen Leute – heißen sie nun Pater Delp oder Franz

Jägerstetter – die vorher von der Kirche im Stich gelassen und vom System ermordet wurden, später als Beweise und Zeugen für einen antifaschistischen Widerstand aus der Kirche herhalten müssen und vielleicht gar noch dafür heiliggesprochen werden. So schafft man sich – historisch gesehen – den Nachwuchs an Heiligen, das heißt an Vorbildern. Ist doch genial.

Die Verspätungen in der Gegenwart – ist der Zug abgefahren?

Was wir hier nicht machen, das ist, von der politischen Rolle der Kirchen im Faschismus zu sprechen, dort, wo sie auf unterschiedliche Weise ideologisch das System legitimiert haben, wo also volles oder partielles Einverständnis da war (und ziemlich verstecktes, leises Dagegensein). Wir sprechen auch nicht von der Haltung zum Krieg, den Feldpredigten der Pfarrer an der Front oder auf den Kanzeln zuhause. Kurt Tucholsky sagte dazu: „Einen Geistlichen die Berechtigung der Kriege nachweisen zu hören, hat etwas peinliches".

Uns geht es hier nur um jene Haltung, bei der die Sicht der Opfer und ihr Recht, geschützt zu werden, keine Chance hat gegen die Interessen der Kirche haben. Machterhalt gehörte auf jeden Fall auch dazu. Das war und ist allerdings immer dazu angetan, den Kern der Veranstaltung „Kirche" selbst zu beschädigen, und das hat sie auch.

Ein Kriminalist sagte kürzlich, es gäbe in seinem Beruf eine „deformation professionelle", sozusagen eine berufliche Disposition, welche Leute „deformiert" hin zu Misstrauen und anderem Verhaltensweisen. So gesehen müssen wir hier von einer auffälligen deformation professionelle bei leitenden Männern der Kirche, und auch partiell beim „einfachen" Klerus sprechen. Ist dies nun eine Voraussetzung für ihre Ernennung oder Folge ihres Jobs oder beides?

Hier beginnt die Kirche, sich selbst abzuschaffen. Und dass sie auf dem besten Weg dazu ist, das zeigen die Reaktionen vieler, auch fern stehender Menschen. Die tun das nicht immer, weil sie erklärte Gegner sind, sondern weil sie in den Brüchen der Gegenwart noch immer einen Rest von nach christlichen Kriterien konsequentem Handeln erwarten. Und das ausgerechnet in einer krisenhaften Zeit, wo glaubhafte Träger von humanen Lebensentwürfen dringend gebraucht werden. Denn das ausgedörrte Geschäftsfeld des bornierten neoliberalen Kapitalismus hat nichts mehr an Sinn zu bieten. Da entsteht allenfalls Ausgrenzung und Hass, zynische Bereicherung gepaart mit ebenso zynischer Verarmung. Und Kriegsbereitschaft.

Und die kirchliche Praxis hat – um zur Gegenwart zu kommen – die Theologie der Befreiung systematisch in die Ecke gedrängt. Deren Grundlage ist es, dass die Sicht der Opfer, der Beschädigten, entscheidender Kern von Glauben und Praxis zu sein hat.

Ein Beispiel folgt hier gleich im Anschluss.

3. Zwei alte Männer

In Brasilien hatte die katholische Kirche Schutzeinrichtungen aufgebaut, z.B. Rechtshilfefonds etc., für landlose Bauern, die an Großgrundbesitzer oder Agrarier ihr Land verloren hatten und sich diese Lebensgrundlage mit Hilfe der Landlosenbewegung MST wieder zurückholen wollten, z.B. indem man das Land zunächst einmal besetzte – nicht selten Land, das von denen gar nicht bewirtschaftet wurde. Das hatte zur Folge, dass es gegen Kleinbauern und ihre Anführer zunehmend Todesdrohungen bzw. Morde gegeben hat, die jedoch durch die kirchlichen Schutzmaßnahmen zurückgedrängt werden konnten.

Papst Wojtyla, der sich Johannes Paul II. nannte, war lange Zeit im Amt. Und er hat lange das, was er für Sozialismus oder Kommunismus hielt, entschieden bekämpft. Auch in Ländern der Dritten Welt. Und er hat dafür gesorgt, dass in solchen Ländern Bischöfe, die zu nah an einer eher linken, Theologie und Praxis der Befreiung standen, durch Nachfolger ersetzt werden, die sich mehr dem kirchlichen Insiderblick und Machterhalt widmen, mehr um die Sorge für die Seelen der Schäfchen, weniger um deren Lebens- und Überlebensbedingungen. Und so verloren die Einrichtungen zugunsten der Landlosen ihren Einfluss und gegenüber den Großgrundbesitzern ihre kontrollierende Stärke.

Und da fragte ich einen kundigen Freund: „Kann man feststellen, ob im Zeitraum dieser Neubesetzungen und der Schwächung der Schutzmaßnahmen die Zahl der Morde an Bauern durch Killer bzw. Todesschwadrone zugenommen hat?" Er antwortete: „Ja, das kann man".

Diese, meist indigenen, Kleinbauern übrigens kennen keine „Mutter Kirche", wohl aber ihre „Pacha mama", die „Mutter Erde". Ihnen ist dieses Gedicht gewidmet:

Der alte Mann in weiß
in der Ewigen Stadt –
badet gern in der Menge.
Doch: Hat er Angst
vor dem Volk?
Der Erfahrung,
Phantasie,
der Inspiration
und Lust?
Demokratie
darf um Gottes willen
nicht sein
in der Kirche –
dann besser
eine kleine Herde.
Herrschaft des Volks,
geopfert
auf dem Altar,
dem Opferaltar,
usurpierter Wahrheit –
ein göttliches Werk,
Opus Dei.
Alter Mann – was tust du?

Und dann der andere
alte Mann
in grau,
weit ab
sagen wir: in Brasilien,
Kautschuksammler,
oder landloser Bauer,

das geraubte Land
wieder besetzend
um es zu beackern
und um zu leben –
zum Abschuss freigegeben
durch die Herren
des Landes,
da ihm der neu installierte
gesalbte Statthalter Roms
den Schutz entzog,
weil dieser,
an der Seite dieser Herren,
rein um Seelen
der Menschen besorgt,
der materiellen Sorge
entfremdet,
fromm
und im purpurnen Dress
seiner Liturgie,
sich nun widmet
dem Eigentlichen,
dem Eigentümlichen,
auch Eigentum
seiner Kirche.

Alter Mann in Brasilien –
was tun?

Dein Abschuss,
Prolet,
geschieht
lautlos....

4. Geschäftsgrundlagen der Kirchen

Meine Damen und Herren,

bei unserer Vorlesungsreihe „Leitkultur – ja oder nein" sind wir inzwischen bei der Frage angelangt: „Warum kann es sich dabei nur um ein entschiedenes Sowohl als Auch handeln?"

Alles hängt mit allem zusammen, das eine mehr, das andere weniger, wieder anderes hängt nur so herum. Zusammenhängender geht's gar nicht mehr.

Die Kirche hängt mit der Sünde zusammen, ohne Sünde müsste sie sich andere Arbeitsfelder suchen. Ohne Sünde gäb's keine Kirche und ohne Kirche undsoweiter. Das ist ihre Geschäftsgrundlage.

So gesehen ist katholischerseits der Beichtstuhl eine Art Börse, eine Sündenterminbörse. Vor ein paar hundert Jahren wurde mit den dazugehörigen Strafen ja noch gehandelt, Ablässe nannte man das. Dann haben sie sich durch den Mönch Martin aus Thüringen das Geschäft aus der Hand nehmen lassen. Inzwischen ist es vielfach umstritten, um was es sich da überhaupt handelt, bei diesem Handel. Das Preis-Leistungsverhältnis stimmt schon lange nicht mehr.

Geschäftsgrundlage des Manns aus Marktl am Inn – wer das ist? Also: Herr Ratzinger war für viele Jahre Inhaber von theologischen Lehrstühlen an deutschen Universitäten, ist aber schon lange in der Stadt am Tiber ansässig, war über Jahre hinweg als eine Art Inquisitor beschäftigt, erschien dann auch vorübergehend in weißem Dress als Bischof von Rom, zeigte sich aber auf Dauer der klerikalen Mafia im Vatikan gegenüber nicht gewachsen. Natürlich – er war ja Zeit seines Lebens insgesamt fast ausschließlichen Inhaber von Lehrstühlen, außer der Zeit, als er ganz jung war und ihn seine Eltern „Bepperl" nannten. Also: Seine Grundlage sind vor allem Lehrmeinungen. Allen voran die Bekämpfung des alles in Frage stellenden, neuzeitlichen Relativismus, zugunsten eines eindeutigen Absolutismus.

Geschäftsgrundlage vor allem deutscher Bischöfe ist die Angst vor Liebensentzug durch Politik und Kapital – und der Kirchenbann für alle, die sie dabei ertappen. So engagieren sie sich bewundernswert intensiv für das Leben vor der Geburt und nach dem Tod.

Nein, nicht ganz, da wäre noch die Zeit dazwischen: FKK, Frau mit Kind in Küche – dies ist das Stilleben für eine Lebensform nach der Vorstellung des berüchtigten früheren Bischofs und Frauenverstehers Mixa und vieler seiner Kollegen.

Dazu kommt dann noch: Sie sind gegen sexuelle Deregulierung – allein oder mit anderen. Vor allem bei Schwulen und Lesben. Und der Christopher-Street-Day gilt wohl als eine Art Walpurgisnacht.

Schwul-lesbisch und noch andere erotische Gräueltaten? Früher hieß es einfach und eindeutig: Ist nicht, darf nicht sein. Auch heute denken noch viele beim Christopher Street Day an Dantes Inferno. Andere kirchliche Amtsträger wiederum sollen sich das Ganze zwar mit leichtem Schaudern, aber doch mit etwas klammheimlichem Neid ansehen.

Heute jedenfalls sagen die Revolutionswächter – nein, hierzulande sind es Sittenwächter – sie sagen also: Ist zwar, gibt's zwar, es lässt sich auch langsam nicht mehr leugnen, dass es so was wirklich…, keine Fakes. Es ist aber erstens eine Verirrung, zweitens ist es krank und macht krank, und drittens darf der Schwule zwar leben – natürlich darf er das (man hat zwar christliche Leitungsfunktion, ist aber kein Unmensch), aber seine Sexualität nicht aus-leben.

Und da sind wir jetzt an einem Punkt, der sehr verwundert. Ich weiß nicht, was das heißt und was der Unterschied ist zwischen leben und ausleben. Ist das eine reduzierte, eher verhaltene Art von Leben, sozusagen eine schwul-zölibatäre Schrumpfform? Und wie viele andere Formen oder Stellungen, sozusagen Lebensstellungen gibt es noch, die nicht ausgelebt werden sollen bzw. dürfen? Darf das Leben in Gänze nur unter Vorbehalt ausgelebt werden? Und was ist die richtige Stellung? Hat die was mit der Missionars... (lassen wir das).

Irgendwie komisch, die katholischen Kirche, wo in die Jahre gekommene Junggesellen sich beruflich voll ausleben, indem sie Lebenstätigkeiten kontrollieren und Vermeidungsverhalten bei der Fülle des Lebens fordern.

Hängt wohl mit dem Absolutismus in ihren Lehrtätigkeiten zusammen. Gibt es eigentlich einen Maßstab für Anmaßung?

5. Dieses obskure Objekt begieriger Verehrung

Der sogenannte liebe Gott wurde lange Zeit – und wird es auch heute noch – als der große Abschrecker herbeigerufen, geholt, ja gezaubert, als eine Art metaphysische Drohinstanz. Er hält Widriges von uns fern, oder anders, er hält uns selbst von Widrigem, Sündhaftem fern.

Und es ist – natürlich – immer ein ER. Mit oder ohne Bart, das wurde theologisch nie ganz festgelegt.

Neben dem einen, optisch nicht recht zugänglichen Gott, gab es jene recht sichtbaren, herrschenden Götter. Sie waren Ausgangspunkte von Gnadenakten und trugen – vor allem die vom irdischen Außendienst – alle irgendwelche Kronen, die sie von Gottes Gnaden erhalten hatten (weiß der Kuckuck wie das ging: schriftlich, mündlich, per Internet, Handauflegung, Salbung, Whatsapp oder einfach nur mit dem Schwert), wobei sie diese Gnaden dann weitergaben.

Die Bevollmächtigung dieser Herren – Könige, Kaiser und sonstige adelige Leistungsträger – hatte auch wieder zwei grundverschiedene Formen: Entweder sie wurden gesalbt, d.h. ihnen wurden die Hände mit gutriechendem Fett eingeschmiert, manchmal auch der Kopf, und dann erhielten sie feierlich mit dem Schwert einen leichten Schlag auf die Schulter, ein später Rest des früheren Ritterschlags. Und so waren sie berechtigt, dem Volk seinerseits mit dem Schwert einen etwas stärkeren Schlag ins Gesicht, um nicht zu sagen: in die Fresse, zu geben und damit zu zeigen, was die Leute von dem Bevollmächtigten in Zukunft an Gnadenerweisen zu erwarten hatten.

Kommen wir in die Gegenwart. Seit einiger Zeit schon muss sich der sogenannte liebe Gott demokratischen Gegebenheiten anpassen und das ergibt bei den theologischen

Gottesverstehern nicht geringe Probleme. Der Chef vom Außendienst, ganz in Weiß und mit Eigentumswohnung in Rom, fast absolutistisch ausgestattet aber immerhin gewählt, behauptet, das gehe prinzipiell nicht. Das würde ja bedeuten. Der liebe Gott als einer von uns, unter uns, wie wir. Wo er doch immer der ganz andere war: ob in Uniform, oder mit Krone, oder auch mit Hochhut, der Bischofsmütze, auch Mitra genannt.

Was der Chefagent im göttlichen Außendienst übersieht ist: Gott ist schon längst demokratischen Gegebenheiten angepasst, dazu gezwungen worden, ob er wollte oder nicht, und zwar von jemandem bzw. etwas, das stärker ist: Dem Markt, der unerbittlichen göttlichen Freiheit des sogenannten freien Marktes. Dort kam er unter die Räder.

Gott wurde zum Artikel und als solcher auf den Markt geworfen, wird gehandelt, unter unterschiedlichsten Markennamen, und unterliegt Konjunkturen. Vor allem aber: Er bekam Konkurrenz. Diese Konkurrenz hat ähnliche Gestaltprobleme wie der herkömmliche sogenannte liebe Gott, sie ist genauso abstrakt im Sinne von ungegenständlich, also eigentlich unsichtbar, aber dennoch höchst konkret im Sinne von: Universelle Zusammenhänge herstellend, wie ein Gewebe, ein Spinnennetz, bereit, alles, was sich hineinbegibt, sanft zu verschlingen, wie ein schwarzes Loch. Diese Konkurrenz besitzt gigantische Dome – allein wenn wir uns zum Beispiel das Frankfurter Bankenviertel ansehen und, in ihrer räumlich distanzierten Sonderbedeutung, die Europäische Zentralbank – da strebt einiges in die Luft. Dagegen nimmt sich der dortige Kaiserdom, nahezu in Sichtweite, richtig bescheiden aus. Bereits Kurt Tucholsky sagte: „Um alle Kirchen die Banken steh'n eine Etage höher".

Der Dom in Frankfurt war immerhin über Jahrhunderte hinweg der Ort der Kaiserkrönung des Heiligen Römischen Reichs Deutscher Nation (ja, so hieß das). Das muss immer eine gigantische Fete gewesen sein. Die Kaiserkrönung Josephs des Zweiten im Jahr 1764 zum Beispiel nannte Goethe, der Augenzeuge war, den Schauplatz eines "halb majestätischen, halb gespenstischen Welttheaters".

Die göttliche Konkurrenz der Neuzeit ist totalitär – alles umfassend, universal sozusagen. Ihre Stätten der Verehrung reichen zwar weit in den Himmel, sie selbst, die Gottheit der Finanzmärkte jedoch ist unsichtbar, völlig abstrakt. Aber sie will geliebt werden – nicht emotional, das wäre artfremd, nein: durchaus rational geliebt, wert-geschätzt. Eine besondere Zuneigung ist angesagt. Liebe gegen Sachwert – Prostitution nennt man das, Luther nannte es deftiger: Hurerei.

Das Gigantische an diesem Betrugs- und Täuschungsmanöver besteht darin, dass es dieser göttlichen Konkurrenz gelungen ist, sich den großen Teil der kirchlichen Außendienstmanager der alten Gottheit zu kaufen. Sie prostituieren sich mit dem neuen Chef, indem sie schwer damit beschäftigt sind, ihre Kirchen (und mit ihnen ihre Macht) zu erhalten und zu finanzieren, geben aber vor, im Auftrag des alten zu arbeiten.

Ist ja klar – der neue Chef garantiert Macht, der alte jämmerliche Bedeutungslosigkeit (das sieht man allein daran, dass ihr Gründer damals wohl kriminell war und hingerichtet wurde), der neue erlaubt es, ja gebietet es, sich mit Daimlers "Guten Stern auf allen Straßen" durchs Volk zu bewegen, der alte bewegte sich allenfalls mit einem Esel fort und erwartete von einem, ja er zwang regelrecht dazu, gegen die mit dem guten Stern auf allen Straßen anzustinken.

Fazit: Was ist schon, mal handfest gesprochen, der Stern aus dem Kuhkaff Bethlehem im Vergleich zum Stern aus Stuttgart-Untertürkheim?

6. Von einem, der auszog, am Vorbild zu lernen

Na gut, dann also über „Vorbilder". Und so frage ich halt: Bist du vorgebildet? Und wie sehr hat dich das Vorbild geprägt bei deiner Vorbildung – so weit, dass du zu einem Abbild geworden bist? Oder gar ein Abziehbild? Wie kamst du dazu? Hat es sich so ergeben, durch Begegnung, aus Zufall, oder hat man es dir vorgesetzt, also ein Vorgesetzter in Person?

Und wie ist das: Hat ein jeder seins oder haben alle bloß eins? Sozusagen ein großes, kollektives Vorbild? Wenn's unterhaltsam zugeht, sind sie dann Fans, wenn's ganz schief kommt brauchen sie gar einen Führer?

Was sind die Imperative heute? Wonach sollen wir uns richten? Was wird von uns verlangt?

Ich befragte das Orakel, dieses aus dem alten Griechenland bekannte, raunende Etwas, das ja bekanntlich weniger über Künftiges, sondern eher, wenn es von der Zukunft spricht, trickreich über die Gegenwart Auskunft gibt. (Wo diese Begegnung war und wann – das ist geheim und soll es auch bleiben).

Das Vorbild, mein Vorbild, fragte ich es, ist es ein Idol? Verehrungswürdig, ehrwürdig, wie ein solches sozusagen aufgeladen? Trage ich es so vor mich hin oder schleppe ich es bereits hinter mir her, wie eine Fußfessel, nicht elektronisch, weil straffällig geworden, eher an einer Leine, das Vorbild, dem ich mich nachgebildet habe, das mir dann folgt, mich verfolgt, das nicht abgeschüttelt werden kann?

Ich frage, rufe – meine Stimme dringt in den geöffneten Schlund des Orakels, aus dem sich Rauch erhebt, darunter befindet sich das „Maul der Erde".

Suchst du die höchste Instanz? höre ich. *Sie hat die Welt als Müllhalde erschaffen, was für ein Chaos. Und den Menschen nach seinem Abbild, damit sich der Mensch einen lieben Gott nach seinen Vorstellungen gleichnishaft heranbildet.*

Ich unterbreche und frage: War's das?

Nein, tönt es, *mach' dir die Erde untertan – und alles, was drauf kriecht und läuft.*

Stop!!! Rufe ich. Eine kleine Pause beim Vorbildangebot! Das ist zu pessimistisch, defätistisch, nicht positiv gedacht, nicht vorbildhaft genug.

Hier soll's doch ums Idol gehen, aber wo ist da die Grenze? Jetzt vorbildmäßig. Gibt es die überhaupt, oder sind die Idole irgendwie grenzenlos? Was mach ich jetzt bloß, wenn beispielsweise BILD hier und die SUN in England und die Kronenzeitung in Österreich oder Trump in den USA den Markt mit ihren idiotischen Idolen bedienen?

Ich steh also noch immer am Anfang, ein höheres Objekt verehrungswilliger Begierde suchend, dem ich mich vorbilderstürmerisch nähere, um es zu dekonstruieren, runterzuholen aus seiner verkrachten übergeordneten Existenz, um ihm das Numinose zu rauben, das Königliche an ihm in seiner kleiderlosen Nacktheit zu verunglimpfen, ihm, dem Idol, den Boden unter den Füßen wegzuziehen oder umgekehrt: ihm diesen wiederzugeben, damit es Stand, ja Bestand kriegt, und aufhört, ein über allen Köpfen schwebendes, ja fliegend-flüchtiges Idol zu sein?

Und – denke ich bei mir sarkastisch – jetzt fehlen da gerade noch die Werte, die berühmten alten, die guten, bei denen heutzutage immer der Mehrwert und der Preis mit gemeint ist und die Würde des Menschen, die nicht mehr bezahlbar ist; und mit ihnen vielleicht noch das Positivdenken und das Gut-drauf-sein. Früher hat man sich ja gefreut und gelacht. Heute muss man so vorteilhaft erscheinen, dass man sich jederzeit gut verkaufen kann. Wie wir es exzessiv aus amerikanischen Wahlkämpfen kennen, was uns – so fürchte ich – langsam schon zum Vorbild geworden ist: Kein Lächeln, kein Lachen, der grinsende Schein in den Gesichtern festgemacht und eingefroren.

Und prompt kommt es aus dem Schlund der Erde: *Sei gut drauf und denk dir nichts dabei, denk positiv. Und nimm dir ein Vorbild. Irgendeins halt. Auch ein negatives, wenn die anderen zu langweilig sind. Such es dir aus, hast doch die freie Wahl auf dem Markt, bist Verbraucher, kannst sogar Vorbilder verbrauchen – oder geh eben zur Konsumentenberatung für Vorbilder.*

Es gibt Orakel, denke ich, die sind nichts wert. Obwohl eigentlich höchst aktuell, sozusagen „angesagt". Sie sind wie eine Werbepause im globalen Warenhaus der Idole und Ideale: Vollgestopft mit Fortschrittsmythen und Glücksverheißungen – allerdings runter gebrochen auf die bescheidene, beschränkte Ebene des Konsumentensofas, behaglich, das nächstliegend Kaufbare herbeiwünschend, mehr nicht, jedoch im Hintergrund immer gewürzt, oft sogar gepfeffert mit Verlust- und sozialen Abstiegsängsten.

Leitfiguren? Sicher, haben wir alle. Aber wenn viele oder alle nur einer folgen – was dann? Wer dauernd einer Herde folgt, habe ich irgendwo gelesen, wer der also dauernd folgt, sieht immer nur Ärsche. Und irgendwo ganz vorne läuft der Leithammel.

Wenn du allerdings umdenkst, eine Wende, gar Umkehr vollziehst und die Richtung radikal änderst – ist dieser am Ende, hintenan, und läuft dort nur mehr allein rum.

Sich frei machen von diesen Idolen und einfach den Kurs korrigieren – vielleicht ist dies das Leitbild, das unsere Not wendet.

(gekürzte Version eines Textes, vorgelegt zu den fünften Neu-Isenburger Literaturtagen 2011)

7. Heiligabend – was soll das?

Erstaunlich ist, dass die Sprachregelung – selbst in den Medien – von „Heiligabend" redet. Mich wundert, dass die radikal-gläubigen Laizisten oder Säkularisten nicht schon lange dagegen aufbegehrt haben. Oder, als einen Kontrapunkt, als Negation sozusagen und Befreiungsschlag, wegen der Ausgewogenheit, einen Unheilig-Abend verlangen, oder auch einen Tag des heillosen Konsumenten fordern.

Und der Heiligabend gilt ja für den ganzen Tag, bis in den Abend hinein und bis in die stille Nacht. Stille Nacht – das klingt, als ob man irgendwo angekommen wäre, wo Eile und Vorwärtsdrängen – die Charaktermasken des Fortschritts – aufhören würden oder auch müssten. Wo die Zeit oder das Leben endlich ihren Ort gefunden hätte, wo sie das Lineare, Eindimensionale verlassen und sich darin behauptet hätte, endlich in ihrer akzeptierten Vielfalt „angekommen" zu sein.

Obwohl – natürlich – „ankommen" bedeutet doch das Wort „Advent". Und die hektisch durch die Einkaufsmeilen hastenden Verbraucher – selten auch Gebraucher, es wird so viel Überflüssiges heim geschleppt, also die Schlepper der Fluchtbewegungen des Warenirrsinns – wo diese also keinen Shop, keine Mall mehr suchen können oder müssen, weil endlich der mit dem Einkauf anvisierte Punkt in der Landschaft ihres Lebens erreicht ist und keine verkaufsoffenen Sonn- oder Feiertage diese ihre Tätigkeit des Ersatzlebens weiter antreiben. Sie sind ganz einfach angekommen – für manche eine zum Teil ungewohnte oder gar beängstigende Situation – vielleicht gar zuhause. Aber manche wollen nicht zuhause ankommen, denn zuhause wartet das Grauen, oft in Gestalt der Leere. Wenn denn Leere überhaupt nicht eher gestaltlos ist oder gar die Gestalt der Familie angenommen hat, und wenn eben das dann Angst macht?

Und die anderen, zuhause, packen aus – geschenkt – worauf sie hin geeilt sind, und versuchen sich doch noch aufs Nicht-allein-sein, oder gar erwartungsvoll auf Familie, als dem Ort, vielleicht sogar einzigen Platz, wo man dazu gehört, wo in der Grenzenlosigkeit der Lebensräume eine Art Anker, eine Zwischenrast errichtet ist und geboten wird. In der Familie also – selbst wenn sie nur mehr in Restbeständen vorhanden ist.

Und immer wieder ertönt es, das Wort vom Frieden an diesen Abenden.

Ist es das, wo man angekommen sein möchte oder gar ist? Wenigstens mit einer Ahnung versehen wie: Das kann's noch geben, gibt's noch, ist ein machbares Geschenk. Geschenk und machbar – allein das wiederum fast ein Widerspruch.

Heiligabend – ist das der eine Ort im Ablauf des Jahres, wo das „real existierende" Leben sich offen selbst widerspricht? Und wo es für manche unerträglich ist, diesen Widerspruch auszuhalten?

8. Die Freiheit des Antisinns oder: Verdauungsbeschwerden der Postmoderne

In diesem Universum des Antisinns und ungehinderter Antibravheit, wo man alles sagen kann, ja darf, was man halt so sagen kann und darf, indem sich mit Hilfe der Sprache das Innerste auskotzt wenn es sich aushasst, wobei allenthalben auf die Dienstboten der Gesellschaft gezählt wird, die diese Kotze wegwischen, oder sonst wie entsorgen und zum Verschwinden bringen, – und wenn nicht, was soll's – wobei Kotze immer auf etwas Unverdautes hinweist, etwas, das zu sich genommen wurde aber nicht verarbeitet, nicht vertragen bzw. ertragen wird, eine Fäulnis im Körper, der sich dagegen wehrt, sich rächt, und nicht bereit ist, es dem eigenen Stoffwechsel einzuverleiben, oder wo er bereits so vergiftet ist, dass er nichts anders mehr kann als sich „zu übergeben", wem auch immer das Produkt, der Auswurf, der Abschaum überreicht wird, meist all jenen, die sich dagegen nicht wehren können und sich dieses Übergebene anhören, sich gar aneignen müssen, denn man kann sich des Eindrucks nicht erwehren, wir lebten in einer Zeit der erkrankten Verdauung, des Nicht-mehr-bewältigen-Könnens von dem, was auf uns einstürmt, uns zugemutet wird, das wir aber letztlich selbst down geloaded haben und vor dem wir nun nahezu kapitulieren, wo wir Verbraucher sind des Unerträglichen, das wir vielleicht einfach laufen lassen, wohin auch immer, meinetwegen outsourcen ins Morgen, das uns nicht interessiert, da wir eigentlich nur bereit sind, das Heute zu bewältigen, und das oft nur unzureichend, in einer Zeit des Speiübelseins, wo von allen Übeln dieser Welt dieses das Modernste, das Angesagteste, eben das Speiübelste zu sein scheint, das so richtig IN ist, auch weil es den gesellschaftlichen Zusammenhang zerschlägt, weil es entsolidarisiert mit dem Ergebnis, dass sich die Menschen in beliebiger Form und disponibel als Akteure ihres Einzelschicksals wiederfinden und eine solidarische Lösung von Problemen oder gar Emanzipationsgeschichten zurzeit gar nicht erzählen, weil sie zugleich das soziale Gedächtnis verlieren, und ein gigantischer Medienapparat sie über diesen Verlust hinweg tröstet, Zerstreuung bietet, beim Verdrängen und Vergessen hilft, Brot und Spiele offeriert, Unterhalt und Unterhaltung.

Frage: Wie könnte sich erneut Verstehenkönnen in diesem Zeitalter abspielen, wie geschieht die Bewältigung von Wirklichkeit, des eigenen Überwältigtseins, Übervergewaltigt-seins, wo das Erleben von Versöhntsein mit der Welt selten und immer erst dann entsteht, wenn das Vergewaltigungsgefühl eine Pause macht – ach wie schön, wenn das Aufgeblähtsein nachlässt, der Schmerz aufhört und sich plötzlich Klarheit in den Köpfen breitmacht und wir endlich einmal tief durchatmen können.

9. Ein metaphysisches Dilemma

Da hatte ich es mir mehr oder weniger erfolgreich vorgenommen, Atheist zu werden. Und es war mir auch in etwa gelungen. Und ich dachte da als Kompromiss an das Fazit des Regisseurs Luis Bunuel: „Ich war Gott sei Dank immer Atheist". Ich hatte ja noch nicht so viel Erfahrung damit, aber ich habe mich bemüht..

Verglichen mit manchen anderen halt, die das mit klarster Sicherheit und, logisch voll durchdacht, behaupten konnten. Wobei die mathematisch-logischen Atheisten es da am leichtesten hatten: Die hatten dafür Formeln. Und eine Rechnung, die aufgeht. Am Schluss, ohne Unbekannte. Das muss recht schön sein und auch ziemlich eindeutig.

Aber um eine derartige Berechnungsweise von Leben und Geschichte anzustellen, war ich in der Schule wohl zu schwach gewesen in Mathematik. Ein existentielles Manko also.

Wie stark oder konsequent ich da jetzt Atheist war, sozusagen ein konsequenter Nichtglauber – was und woran auch immer – da war ich mir noch nicht ganz sicher. Zumal ich so viele Leute kannte, die sich ganz überzeugt Atheisten nannten aber an alles Mögliche und zum Teil Abstruse glaubten, oft hemmungslos.

Ich selbst hatte den wichtigsten Schritt allerdings schon getan: Ich hatte den Glauben an den Kapitalismus längst verloren. Gegen den Zeitgeist, der eine religions- und bekenntnishafte Unterwerfung unter den Glauben an Fortschritt und Wachstum und dergleichen verlangte.

Außerdem war es ja nicht so ganz klar, ob es beim Atheismus nicht so etwas wie Intensivstufen gibt – mehr oder weniger oder gar total. Und ob es nicht doch stimmt, dass man, um ein begründeter Atheist zu sein, irgendwann Theologie studiert haben muss. Denn nur dann weiß man, wie man's nicht sehen bzw. glauben kann. Unbegründete Atheisten machen es sich einfach: Sie robben sich negativ an irgendwelchem Kinderglauben ab oder an einfachen, kirchlichen Gebräuchen oder, wie sie es nennen, einem Volksglauben.

Und ich fragte mich, als frisch getaufter Atheist, ob mir jetzt noch irgendein -ismus eigen sei, sozusagen ein Übriggebliebener, meinetwegen ein Kollateralschaden in Sachen Glauben. Hat ja schließlich irgendwie ein jeder. Braucht man vielleicht auch, denn irgendwo muss man schließlich auch dazugehören. Und wenn nicht anders, dann zu all denjenigen, die nicht dazu gehören.

Und dann war ich gestorben und fand mich irgendwo wieder und vor mir irgendeine – na sagen wir: Figur.

Sie hatte eine Frauengestalt. Und sie war schwarz.

Ich fragte: Bist du….?

Sie sagte: JA.

Und da stand ich – aber was heißt „stand", aber das ist eine andere Geschichte, sozusagen ein logistisches Problem auf höchster, oder besser: Auf Nicht-Ebene.

Und ich: Sag mal – wie siehst du eigentlich aus? Bisher wirst du immer als Mann dargestellt, als Weißer mit einem Bart.

Wie meinst du? Im Augenblick bist du eine Frau und schwarz? Das ist aber politisch nicht korrekt. Und morgen siehst du also kurdisch aus und bist eher männlich und übermorgen wie ein Kind (aber die Geschichte kennen wir ja bereits aus Weihnachten)?

Du siehst immer anders aus? Kannst du dich endlich mal für was entscheiden.

Du sagst, das ist ja der Sinn der Sache, das mit den unterschiedlichen Gestalten?

So was ist aber weder bei den Atheisten noch bei den Theologen vorgesehen. Wenn das der weiße Mann in Rom, der dauernd irgendjemanden segnet – er ist immer ein Mann und immer weiß – wenn der das hört, wirst du exkommuniziert und damit stößt du auch bei den gelehrten Ajatollahs oder den Rabbinern auf Ablehnung. Da sind die sich mit dem Papst einig. Und wenn du Glück hast, wirst du nur ausgesperrt oder offiziell abgeschafft, und wenn Pech, vielleicht gar gekreuzigt oder bloß gesteinigt. So was kann jedem passieren, der sich nicht anpasst.

Die Amis würden dich nach Guantanamo stecken. Die sagen, sie seien Gottes eigenes Land, und du könntest, wenn überhaupt, nur amerikanisch aussehen. Die wissen das. Deren Prediger haben die Standards dafür gesetzt und Hollywood hat schon eindeutige Muster von dir gebastelt.

Wie? Eine Großmacht, die weltweit Leichen macht, wenn sie's braucht, kann sich auf dich nicht berufen? Und ein Land, das die eigenen Mörder ermordet, auch nicht?

Jetzt – wo ich dich schon einmal fragen kann – was mich ja interessiert ist: Manche sagen, die Welt sei voll gelungen. Ein Philosoph sagte sogar, es sei die beste aller möglichen Welten. Und angeblich steckst ja du dahinter. Sagen sie jedenfalls. Meine Frage: Ist deiner Meinung nach irgendetwas auch misslungen? Gibt es etwas, worüber du dich ärgerst?

Wie – tatsächlich? Am meisten, sagst du, ärgert dich, dass du die Entwicklung vom Affen zum Menschen zugelassen hast. Es wäre das einzige Mal, wo du hättest eingreifen müssen, ein Wunder machen. Damit das verhindert wird.

Wie meinst du das? Damit wir weiter Affen... Weil wir dann menschlicher....? Aber unsere nächsten Verwandten, die Schimpansen, die fallen auch übereinander her. Vielleicht weil wir uns von denen genetisch nur zu 1,6 % oder ähnlich unterscheiden?

Ach ja, bei denen macht das Sinn, beim Menschen macht es keinen Sinn. Die Affen müssen das – die Menschen wollen das.

Stimmt, antworte ich. Der Mensch, so sagte der Schriftsteller Erich Fromm, ist der einzige Primat, der seine Artgenossen ohne biologischen und ökonomischen Grund tötet und quält und der dabei Befriedigung empfindet.

Und jetzt doch zu mir: Was wird jetzt? Bleibe ich hier? Und wo bin ich hier?

Wie – ich bin auf der Rückseite der Geschichte gelandet? Rückseite? Wo ist das denn?

Du sagst, auch die Rückseite ist nur eine der Seiten?

Und was jetzt – bleibe ich hier, komme ich anderswo hin? Was wird mein Ort sein? Geht's nach oben oder nach unten? Oder in irgendein Zwischenreich? Und gibt's dafür einen Navi oder begleitet mich jemand persönlich?

Und jetzt kam's dicke. Sie antwortete nämlich: NICHTS DA, DU WIRST RECYCELD!

Ich: Wie bitte?

Sie: Ja, du kommst in den Kreislauf zurück.

Ich: Um Gottes willen, doch nicht noch einmal.

Sie: Doch, sagte sie, wat mut dat mut. Hier gibt's keine endgültige Entsorgung, alles kehrt wieder zurück, alles fängt neu an.

Ich: Also – wenn ich so zurückdenke – doch wieder in die Hölle?

Sie: Wenn du meinst, dass du eine solche hinterlassen hast? Dann eben Hölle!

Ich: Heißt das, aus der gibt's kein Entrinnen?

Sie: Wenn ihr meint, ihr könnt die Welt als Saustall hinterlassen und euch dann durch Abnippeln aus der Geschichte stehlen, dieses Chaos euren Kindern hinterlassen und mit eurer Asche auch die Verantwortung dafür begraben – dann habt ihr euch getäuscht. Das Wiedereinwerfen in die Geschichte ist der einzige Akt universaler Gerechtigkeit, den es geben kann.

Und jetzt, sagte sie zum Abschluss: Ab durch die Mitte!

Und da dachte ich, eben wird's absurd und ich bin im falschen Stück, jetzt rein nachexistentiell gesehen. Und ich erinnerte mich an meine Schauspielerei und da gleich an meine zweite Rolle auf der Bühne, in Samuel Becketts „Endspiel", dem Klassiker des absurden Theaters, wo ich als Hamm dann zu sagen hatte:

„Wir sind auf der Welt, dagegen gibt es kein Mittel".

Und ich dachte: Gratuliere, das ist eine Falle und da bist du also jetzt angekommen.

10. Das Versprechen

Im Winter liegt ein Versprechen verborgen. Eine Art Hoffnung auf eine neue Zeit. In jedem Winter.

Von diesem Versprechen wissen wir aus der Erinnerung. Und diese sagt uns, dass noch jedes Jahr, seit Menschengedenken, seit dem eigenen Gedenken, dem Winter ein Frühling folgt,... aus der braunen Erde ... und den grauen Stämmen ... wie unter einem immensen Druck, ... wie unter Zwang, buntes Leben hervorbricht. Wirklich, es bricht, durchbricht diese braune und schwarze und graue Oberfläche der bisher vereisten Haut der Erde und der Bäume.

Und obwohl es diese Erinnerung gibt, warten wir jedes Jahr erneut darauf, dass es geschieht – und fragen: kommt ES auch diesmal?

Was ist, wenn in diesem Jahr nicht? Und wenn, warum denn nicht? Etwa, weil die Erde und die Pflanzen müde geworden sind, vom Menschen endgültig vergiftet oder verstrahlt? Oder weil sie den Menschen, der selbst aus ihnen hervorgegangen ist, satt haben, als Zumutung empfinden und sich ihm einfach verweigern?

Und wie sähe das dann aus, dieses Ausbleiben von Leben in der Natur, wenn sozusagen der Winter den Krieg gegen das Leben gewonnen hat, dieses Mal, in diesem Jahr, oder vielleicht gar für immer, weil er dies ganz einfach dem Menschen nachmacht, es sich von ihm abschaut, ihm diese Tätigkeit abnimmt?

Oder führt der Winter umgekehrt seinen Krieg gegen die Lebensfeindlichkeit des Menschen, um das Leben zu schützen, indem er es nicht frei lässt, es nicht den Menschen ausliefert? Lebensfeindlichkeit, weil dieser – der homo sapiens sapiens – alles, aber wirklich alles zum Investment gemacht und dem monotonen, letztlich geistlosen Prozess der Kapitalverwertung, des Mehrwertmachens unterworfen hat: Die

Natur, seine Lebensweisen als Mensch, also seine Kultur, sogar seine Gene. Denn das tote Kapital braucht Leben und lebendige Arbeit, um es aufzusaugen und sich selbst im Wachstum zu halten.

Ein Universum der Räuberei, der Ausbeutung, des eindimensional-verengten Ertrag-Bringens, wo Schöpferisches, wo Wertschöpfung aufs Erträge-Abwerfen eingedampft wurde – unerträgliche Erträge, untragbar für ein weiteres Leben?

Doch mittlerweile ist daraus ein Tollhaus geworden: Das Versprechen hat sich geradezu auf den Kopf gestellt und in sein Gegenteil verkehrt. Das Universum der Verwertung der Erde und der Menschen hat die alte Erwartung an den Winter, dass er Schnee bringt und Wasser für die Felder und das Grundwasser für die Brunnen in Angst verwandelt und in eine Bedrohung, – weil nämlich der Winter dieses Versprechen in unseren Breiten immer weniger einzulösen imstande ist, es in anderen Ländern wiederum bis zum Absaufen übererfüllt.

11. Zwischen den Jahren

Es gibt eine Redewendung, da sagt man: „Zwischen den Jahren". Sie beschreibt in der Regel die Zeit zwischen Weihnachten und Silvester/Neujahr. Ursprünglich umfasste der damit gemeinte Zeitraum entweder die sogenannten Raunächte oder die Zeit zwischen dem Ende des alten (24. Dezember) und dem Beginn des neuen Jahres (6. Januar), also dem Weihnachten im Westen und jenem im Osten.

Stellen wir uns doch einfach mal vor: Das Leben, das im Laufe des Jahres seinen ständig beschleunigten Irrsinn pflegt, findet plötzlich zwischen den Jahren keinen Halt mehr, um seinen rasanten Dauerlauf weiter zu treiben – das eine Jahr ist zu Ende gegangen, das folgende hat aber noch nicht begonnen. Es gibt keine Datierung in dieser Zeit, an der man was festmachen, auf die hin man planen könnte, jede Uhrzeit schwebt im Terminlosen.

Wenn wir die Geschichte ansehen – die Erfindung der Geldwirtschaft zum Beispiel begann erst mit der Erfindung der Uhr und des mit ihr zu messenden Zeittakts. Dieser hat den Trommelschlag oder die Sirene zu Beginn der Schicht in der Fabrik in Tätigkeit gesetzt. Es war der Anfang der in Arbeitsstunden zerhackten Zeit, die dem unendlichen Prozess der ständigen Vermehrung von Geld zu dienen sich anschickte.

Und jetzt stellen wir uns einfach vor: „Zwischen den Jahren", in dieser zeitlosen Zeit also, fällt terminlos das beschleunigte Leben ins Leere, verliert seinen Boden, hat „keine Zeit" mehr, fällt aus ihr raus, und damit fällt der Zeittakt des Kapitals, also der aberwitzige Prozess der Vermehrung des Geldes als Selbstzweck, in sich zusammen. Und plötzlich könnte man sich wirklich „ein gutes Neues" wünschen....manchmal muss man tatsächlich über Grenzen hinaus träumen ......

H. ... und sonstige Geschichten

1. Brücken und Paläste – ein Rätsel für Zeitreisende

(Die Auflösung des Rätsels befindet sich am Ende der Erzählung)

Vor mir liegt ein Palast in einer prächtigen Stadt, geschützt durch eine lange Befestigungsmauer mit 39 Türmen und sieben Toren, die Einlass gewähren.

Ich kehre jetzt der Stadt den Rücken zu, vor mir der große Strom, der damals, vor Jahrhunderten, zwei Herrschaftsgebiete trennte und zugleich verband: jenseits gebot der allerkatholische König des Frankenreiches, diesseits das katholische Haupt der Christenheit.

Eine Brücke, einst die Verbindung in die Neustadt, lang und prächtig, die mit vielen Bögen die beiden Flussarme überspannte, war ein wichtiger Übergang für Händler, Reisende und Pilger auf dem Weg zwischen Spanien und Italien; von Viehherden und Maultieren, Reitern und Wagen belebt, die sich an den Seiten, ohne einander zu behindern, stromweise hin- und her bewegten.

Die Brücke, sehe ich, „ist gebrochen", wie in dem Abzählreim meiner Kindheit. Die Pfeiler waren damals mürbe geworden und konnten den reißenden Fluten des Stroms nicht mehr Stand halten. Ein Lied über den Tanz auf der Brücke ist zu hören, das den Namen der Stadt hält, wie aus weiter Ferne. Es singt über das Leben auf der Brücke in der Zeit des alten Mannes damals. Doch eigentlich singt es über das Leben, das sich unter der Brücke bewegt hatte, unter den Brückenbögen, wo die Menschen tanzten, das „wirkliche" Leben, das nicht-abgehobene, im Unterschied und in Distanz zu dem eher unwirklichen, aber wirksamen Leben dort oben in den Palästen und Kirchen. Unten Marktstände, Straßensänger, Gaukler, Huren, Kinder, die dazwischen ihre

Spiele lebten, Taschendiebe nicht zu vergessen, ein Treiben abseits von der Geschäftigkeit und dem Gestank der Macht in den Palästen der Oberstadt.

Ich drehe mich erneut um, der Palast ist jetzt vor mir, der Fluss hinter mir. Ich höre sein Rauschen, beachte aber, was vor mir liegt, wie damals, als der alte Mann in Weiß seine Zeit an diesem Ort als beendet, als geschlossen erkannte. Auch das Zeitalter der alten Männer vor ihm an diesem Ort war jetzt abgeschlossen. Er fühlte sich bemüßigt, ja war dazu gedrängt worden, die Stadt zu verlassen, dem Palast und seiner bewehrten Sicherheit, seinen protzigen Mauern den Rücken zu kehren und in seine ursprüngliche Stadt zurückzugehen, die man die „Ewige" nennt.

Abschied nehmend von der Trutzburg am großen Fluss, das Gesicht dem Zeichen seiner Macht zugewandt, den Fluss im Rücken, hörte er vielleicht, wie sich da in den alten Brückenbögen, die die Wasserarme überflogen, die lang gehaltene Spannung entlud, wie ein lautes Krachen folgte, und eine riesige Flutwelle einen Teil des Übergangs in die Welt jenseits seiner Macht einstürzen ließ. Und dann – wie ein Echo aus einer neuen Zeit – erklang plötzlich dieses heitere Tanzlied hinter ihm her, das seit je her auf lebenshungrige, manchmal auch derbe, zugleich zarte Weise gesungen worden war, auf der Brücke und unter ihr.

Kein fröhlicher Abschied für ihn.

Das Jetzt ist, so denke ich hier, am Ufer des Flusses stehend und in die Jahrhunderte zurückblickend, so gesehen immer eine Brückenexistenz, eine Überbrückung, so wie wir, wenn wir zwischen einer abgeschlossenen und einer noch nicht begonnenen Tätigkeit oder Epoche stehen, davon sprechen, dass wir die Zeit so lange „überbrücken", bis das Neue in Angriff genommen werden kann.

Die Aufgabe, die der alte Mann in Weiß – wie die vielen alten Männer vor ihm – „inne" hatte, war es, mit geradezu frommer Lust die Last seines priesterlich-altrömisch-heidnischen Ehrentitels als Brückenbauer, als Pontifex zu tragen. Als nachheidnische Gestalt hatte er sie zu schultern. Und er sah sich auch weiter als der Architekt, der Konstrukteur eines auf ewig angelegten Weges für alles, was existiert, eines Übergangs, der die Verbindung schafft zu den ewigen Welten jenseits des Physischen. Dabei sehen bereits andere in dem Lauf der Zeiten ganz einfach bloß die „Kurvatur" nicht etwa nach „drüben", sondern nach vorne, die sich wölbt, den Zeitbogen, der sich spannt, alles Lebendige einspannt, ihm Dauer und zugleich Grenzen gibt, das Gewölbe zwischen dem Noch-Nicht und dem Nicht-Mehr.

Die politische „Spaltung" war es gewesen, die seinesgleichen zur damaligen Zeit durchexerziert hatte, aus der ewigen Stadt kommend und sich niederlassend in dieser anderen Stadt in einem anderen Land am großen Fluss, unter dem Schutz des Königs der Franken und zugleich unter seiner Obacht. Er ließ einen Palast bauen, aus dem dann eine Trutzburg wurde, sich selber „Diener der Diener Gottes" nennend, Herrschaft übend und ausübend im Bedientwerden und Befehlen, ein nahezu zynischer Verrat am Anfang durch jenen Mann, der damals auf einem Esel in eine heilige Stadt einzog. Der alte Mann in Weiß hingegen war geschützt von einem Heer, das geeignet war für einen Krieg gegen alle und alles und all jene, die seiner nahezu maßlosen Anmaßung an Macht das Fundament streitig zu machen sich anschicken wollten.

Der lange Weg, die dauernde „Heimkehr" des alten Mannes in Weiß führte ihn dann vielleicht über die Alpenpässe, wie damals Hannibal mit seinen Elefanten, auf der Via Mala im Helvetischen über einen kleinen Fluss hinweg weiter nach Süden.

Ich stehe jetzt am Ufer eines anderen Flusses, in der Stadt weiter im Süden, die sie im Land „Die Blumige" oder „Blühende" nennen. So, wie sie vor mir liegt, könnte man sie auch „die Strahlende" heißen. Sie ist ein Kleinod und war die Wiege einer heraufziehenden Kultur, geschmückt mit einer Brücke, die, so wie ich sie jetzt sehe, von den Menschen dort „die Alte" genannt wird. Sie wurde errichtet, um zwischen den Palästen der Macht einen Weg zu schaffen, eng bebaut, verbaut mit schachtelförmigen Häuschen, schmalen Fensterchen, Läden dicht an dicht, voll mit all den kunstvollen Dingen, die diese mit Kunstvollem prall gefüllte Stadt – der Kunstvöllerei ergeben – zu bieten hat. Und dann ein Platz in dieser Stadt, Zeichen der republikanischen Herrschaft, wo im Jahre um die fünfzehnhundert ein aufmüpfiger, Buße predigender Mönch, Girolamo geheißen, gehängt und verbrannt worden war. Er hatte die Rechtmäßigkeit des Reichtums der Reichen in Frage gestellt und mit der Armut der Armen eine Macht gegen die Verkommenheit der Eliten in Adel und Kirche aufzubauen versucht. Denn die Armen sind darauf angewiesen, dass es gerecht zugeht – die Reichen brauchen Ungerechtigkeit, damit sie reich bleiben.

Womöglich berührte der alte Mann in Weiß auf seinem Rückweg auch diese eine Stadt, vielleicht aber doch nicht, da sie nicht zu seinem Herrschaftsgebiet gehörte und – republikanisch geordnet – auch nicht dazu passte.

Meine Reise geht weiter auf den Spuren des alten, heimkehrenden Mannes, bis an die Tore der Stadt, die sie die Ewige nennen, und ich treffe dort an der flaminischen Straße auf die Brücke, die „die milvische" heißt, und die über den kleinen Fluss führt. Diese Brücke war der Ort, wo – so sagt es die Geschichtsschreibung, nicht ohne legendär geschmückte Zutaten – bald nach dem Jahre 300 unserer Zeitrechnung ein großer Herrscher, beflügelt durch eine Vision, in einer der vielen uns erzählten Schlachten einen anderen, vermutlich nicht ganz so großen Herrscher besiegt hatte und damit eine sogenannte Zeitenwende einleitete. Einen Neubeginn, wo aus dem gekreuzten Zeichen für Frieden, Versöhnung, Demut und Erlösung einer kleinen Volksbewegung ein Symbol für Schlachten und Tod und Siegeswillen, ein staatlich geschütztes und gefördertes Herrschaftsmittel geworden war – bis in die nahe Gegenwart gebraucht, nicht selten auch verbraucht. Der alte Mann in Weiß, rückkehrend, entsann sich, dass ihm und seinesgleichen nach dieser Schlacht, später dann, die Drei-Kronen-Haube zugesprochen worden war, Zeichen für einen allumfassenden Herrschaftsanspruch. Denn bei deren Übergabe wird der alte Mann „Vater der Fürsten und Könige, Haupt der Welt und Statthalter Jesu Christi" genannt.

Eine Schlacht war es also, welche gleichsam eine Brücke bildete, mit der dann am anderen Ufer ein imperialer Neuanfang vollzogen wurde. Denn ohne diese blutige Verkürzung der Botschaft, ohne diese Abkürzung über den Fluss hinweg, hätten sie einen wirklichen, ja wirksamen Umweg nehmen müssen. Sie hätten sich ihres Anfangs besinnen und ganz zurück bis zur Quelle bewegen müssen, wo dann diese Quelle als neuer Anfang, als wirkliche Brücke gedient hätte, um so den Weg fortzusetzen. Der Brückenbauer, der Pontifex wählte den schnelleren Weg. Der Rest bis in die Gegenwart ist wirksame Geschichte.

Ich wandere durch die Stadt und vor mir öffnet sich ein wunderschöner Platz, das „Blumenfeld" genannt, wo – ähnlich wie in der Blumenstadt vorhin, bloß 100 Jahre später – ebenfalls ein äußerst unbequemer Mönch, Giordano mit Namen, verbrannt worden war: Er hatte den Anspruch des alten Mannes in Weiß untergraben, Vertreter eines Reichs zu sein, das die Mitte gleich des ganzen Kosmos darstellt und darstellen muss, andernfalls bräche das geistige Gebäude und damit die Weltordnung zusammen, für die der Alte und sein Hof steht und deswegen er die Herrschaft auszuüben das allerhöchste Recht und natürlich die Pflicht habe.

Schließlich stehe ich auf meinem Weg durch die Stadt erneut am Fluss und an einer Brücke, mit steinernen Engeln geschmückt, die der Brücke den Namen geben. Am anderen Ufer des Flusses sehe ich ein großes heidnisches Mausoleum, später ausgebaut zur Festungsburg für die Gesellschaft des alten Mannes.

Seine Rückkehr aus dem Exil ließ ihn damals sicher ebenfalls vor dieser Brücke an der Burg, diesem Riesengrab, haltmachen, das dann auch einer seiner Nachfolger als allerletzte Fluchtburg nutzen musste. Später nämlich, als die Stadt von den Söldnern eines ebenso katholischen Königs wie ein blutiger Sack im Jahr 27 nach tausendfünfhundert eine Woche lang geplündert und in ein großes Klagen und ein Meer von Blut getaucht und mit Gestank und Verwesung gefüllt worden war, und niemand kann genau sagen, ob die Luft dieser Stadt selbst in der Gegenwart nicht immer noch von dieser Verpestung durchsetzt ist und keine frommen Geschäfte können diese Überreste des Zerfalls jemals mehr tilgen.

Dann wurde sie erneut verpestet, viel, viel später, fast könnte man sagen „neulich erst", gerade einmal 70 Jahre her, als teutonische Mörderbanden − mit Kreuz und Haken bewehrt − sich am Rande der Stadt austobten und − rachegierig − hunderte Frauen, Männer und Kinder in ein Meer von Blut und Tränen und so weiter stürzten, in einer Höhle ermordeten, um sie, nach vollbrachter Tat, gleich endgültig verstecken und vergraben zu können, indem sie diese in die Luft sprengten.

Ich überquere die Brücke. Am Ende einer langen, imperial anmutenden Straße, die merkwürdigerweise „Straße der

Versöhnung" geheißen wird, sehe ich vor mir erneut einen Palast, den Sitz der alten Männer der Gegenwart als Brückenbauer und Schlüsselhalter, davor den großen Platz, mit einem mehrfachen Rund von Säulen gesäumt. Sie öffnen sich wie weite Arme, einladend und zum Warten auffordernd, zum Staunen, zum Da- und Dabeibleiben, zur Vereinnahmung, und gleichzeitig kommt in mir die Sorge hoch, versteckt in der Frage: Wie komme ich da bloß wieder raus? Gibt es eine Brücke, die darüber hinausführt, wie kann ich dem entkommen, also „die Kurve kriegen", nicht die nach rechts oder nach links, sondern zunächst einmal nur geradeaus, also zu einem anderen Ufer mit neuem Standpunkt zum leben und verweilen?

Und ich erinnere mich heute, also bereits mitten in der Gegenwart, an damals, als ich mich vor nunmehr genau fünfzig Jahren anschickte, meinen Aufenthalt in der Stadt am Tiber nach vier Jahren zu beenden. Ich entsann mich damals des Lieds von der Brücke, das heiter, zum Tanzen und zur Freude einlädt, und ich summte es vor mich hin, ging weiter und suchte in den engen Gassen einen Ausweg aus der alten, ewigen Stadt und darüber hinaus.

Anmerkungen zum Umgang mit dieser Erzählung

Die Erzählung enthält Rätsel, Verstecke, Andeutungen über Personen, Orte, Zeiten, Ereignisse, Brücken und Paläste.

Wie bei jedem Rätsel sollen sich der Leser und die Leserin über die Lösung Gedanken machen. Manches ist relativ leicht, manches wird nicht immer gelingen. Bitte lesen Sie genau.

Beginnend in Avignon, zwischen der zerbrochenen Brücke über die Rhone und der Stadt, lässt sich das Lied „Sur le pont d'Avignon…" hören, zurück ins 14. Jahrhundert, als die Päpste in Avignon residierten und dann nach Rom zurückkehrten.

Auf dem Weg der Rückkehr machen wir einen kurzen Schwenk zur Via Mala in Graubünden, früher „der römische Weg" geheißen, dann weiter in den Süden nach Florenz. Ein herausragender Blick geht auf die Ponte Vecchio und die Piazza della Signoria, auf der 1498 der Dominikaner Girolamo Savonarola verbrannt worden war.

Im Norden Roms stoßen wir auf die Ponte Milvio, die Milvische Brücke, die den Tiber überspannt, wo im Jahre 312 Kaiser Konstantin eine Schlacht gegen den Gegner Maxentius gewann, Auslöser dafür, dass das Christentum Staatsreligion wurde. So sagt es jedenfalls die zurechtgerückte Geschichtsschreibung.

Es folgt ein Gang durch Rom bis zum Campo dei Fiori, einer der schönsten Plätze der Stadt (wenn wir einmal von der Piazza Navona absehen), ein Platz mit dem Denkmal Giordano Brunos, der dort am 17. Februar 1600 verbrannt wurde, nachdem er mehrere Jahre in der Engelsburg inhaftiert worden war. Er hatte sich übrigens 1590 in Frankfurt aufgehalten, war auch auf der Buchmesse, bekam Heimweh, war wohl ein nicht immer leicht zu behandelnder Zeitgenosse, hat sich nicht zufällig mit den Frankfurter Stadtvätern verkracht und ist ein Jahr später ausgewiesen worden.

Dann stehen wir am Tiber an der Engelsbrücke, gegenüber liegt die Engelsburg. Wir hören in einem kurzen Rückblick vom Wüten der Landsknechte Karls V. im Jahre 1527, eine ganze Woche lang, beim sogenannten „Sacco di Roma" (der Sack von Rom), einem der schlimmsten Gewaltexzesse der Geschichte. Die Tatsache, dass es die Soldaten und Söldner eines allerkatholischsten Kaisers waren, spielte da keine Rolle mehr. Er konnte sie schlichtweg nicht mehr bezahlen, und so haben sie eben schonungslos geplündert und gemordet.

Dann gibt es den Querverweis auf ein erneutes Massaker, und zwar durch die SS am 24. März 1944 am Stadtrand Roms in den ardeatinischen Höhlen. Dort befindet sich heute eine Gedächtnisstätte zu diesem Verbrechen. Organisiert und durchgeführt wurde es von Herbert Kappler, Kommandeur der Sicherheitspolizei, der lebenslänglich verurteilt worden war und schließlich, 1977, mit Hilfe seiner Frau und deutscher Exnazis, aus dem italienischen Zuchthaus entfliehen konnte.

Die Erzählung endet mit dem Gang durch die Via della Conciliazione Richtung Petersplatz, den Blick auf den Papstpalast, und schließlich – mit einem seitlichen Ausstieg und einem autobiografischen Anklang – raus aus der Umklammerung durch den Platz und die dadurch sichtbar präsente Weltkirche.

(vorgelegt zu den sechsten Neu-Isenburger Literaturtagen 2013)

2. Eine brillante Welt. Die Geschichte eines Auswegs aus der verschlossenen Gegenwart

N. trug eine Brille. Er trug sie, seit er sich erinnern konnte. Sie war ihm selbstverständlich geworden und half ihm dabei, sich die Welt verständlich zu machen. Und wie bei vielem, das selbstverständlich geworden ist, merkte N. eigentlich nicht so richtig, dass es sie überhaupt gab.

Es war keine x-beliebige Brille; sie war vielmehr ein Teil von ihm selbst – s e i n e Brille. N.'s Brille war da, wozu Brillen nun einmal da sind: sie verschaffte einen klaren Blick auf die Dinge, und sorgte für eine Sichtweise, mit der N. zu leben verstand.

Sie hatte aber auch ihre Eigenarten. Zunächst waren ihre Gläser geschliffen. Dieser Schliff ermöglichte es ihm, die Welt schärfer zu sehen als durch ungeschliffenes Glas. Ferner waren die Gläser getönt, um ihn vor allzu grellem Licht zu schützen. Und schließlich waren ebendiese Gläser auch noch polarisiert. Jeder, der in der Schule aufgepasst hat, weiß, dass polarisiertes Glas die Eigenschaft hat, von den wild in alle Richtungen schwingenden Lichtwellen nur diejenigen durchzulassen, die in eine ganz bestimmte Richtung schwingen. Es gibt ja waagrecht und senkrecht polarisierte Wellen und Welten und so weiter, aber das würde jetzt hier zu weit führen.

N. fühlte sich wohl. Er lebte unter all den Brillenmenschen und sie waren sich dessen bewusst, dass sie die Welt so sahen, wie sie wirklich war.

Und N. wuchs auf und kam in die Schule. Er lernte Rechnen und andere nützliche Dinge, vor allem aus der digitalen Welt, daneben auch Lesen und Schreiben – seine Brille erwies sich als sehr hilfreich und ordnete sein Leben.

Schon von klein an haben ihn seine Eltern bewusst und fürsorglich erzogen. Er durfte viel spielen, wurde auch sonst sehr gefördert, selbst raufen war nicht ganz verboten. Nur eines durfte er nicht: seine Brille abnehmen um zu sehen, wie die Welt ohne sie aussieht. Ja selbst ein Blick daran vorbei durch jenen schmalen Spalt, der jenseits des Brillenrandes, sozusagen in den entfernten Ecken seines Blickwinkels sich abzeichnete, war strengstens verboten. N. erinnerte sich, wie er bei einem derartigen Versuch einmal von seinen Eltern ertappt worden war, und welche Szene es damals gegeben hatte. Er hatte diese Aufregung nie verstanden – es musste wohl etwas Wichtiges sein – ließ Seitenblicke aber in Zukunft bleiben, des lieben Friedens willen.

Auch seine Lehrer waren emsig bemüht, daran zu arbeiten, dass N. diese offenbar gefährlichen Blickpunkte möglichst nicht ins Auge fasste und es bei dem bewährten Blickwinkel bewenden ließ.

Und N. dachte, dass das wohl eine der Aufgaben von Schule sein muss. Und dass jede Vorstellung eines „Darüberhinaus" als höchst unangebracht empfunden wurde.

Solchermaßen zugerichtet und erzogen machte sich N. einen geschärften Blick für die Dinge zu Eigen. Er bildete sich seine Meinung über die Welt, und verstand es bald, sich zu orientieren und im Leben zurechtzufinden, geleitet und geschützt durch die Gläser, die seinen Blick auf die Welt vor allzu großer Helligkeit bewahrten und durch ihre vertikale Polarisierung Sicherheit und der Welt Eindeutigkeit verliehen.

Irgendwann einmal, nach vielen Jahren (oder waren es eigentlich doch nur Augenblicke, fast so wie das Ende einer kurzen Vorgeschichte), ahnte er zum ersten Mal in seinem Leben überhaupt, dass er eine Brille trug. Er spürte sie als etwas, das die Welt, die Sicht und die Sichtweise zwar strukturierte und selektierte, aber vielleicht auch enger machte – von ihm insgeheim schon lange befürchtet, dass es so sei.

Vielleicht hatte sie begonnen, ihn zu belasten, hatte sozusagen an der Nase, seinem Riechorgan, Druckspuren eingeprägt, vielleicht gar, da immer schwerer wiegend, die Luftzufuhr der Nase behindert, das Gefühl von Enge entstehen lassen.

N. wagte es irgendwann, ein erstes Mal zögerlich die Brille ab zu nehmen, seine Brille, so, als würde er etwas Fremdes in der Hand halten. Ein eigenartiger Vorgang, wenn er plötzlich das bisher Bekannte, das Vertraute, ursprünglich ein Teil des Selbst, als etwas Fremdes, Nicht-Zugehöriges, jetzt von außen Betrachtetes erlebte, zutiefst beunruhigend, zugleich aber eine Ahnung vermittelnd, dass da etwas Anderes, Neues sich auftun könnte.

Er wusste selbst nicht genau, wie es dazu gekommen war, stellte sich aber zum ersten Mal die Frage nach dem Horizont seiner Anschauungen und nach den Sicht- und Deutungsweisen über den Tellerrand des Brillengestells hinaus.

Jedenfalls versuchte er von nun an öfters probeweise zu leben – ohne Brille. Zuerst war er verwirrt – ohne ihren vertrauten Schliff hatte die Welt eine ganz ungewöhnliche Gestalt, vieles war auch noch verschwommen, insbesondere jene perspektivischen Teile, die eher in der Ferne lagen, jene, die vor allem den Horizont bildeten. Am meisten aber verwirrte ihn, dass die gewohnte Polarisierung, die ihm so viel Sicherheit geboten hatte, einer nicht gelenkten, scheinbar chaotischen Vielfalt von Eindrücken und dann auch Erfahrungen Platz gemacht hatte.

Die Welt begann, ihre gewohnte Ordnung zu verlieren. Und sein Denken kam damit nicht zurecht. Denn die bisher wohl gegliederten Fragen erwiesen sich als nicht mehr ausreichend und oft auch nicht zutreffend, und die alten Antworten hatten ihre so selbstverständliche Einsichtigkeit verloren. Fast schien es, dass die Eindimensionalität des polarisierten Schliffs sich in einem Universum der Vielfältigkeit, ja sogar Beliebigkeit verlor.

Erst jetzt begann er – in kleinen Schritten – die Brille zu begreifen, sie sozusagen von außen ohne Brille zu durchschauen. Und es folgte der Schock, als er erkannte, dass diejenigen, welche die Brillenmodelle anbieten, tatsächlich ja viel mehr waren als eine Art Clan von Optikern – sie waren so etwas wie Fabrikanten von Sichtweisen. Und dass sie dadurch den Fokus auf bestimmte Fragen und Blickwinkel richten, andere wiederum umfassend ausblenden bzw. geradezu weginformieren können.

Diese Herstellungsweise geht subtile Wege und ist doch erfolgreich. Und die Experten in solchen Sachen in der ehemaligen sogenannten Zone im Osten des Landes schämten sich jetzt im Nachhinein: Sie hatten nämlich damals diese subtile Eleganz der freien, genauer gesagt: freiheitlichen Fabrikation von Sichtweisen nie erreicht.

N.s ersten Gefühle waren Scham und Verwunderung, vermischt mit Trauer, und schließlich Wut und Zorn. Er fühlte sich verraten. Er durchschaute die Lüge, die in der Wahrheit der Brille lag, welche behauptete, von der Welt eine Anschauung zu bieten so, wie sie wirklich und alternativlos sei. Und zwar merkwürdigerweise inmitten einer Vielfalt von Meinungen, Anschauungen und Sichten, die ja immer als das große Plus, die Errungenschaft seiner Gesellschaft gepriesen wurde, die merkwürdige Erfahrung also, dass Vielfalt und Einfalt zugleich das Leben zu steuern versuchten.

Dann wieder die Versuchung, die aus der „Sehnsucht" entsteht nach der verlorengegangenen alten einfachen Welt mit der gewohnten Sicht von Wirklichkeit. Die Angst vor aufgeklärtem Weltbezug lag nun im Streit mit dem Hunger nach Substantiellem, nicht dauerhaft Wiedergekäutem. Dass das Alt-Selbstverständliche auf den Kopf gestellt wird – oder eher umgekehrt: auf die Beine, endlich mit Hand und Fuß versehen. Und er machte die eigenartige Erfahrung, dass er, der sich eben aus einer klaren, aber beengten Welt der Eindeutigkeit befreit hatte, in einer neuen Welt nicht nur der Vielfalt, sondern auch der Beliebigkeit gelandet war. Diese Welt verstand sich als eine der aufgeklärten Freiheit, war aber darauf angelegt, dass in ihr immer zugleich der Zerfall steckte. Und dass er selbst in der Gefahr stand, jetzt, wo er endlich einen befreienden Ausweg gefunden hatte, zwar nicht in einer neuen Sackgasse, wohl aber in einem nicht mehr zu verortenden Land angekommen zu sein schien, irgendwo, mit allen Anzeichen der Bestimmungslosigkeit. Und weiter noch: Diese Welt enthielt ein ständiges Auf und Ab, und dass sie dieses Auf und Ab mit dem merkwürdigen Begriff des Fortschritts geschmückt hatte.

Er erlebte ein ständiges sich Öffnenmüssen für die Fülle des jeweils Neuen, das dann immer als Modernstes behauptet wurde. Das kann es nur, wenn es das, was eben noch bestand und auch galt, immer zugleich vernichten und entwerten muss, ihm die Dauer raubt, ein Vorgang, dem die Ideologen oder Prediger dieser Veranstaltung das Wort von der produktiven Zerstörung gegeben hatten, wobei die Maßstäbe darin ins Wanken geraten waren, welche Art von Zerstörung produktiv und welche endgültig tödlich sei.

Eigentlich waren es ja nur neue Werkzeuge, an denen er sich jeweils anlernen sollte, aber es wurde ständig die Illusion aufrecht erhalten, es handle sich um enorm kreative und innovative Einsichten und Tätigkeiten bei der Bewältigung des Lebens. Doch er mutmaßte insgeheim: Je mehr Fortschritt, desto substanzloser.

Da kann auch nichts anderes entstehen, wenn das Letztendliche und ultimativ Gültige von Welt und Leben letztlich nur das immer gleiche Design bleibt, bloß dass es sich ständig fortwälzt und dauernd neu erfindet. Die Ausgestaltung von Belanglosem wird zu Substanz, der Leere wird ein Gesicht gegeben.

Die Frage nach dem „Dahinter", dem „Noch-Nicht-Ort", der Utopie, oder die Sehnsucht gar nach einem ganz Anderen, hinaus über die vordergründige Welt der elektronischen Apparatur und die zeitzerstörende Lebensweise eines rasenden Stillstands, stellt sich hier nicht mehr, wird gar nicht mehr verstanden. Es ist das Denken und Fühlen, die Ästhetik der Warenwelt, die einzig dazu da ist, Spaß zu machen – und Gewinne zu erwirtschaften, natürlich. Fun wird dann zur Sättigungsbeilage des Alltags und zur Ultima Ratio in der Abwehr der Bedrohung, die entsteht, wenn sich eine Ahnung auftut, wie irrational des Ganze im Grunde ist.

Und N. merkte entsetzt, dass das, was ihm früher Heimat zu sein schien, im aufgeklärten Lichte besehen Absurdes war, dass aber umgekehrt die jetzt brillenlose Zeit beides zu werden begann: Eine solche, die zwar eine gesteigerte Neugier brachte, erhellend und befreiend, die ihn aber zugleich dem Anspruch ausliefert, sich einer angstmachenden Wahrhaftigkeit über eine katastrophische Welt stellen zu müssen. Die erschreckende Aussicht auf eine nicht unmögliche Barbarei war hier mit eingeschlossen, für die es offensichtlich – in verschiedenartiger Gestalt, um nicht zu sagen: mit unterschiedlichen Figuren – bereits Anzeichen und lautstarke Vorboten zu geben schien.

Ihm blieb nur mehr ein lauter, verzweifelter Schrei, und er schloss sich Freunden an und sie machten sich auf den Ausweg.

(vorgelegt zu den achten Neu-Isenburger Literaturtagen 2017)

3. Das Klassentreffen oder: Der Tanz einer Epoche

Aufzeichnungen eines versteckten Beobachters durchs Schlüsselloch der Jahrtausendwende.

Ich habe, so der Beobachter und Zeitzeuge, im Laufe meiner bisherigen unruhigen Zeiten natürlich umfassende Erfahrungen gemacht, bin bewegungsmäßig zu einer enormen Reife herangewachsen und alt geworden, und, würde man das Bild vom Rindersteak nehmen, kräftig abgehangen, – na ja, wo ich überall herumgehangen habe – also: abgehangen, trotzdem mäßig zäh geblieben; habe die unglaublichsten Typen (und natürlich Typinnen) kennengelernt, mit den absonderlichsten Standpunkten: dem i-Punkt, K-Punkt, dem 0815-Punkt, dem G-Punkt und dem Wirtschaftsstandort, also dem Merkel- und Merz-Standpunkt, durch den Sozialdemokraten Scholz frisch gehalten, versehen mit den merkwürdigsten ideologischen Schräglagen, Rücklagen und Vorlagen, blicke jeden Morgen in den Spiegel und sehe, wie mir all das in konzentrierter Form entgegenblickt, bin entsetzt und denk, ich hab Besuch.

Ich frage Sie: Wem gehört die Welt nun eigentlich? Glauben Sie an den Weltuntergang? Ich schon. Denn: Ab Aschermittwoch ist ja alles vorbei, wird gesagt, immer wieder, jedes Jahr. Bis dahin haben die Narren das sagen. Und das tanzen.

Und dann folgt das unerträgliche Nichts. Oder vielleicht doch nicht. Glauben Sie etwa, dass das danach aufhört, das närrische Treiben? Ich nicht. Sicher die Narren sind jetzt andere, es sind die üblichen halt, die wir bereits kennen.

Das Klassentreffen

Wir stoßen gerade dazu, wie die selbsternannten Jecken, als Eliten verkleidet, bei einem exquisiten Mahl versammelt sind. Es ist zugleich auch ein politischer, diplomatischer, kultureller und geschäftlicher Event.

Stellen Sie sich jetzt eine riesige Tafel vor, die sich durch mehrere Säle zieht, und das über einen langgestreckten Zeitraum hinweg.

Obwohl fast keiner den anderen kennt, ist jeder doch über alle und alles bis ins letzte Gerücht hinein informiert. Manche sehen sich selbst als extrem angesagt, als viel moderner noch als nur postmodern, andere wiederum scheinen dem ausgehenden 19. Jahrhundert entsprungen zu sein.

Wir treffen abwechselnd den morbiden Charme ausgedienter Grafen und sonstiger Adeliger. Dazwischen renommierte Unternehmer, sogar richtige Konzernherren, für die freie Wildbahn zuständig, scherzhaft Marktwirtschaft genannt, die ihr Revier, d.h. die Marktanteile, vorübergehend verlassen haben, um sich von der drückenden Verantwortung für die Arbeitsplätze zu erholen.

Wir sehen die Creme de la IT-Creme am Hacker-Buffet.

Arrivierte Politiker sind da, wahllos, obwohl vom Volk gewählt, sonst in ebengenannter freier Wildbahn als Wildheger beschäftigt: Jetzt haben sie sich vor der Verdrossenheit der Verdrossenen hierher geflüchtet. Zwischendurch vertreten sie mal nicht das Volk, sondern sich selbst die Beine. Obwohl sie im Augenblick ja sitzen.

Ein exquisites Mahl ist wie gesagt am Laufen. Man ist entre nous – unter sich, unter uns gesagt.

Wir beginnen mit Saal eins

Das Publikum hier ist sehr bedeutend, an sich und natürlich auch für sich.

Da sind zunächst Gäste, die sehr VIP sind, uns aber nicht bekannt, wie:

Freiherr von Baiershausen – er nagt an einem Zitterrochen. Der freie Herr hat nicht nur blaues Blut, sondern auch ein blaues Auge. Das stammt von dem dreisten Versuch, gleichzeitig wie Prinz August von Hardliner, auch Prügelprinz genannt, den letzten Parkplatz zu ergattern.

Frau von Finkelstein sitzt gleich beim Eingang. Die Freifrau liebt Pilze und isst eine Krause Klucke (auch Fette Henne geheißen). Eine Bemerkung des Freiherrn entfacht bei ihr ein Erbeben nach der Richterskala, die bekanntlich nach oben offen ist.

Bocusius der Feingehackte streut noch schnell Schnittlauch auf die Suppe.

Generaldirektor Heusenstamm, der seine Lesebrille vergessen hat, liest auf der Speisekarte: Trottellini alla panna – und ruft: Gibt's die nur mit Panne? Und nach welchem Trottel von Koch ist das benannt?

Fräulein Zischa nippt noch immer an ihrem Gin Fiz, als bereits der Nachtisch kommt.

Graf Dracula erscheint und alles seufzt begeistert: Endlich mal ein wirklich versierter Blutsauger. Ist das die Schlacht am kalten Kadaver, fragt der Graf? Nein, antwortet Isidor der Hämophile, die an der warmen Blutsuppe.

Waldemar der Unbotmäßige stammelt etwas von Fug und Recht, ein anderer dazu: was hat denn Befugnis mit Recht zu tun? und ein Dritter: Wer so recht befugt ist, der h a t Recht. Darauf der kunstsinnige Behördenleiter Maier: Oh ja, Bach, Toccata und Befugnis in D-Dur, ta ta ta taaaa!

Ferdinand der Gütige, auch Gütinand der Fertige genannt, furcht die Stirn, um die Gedanken zu glätten, Clara die Häusliche furcht die Gedanken und bekommt dann das Gesicht nicht wieder glatt.

Marieluise von der Alm macht viel Qualm, ihre Zigarren stinken nach Koriander und ihr Parfum erinnert an Salmiak, ihr Lippenstift ist pfefferfarbig.

Der greise Isegrimm von Ableben lässt einen Leutseligkeitsfurz von sich.

Theodor der Hohlzahnige sucht ständig seinen Zahnstocher.

Kunibert der Bärbeißige zwirbelt seinen Bart und verteilte darin die Reste von Erbsensuppe als Stärkemittel.

Gallomir der Kotzbrocken betätigt sich zum ersten Mal, quer über den Tisch und trifft Elisabeth die Freibusige voll in die Blöße.

Balduin der Gichtbrüchige schreit: Kindlein, liebet euch untereinander, und Isabelle die Früherkannte antwortet: Bei mir liegen Sie richtig.

Das wollen wir uns jetzt nicht weiter zumuten und gehen, besser

… nein, wir schreiten in den angrenzenden Saal zwei

Baronin Margarete die Tranfunzelige träumt von Neuschwanstein, ihr Mann träumt von mal Schwein sein.

Cäcilie die Abgeschmackte lobt die Gastgeber mit ihrem galligen Humor: "Euer Schweinekoben ist schwer zu loben".

Detlef der Bettnässer piekst Frau von Pinneberg ins Gesäß, worauf sie huuu ruft und errötet, sich ihrer Kinderstube erinnert und ihn sofort mit Blicken tötet.

Isidor der Lendenlahme nestelt Consortia der Spätbeglückten am Mieder, sie selbst stützt sich bei ihm eher zufällig auf dem Schoß und merkt, dass dort, wo kaum noch Leben zu sein scheint, doch manchmal seine Härten spürbar sind. Darob seufzt sie: Das Leben ist hart, aber nicht immer hoffnungslos hart.

Der Chor setzt erneut an mit seinem Refrain: „*Das ist das Klassentreffen, jaa, das Klassentreffen. Sie essen und …*" wird aber von Consortia energisch zum Schweigen gebracht.

Frau von Urinenstein erzählt mittlerweile über ihre Harnleiterentzündung, worauf der schwerhörige, gern mit Beethoven verglichene Dirigent Hubert von Kaviar prompt Tonleiterentzündung versteht und meint, es handle sich um eine zündende Idee zu einer neuen Symphonie in Zwölfton-Musik und vorschlägt, er möchte sie erigieren.

Gräfin Vakua von Vakzinia, die nicht mehr allzu sehr trauernde Witwe eines Impfstofffabrikanten, bemerkt zum Jäger Bodo aus Kurpfalz, sie verspüre eine innere Leere, ob er da "wohl tätig" werden könne. Er versteht nur "wohltätig" und überreicht ihr einen gemeinnützigen Scheck. Darauf sie: Nein, sie meine "mildtätig", darauf nähert er sich ihr persönlich. Drauf sie: Nicht so ruppig, etwas mildtätiger bitte, und das tut er dann auch.

Isolde Huf, geb. Lattich, singt zum Klavier das Lied: "Ich glaub, mich tritt ein Pferd – o nein, mich frisst ein Pferd."

Fürst von Tut und Tatnix lässt sein Testament eröffnen, worauf seine traurige Witwe Gloria das Tafelsilber verscherbelt, und alle Freunde singen: Glory, glory halleluja, was der Fürstin so manche Träne entlockt.

Jemand verwechselt Päderast mit Pediküre, Pediküre mit Walküre und fragt in einer Wagnervorstellung, was ihm wohl hier weggeschnitten würde. Es war aber nichts von Wagner, es war die Madame Pompadour. Fragt er: Wer ist das denn? Ein Sitznachbar: Eine Rokoko-Kokotte. Seine Frau. Was sagt er? Er: Weiß nicht, er stottert.

Und da hören wir jetzt den Chor ungehindert seinen Refrain singen:

Das ist das Klassentreffen,
jaa, das Klassentreffen.

Sie essen und sie trinken,
machen Konversation
bei der keiner richtig zuhört,
doch wen stört denn das schon
bei diesem Klassentreffen,
der Elite – der Nation

Es geht weiter im angrenzenden Saal drei – die Gäste überaus bedeutend, global gesehen

Es wurde gespiesen und getrunken. Hier ist die eher politische Gemeinde versammelt und bereits am Verdauen begriffen. Und man macht in Kultur – und natürlich in Politik.

Doch plötzlich sind wichtige Ereignisse dabei, sich zu ereignen: Eine Horde attacies hat sich nämlich in den Saal geschlichen. Typisch. Sie entfalten ein Transparent auf dem steht „Es ist genug für alle da. Schau um die Ecke", sagen aber nicht, welche Ecke, und skandieren dann, wie der Chor in der griechischen Tragödie:

Diebe, die das Stehlen reich macht, werden Gentleman: Unternehmer, Übernehmer, Landnahme feindlich, Übergabe freundlich – nimm mich, ich nimm dich, ich übernimm dich, ich übernimm mich..

…und beginnen dann mit dem sogenannten Elitenlied das Klassentreffen nachzuäffen:

Diese kosmische Versammlung
an Bedeutungsklunker schwer.
Die Reichen
und die Superreichen,
die gleicher sind als alle Gleichen,
die Elite der Nation.
Ne'n guten Euro,
schnellen Dollar,
national-global im Grenzen.
Gute alte Werte pflegend,
dazu ihre Hymne singend:

Marktwert, Marktwert,
über alles, Markt wird siegen
bis dann alles,
in Scherben fällt,
was sich nicht hält.
Manche darben ohne Narben,
manche fühlen ohne Schwielen
an den Händen.
Kunst vom Feinsten.
Goldne Jungs und
silb'rne Mädels.

Räte, ratlos, und vor allem:
Aufsichtsräte, Hofräte,
Studien- und Kommerzienräte.
Nur ein Rat,
der wär des Teufels:
Denn es wär die vielgeschmähte
neue Republik der Räte.

Angebaggert, ausgebootet –
Top-Geschäfte, frohe Feste
ist ihr künftig Zauberwort.

„...ist ihr Zauber fort!"
ertönt's im Echo.

Doch die Leute von attac können dann nicht mehr weitersingen, sie werden durch finanzstarke Bodyguards, dirigiert durch Wolfgang Schäuble, der attac besonders ins Herz verschlossen hat, in einem hohen Bogen rausgeworfen. Der Bogen entspricht der neuesten Wachstumskurve von DAX und Dow Jones, abzüglich der aktuellen Bremsspuren bei der Finanztransaktionssteuer.

„Es geht um den Klassenerhalt", antwortete Schäuble mit drohendem Zeigefinger und einem zarten Hinweis auf das Grundgesetz und auf die unabhängige deutsche Gerichtsbarkeit in Sachen Gemeinnützigkeit. Dieselben Worte entfleuchten gleichzeitig dem Mund des Herrn Lindner und dem Mann mit der Karo-Jacke von der Alternative für D., der sich diesen Standpunkt damals bei seinem politischen Werdegang in der CDU aneignen konnte.

Damit hatten Schäuble, Lindner und der mit der Karo-Jacke und dem Fliegenschiss das Feld frei gemacht für den extra zu diesem großen Event angemieteten Chor, und zwar durch die Chief Executive Officers, die CEOs von wirklich ganz oben. Dieser Chor unterbricht das allgemeine Kauen mit dem Refrain aus dem Psalm der gehobenen Klassenbesten:

Wir gehen meilenweit   für unsere Freiheitlichkeit,
verraten jeden Vorsatz,   schänden jeden Grundsatz
für ein neues Land   mit Absatz für den Umsatz!

Wir gelangen in den Sondersaal vier

Ein sozialdemokratisches Geschichts-Sausen nimmt gleich den ganzen Saal ein.

Der ehemalige Vorsitzende einer ehemaligen Volkspartei und ehemalige Vorsitzende einer damals kommenden Linkspartei, Oskar Wasserstrahl, auch Lafontaine genannt, singt mit der Lichtgestalt aus dem Hause Hannover – nicht dem Prügel-Prinzen, sondern dem Chef der Prinzengarde der Agenda 2010 – das Lied: "Brüder zur Sonne, zur Freizeit, Schwestern zum Lichte empor". Ansonsten wechseln sie kein Wort, nur Schröder murmelt irgendetwas von „Gedöns".

Dann beginnt der Saarländer provozierend zu singen: „Reformen, Reformen, sie stürzen alle Normen." Darauf Gerhard Schröder sofort: „Reform, Reform, die lieb ich ganz enorm", auch er ein ehemaliger Vorsitzender einer ehemaligen Volkspartei. Schröder ist auf dem Weg vom Standpunkt SPD zum Standort Deutschland gestolpert, irgendwo verloren gegangen, hat aber die Beförderung vom Promi zum Gazpromi erfolgreich geschafft und uns allen den Zugang zu den russischen Gasvorkommen für lange Zeit gesichert – uns allen, denn wir sind Deutschland.

Und dann kommt schon wieder ein ehemaliger Vorsitzender einer ehemaligen Volkspartei: der Franz, nicht der Kaiser, nein, Münti, der Genosse, das Radieschen mit der roten Schale und dem weißen Kern. An seiner Seite Matthias, der Potsdamer, noch ein ehemaliger Vorsitzender, Sie wissen schon, und dann der Mainzer Kurt, der Beck mit dem Drei-bis-fünf-Tage-Bart, auch er natürlich ein solcher ehemaliger, und schließlich – hört das denn nie auf, dabei ist der Björn Engholm noch gar nicht da – der aktuelle der ehemaligen, der Sigmar, der neue Erzengel der Partei, der aussieht, als hätte man der Partei vorn an der Spitze einen

Bären aufgebunden. Nein, denn dann kommt der noch aktuellere nach dem aktuellen, der europäische Bibliothekar Martin aus Würselen mit den Allerweltsozalversprechen, und weiter die Andrea, die Ehemalige, und schließlich die alleraktuellsten – ja richtig, ein nicht liiertes Paar sogar – die bei Redaktionsschluss dieses Opus noch nicht fertig gewählt sind. Deshalb können sie natürlich auch noch nicht zurückgetreten sein.

Habe ich irgendjemand vergessen? Es ist alles so unübersichtlich.

Sie sind alle auf der Flucht vor dem Schatten von Herbert Wehner, der ihnen Zumutungen zufügen möchte, wahrscheinlich altsozialdemokratische Restbestände.

Und plötzlich weht der Geist Willi Brandts durch den Saal. Er ist das, was Geister sind, nämlich unsichtbar, auch kaum spürbar, und zwar schon lange nicht mehr, selbst in dem Haus mit seinem Namen, und er tut das, was Geister sonst nicht machen: Er tritt Gabriel in den Bauch, Schulz ans Schienbein, Nahles ans Steißbein, Steinmeier als Präsident tritt er überparteilich ans Jochbein und steckt Ulla Schmidt Aachener Printen in die Problemzonen. Aber pflegeleicht.

Dann singen Wehners Erben, als neoliberale Chorknaben geoutet, dirigiert von Andrea Nahles, das Lied von den Reformen: Und sie alle hoffen, damit sind sie sachzwangsmäßig aus dem Schneider.

Und, selbstverständlich findet sich irgendein oberster Bischof im Saal – es findet sich immer einer – der davon so begeistert ist, dass er zu predigen anhebt mit den Worten: Oh gläub'ger Mensch, du bist auf Erden, um eine Ich-AG zu werden. Denn der Herr gibt's und der Herr nimmt's, und dass der Landmann sät, und der Herr Ackermann erntet. Und letzterer macht noch einmal den Victory, Merkel den

Hofknicks, Kopper verteilt peanuts und Thomas Gott-schalk Gummibärchen.

Und dann erleben wir illustre Gäste, extrem bedeutend und wahllos gewählt. Denn wir erreichen jetzt

... das Klassentreffen im Saal fünf

Liebe Leser und auch -innen, Sie sehen, wir sind weit in die neueste Geschichte der in Sachen Krise so unterschied-lich verwickelten Persönlichkeiten eingetaucht.

Der Eurobeauftragte der Bundesregierung sieht sich stän-dig verfolgt von der Anspruchshaltung des Mannes von der Straße und der Frau vom Herd, flüchtet sich zum Chef der Deutschen Bank und bittet um Kirchenasyl. Es wird ihm gewährt, denn die Bank besitzt damals alle Voraussetzun-gen: Türme sind da, Andachten werden durchgeführt, die Verehrung läuft auf vollen Touren und in Sachen Geld ist man ethisch höchst flexibel. Heute zwar auch noch, aber die Voraussetzungen sind doch etwas anders verschuldet.

In der Zwischenzeit trinken Angela, die Merkelige, und Baronin Margarete die Tranfunzelige Schwesternschaft und schwärmen von dem Frisör in Neuschwanstein.

CDU-Mann Merz – ja, auch er ist da, die nassforsche Zumutung, er hat einmal über Ying und Yang gelesen und ruft: „Grau ist alle Praxis, aber schwarz und weiß ist unsere Theorie". Er plädiert erneut für die Senkung der Lohnne-benkosten, für Arbeit zum Nulltarif, die Intensivhaltung der Beschäftigten, selbstverständlich ohne Käfig, man ist doch kein Huhn, wobei sie Kohle oder Briketts selbst ins Büro mitbringen dürfen, damit sie nicht frieren, man ist ja auch kein Unmensch. Und dann ist er weg. Mit dem eigenen Überflieger. Nicht immer. Aber immer öfter. Überlegt aber weiter, wann er wieder da sein soll. Und das hängt wohl ab vom AKK-Trauma.

Auf seinen Spuren, eng zu seinen Füssen, hechelt die Junge Union, den Blick voll auf die Zukunft gerichtet, in den Startlöchern stehend, um ihren Vätern nachzueifern und Leistungsträger zu werden – vom deutschen Tellerwäscher im Eiltempo zum deutschen Millionär. Aber nur bei gesenkten Lohnnebenkosten. Sie üben sich mit „Tellergewäsch" für diese Tätigkeit, indem sie gegen linke Sozialromantik anschnöseln. Das Wort „sozial" hatten sie einmal irgendwo zwischen Tür und Angel aufgeschnappt.

Koch ist da, die einst führende Regierungsleuchte in Wiesbaden, damals auch Hessens brutalstmöglicher Roland geheißen – der mit der Antiausländer-Trickkiste im Wahlkampf: Leute kommen daher geströmt: „Wo kann ich hier gegen Ausländer unterschreiben?". Was Koch so nie gesagt hatte, hatten sie richtig verstanden. (Und wenn das in diesem Buch schon einmal gesagt wurde, dann absichtlich jetzt noch einmal, es sollte nicht vergessen bleiben, denn in irgendeinem politischen Vorzimmer musste die AfD ja ihr Kommen vorbereiten). Koch verstrickt sich wieder einmal in tausenderlei Wahrheiten, findet sich darin nicht mehr zurecht, tritt zurück und geht schließlich zu Bilfinger, also auf den Bau, leider nicht in denselben. Ist dort bald aber über seine eigene Bedeutung gestolpert.

Gallomir, genannt der Kotzbrocken, hatte darauf bestanden, den Platz neben Roland Koch zu bekommen. Beide sind intensiv in Tätigkeiten der Selbstverwirklichung vertieft.

Gallomir selbst ist Psychiater und träumt von manchen steuerlichen Annehmlichkeiten in Hessen, von Weimars Republik. Er berät mit dem früheren hessischen Finanzminister gleichen Namens das Modell eines sogenannten Erratervertrags: Man muss nämlich etwas „erraten", und zwar, welcher übereifrige Frankfurter Finanzbeamte von Fall zu Fall nicht hinnehmbare psychische Defekte bei der

Steuerprüfung erkennen lässt und von dieser Tätigkeit abgezogen werden sollte. Es handelt sich dabei um ein Schutzprogramm für steuerlich verfolgte Großertragsunternehmer, Banken und sonstige Konzerne.

Bei dem ganzen Treffen sind übrigens hordenweise Machtausübende anwesend, die von hochbezahlten Dummstellern umgeben sind. Manchem sein Arbeitsmotto ist: Ich stelle mich gern dumm, möchte aber, dass das gut bezahlt wird. Fällt so ein Mächtiger dann sich selbst zum Opfer, werden die Dummsteller, die ihm folgen, vom Steuerzahler weiter ausgehalten, durch Wahlenthaltung gewählt und somit demokratisch bestätigt. Nicht selten haben sie einen akademischen Abschluss mit unscheinbar kopierter Promotionsarbeit und dem Titel „Anerkannter Ignorant mit Vollpfostendiplom".

Das ist das Klassentreffen, jaa, das Klassentreffen.
Sie essen und sie trinken, machen Konversation
bei der keiner richtig zuhört,
doch wen stört denn das schon
bei diesem Klassentreffen,
der Elite – der Nation

Schließlich und endlich Nummer sechs, eine Art Sendesaal

Hier weilen extrem bedeutende Gäste, sie sind zum Teil ausgereift dekadent.

In einer Ecke des Saals sitzen – besonders zahlreich vertreten – die Meinungs- oder Sichtweisenmacher, kurz: Opinion leaders. Sie wurden, so wird vermutet, von den strategischen Zentralen ausgesandt und so haben sie jeweils im Rahmen des abgesteckten mainstreams ihre besondere Sendung. Eine besteht darin, dafür zu sorgen, dass bei den Unterhaltungen über wichtige Dinge dieser Welt „keine Übertreibungen" durchgehen.

Auch Sabine Christiansen durfte hier – Sie erinnern sich, da war mal was – zu aller Überraschung erneut – aber nur probeweise – Opinion leaden. Böse Zungen sprachen vom Opinion-Luder. Sie moderierte ihre bekannte politische Comedy-Show. Dort gibt sie den sonntäglich wiederholt eingeladenen wichtigen Persönlichkeiten die wiederholte Gelegenheit, sich zu wiederholen. Ihre ausgesuchten Fragen sorgten dafür, dass keine Antworten von Belang durchgehen und dass die hochdurchschnittliche Einfaltquote nicht überschritten wird. Über Jahre hinweg war das kaum jemand aufgefallen. Und wenn das doch jemand aufgefallen war, dann hatte er keine Einschaltquote.

Frau Christiansen hat ihre Erfahrungen bereitwillig an die Nachfolgerinnen weitergegeben. Die beherrschen das besser – zwar kundig, aber nicht so offenkundig.

Ein Liederzyklus wird geboten, komponiert von Dieter Bohlen, gesungen von Verona Feldbusch, heute Pooth, choreografiert von Stefan Raab. Als Geschmacksverstärker hilft Boris Becker. Nach den Liedern erhebt sich Dieter Bohlen in seiner Eigenschaft als Weisheitsversprüher und beginnt erfrischend zu reden. Er versucht sich an einem Traktat des Philosophen Maurice Blödéll. Er ist authentisch. Bei ihm ist die Beschränktheit eine Gabe der Natur. Es liegt nichts Gezwungenes, nichts Einstudiertes darin.

Manche sind mittlerweile ziemlich erschöpft und ergehen sich schweigend: Seine Eminenz Kardinal von Fürstental zum Beispiel – er träumt mit wachen Augen von seinen Kollegen in der Renaissancezeit und wünscht sich ein Separee für diskrete Frömmigkeitsübungen. Er unterhält sich mit Kunibert von Verfallsleben, einem Ritter vom heiligen Gral, mit Aktienmehrheit bei der französischen Firma Condome.

Herr von Turm und Taxen tut und tat nix, tanzt aber doch mit Fräulein Giselle den Schwanensee.

Detlef der Pädophile will global werden, nämlich alles gleichzeitig: homophil, heterophil und schließlich auch noch polyphil. Letztere treiben's mit der ganzen Schöpfung. Aber er hatte nicht so recht das Zeug zum Kapitalisten. So wird er Pädagoge und Leiter eines Internats mit einer halben Stelle – scherzhaft Halbleiter genannt.

Zwei Altphilologen aus dem C-Lager geraten in Streit: Hat man früher den Namen Cicero wie Zizero oder wie Kikero ausgesprochen? Und heute: Sagt man Merkel oder Merzel? Und ist Merkel eine Verniedlichungsform von Merz oder ist dieser inzwischen merkelwürdig? Und wer bitte ist AKK? AK – hat das was mit Atomkraft zu tun?

Der alte Professor Pausenlos geht aufs Pissoir, knöpft zerstreut das Jackett auf und holt die Krawatte raus.

Baco der Griesgrämige versucht den Rest seines Lebens vergebens, seinen umherstreunenden Hund einzufangen. Er ruft: Du bleibst da, und zwar sofort. Doch je mehr er schreit: "Hierher", desto mehr läuft der dorthin. Nicht immer, aber immer öfter. Wie Friedhelm Merz.

Dann gibt es auch bemerkenswerte Tischreden: Generaldirektor Bullenschwengel hält zwischen Horse d'oevre und drittem Gang eine fulminante Rede, lobt das Wirtschaftswachstum und die Moral, den neuen Zeitgeist und die alten Werte, findet anerkennende Worte dazu, dass General Hotzenkrotz der Einladung gefolgt ist und verpasst sich dann einen Fettfleck auf der Krawatte.

Der Multimillionär Jung von Altenstein aus Schwaderlapp stößt einen Seufzer und dann einen Toast aus auf den anwesenden amerikanischen General Shitbull, den er irrtümlicherweise Bullshit nennt, ein Name, der die 60-jährige Jungfer Cäcilie von Wartburg in hochgradige Erregung versetzt.

Sabine von Heusenstamm und Regine von Mörfelden, verheiratete Walldorf, putzen sich unterdessen ergriffen die

Nasen und unterhalten sich so laut über Fluglärm, dass sie währenddessen Klaus von Isenburg und Detlef von Hanau nicht hören können, die in nächster Nähe vor sich hinrülpsen.

Und zum Schluss noch einmal der Chor mit dem Refrain:

Das war das Klassentreffen,   *bei der keiner richtig zuhört,*
ja, das Klassentreffen   *doch wen stört das schon*
Sie essen und sie trinken,   *bei diesem Klassentreffen,*
machen Konversation   *der Elite – der Nation.*

Und damit verlassen wir endlich diese illustre Versammlung, gehen gleich links um die Ecke und essen Handkäs mit Musik.

Zeitfracht Medien GmbH
Ferdinand-Jühlke-Straße 7
99095 Erfurt, Deutschland
produktsicherheit@kolibri360.de